MEDITAÇÃO INTEGRAL

KEN WILBER

MEDITAÇÃO INTEGRAL

Mindfulness como um caminho para Crescer, Despertar e Expressar-se conscientemente em sua vida

Tradução de Paulo Cesar Silva Passini e Simone Oliveira Zahran

Copyright ©2016 by Ken Wilber
Copyright da edição brasileira ©2020 Editora Vida Integral Ltda. e Editora Vozes Ltda.

Publicado mediante acordo com Shambhala Publications, Inc.
(4720 Walnut Street, Boulder, Colorado, 80301).

Todos os direitos reservados. Nenhuma parte desta obra poderá ser reproduzida ou transmitida por qualquer forma e/ou quaisquer meios (eletrônico ou mecânico, incluindo fotocópia e gravação) ou arquivada em qualquer sistema ou banco de dados sem permissão escrita da editora.

Tradução
Paulo Cesar Silva Passini e Simone Oliveira Zahran

Produção editorial
Editora Vida Integral

Impressão
Editora Vozes

Capa e ilustrações
Convés Criativo

Diagramação
Claudio Braghini Junior

Revisão
Anabella Araújo Silva e Alves Meira e Simone Oliveira Zahran

Dados Internacionais de Catalogação na Publicação (CIP)
Agência Brasileira do ISBN - Bibliotecária Priscila Pena Machado CRB-7/6971

Wilber, Ken
  Meditação integral : mindfulness como um caminho crescer, despertar e estar presente em sua vida / Ken Wilber; tradução Paulo Passini e Simone Oliveira Zahran. -- Goiânia: Editora Vida Integral; Petrópolis, RJ: Vozes, 2020.

  Título original: Integral meditation
  ISBN 978-65-990987-0-3 (Editora Vida Integral)
  ISBN 978-65-571-3087-2 (Vozes)

  1. Atenção plena 2. Consciência 3. Meditação 4. Mindfulness (Psicologia) 5. Transformação pessoal I. Título.

  20-36074   CDD-158.1

Índices para catálogo sistemático:
1. Mindfulness : Atenção plena : Meditação: Psicologia 158.1

Editora Vida Integral
Goiânia/GO,
Telefone: (62) 98119 0075
contato@caminhosvidaintegral.com.br
www.editoravidaintegral.com.br

Editado conforme o novo acordo ortográfico

Editora Vozes Ltda.
Rua Frei Luís, 100
25689-900 Petrópolis, RJ
www.vozes.com.br

Índice

Prefácio à edição brasileira..7
Nota do tradutor ao leitor...11
Introdução 13

1. Crescer: Os Mapas Ocultos de Desenvolvimento 35
   Nível 1 — (Infravermelho) Arcaico..35
   Nível 2 — (Magenta) Mágico Tribal...43
   Nível 3 — (Vermelho) Mágico-Mítico..51
   Nível 4 — (Âmbar) Mítico Tradicional 58
   Nível 5 — (Laranja) Racional Moderno.....................................72
   Nível 6 (Verde) — Pluralista Pós-moderno 88
   Nível 7 — (Turquesa) Integral 102
   Nível 8 — (Branco) 3a camada Superintegral 109
   Seu lugar literal na história 115

2. Despertar: Os Passos para a Iluminação.................................117
   Estados de Consciência 121
   Estados grosseiro, sutil e causal 127
   Turiya: A Suprema Testemunha 134
   Turiyatita: A derradeira Consciência da União não dual.........146
   A Esteira Condutora da transformação da humanidade 152
   Mais Inteiras e Mais Completas Formas de Consciência da Unidade....158
   Grande Perfeição e a Evasão Primordial 160
   Ainda mais… 173

3. Expressar-se conscientemente: As Muitas Perspectivas da Consciência .177
   Os 4 Quadrantes 179
   Os Quadrantes nos Negócios..180
   Eu, Nós e Isto 186
   Os Quadrantes nos Relacionamentos......................................188
   Eu e Isto 190

 Eu, Você e Nós 193
 O Espaço Nós..199
 Meu nós e o seu nós 202
 Níveis de Eu e Nós 204
 Um Nós Espiritual...207
 Os Quadrantes e o Expressar-se conscientemente 210
 Um *Tour* pelos 4 Quadrantes..213

4. Nossas muitas linhas: Explorando as Inteligências Múltiplas 217
 Linhas de Desenvolvimento...218
 Mindfulness das Linhas 233
 O Psicográfico Integral 238
 A Matriz AQAL..246
 Um breve vislumbre de tipos...252

5. A pintura total de tudo o que é..255
 Único Sabor 259
 O que fazer a seguir...268
 Há apenas o Espírito..285

Prefácio à edição brasileira

Por LUCIANO ALVES MEIRA

Com muita alegria e senso de dever cumprido, entregamos ao leitor de língua portuguesa mais uma obra do filósofo norte-americano Ken Wilber.

Quando os temas meditação e *mindfullness* se popularizam rapidamente pelo mundo, consideramos essencial lançar trabalhos de referência para orientadores e estudiosos sérios do assunto. Enquanto o livro *A Ciência da Meditação,* de Daniel Goleman e Richard Davidson, cumpre honrosamente essa missão na perspectiva da Neurociência, precisávamos ainda de outro título que nos apresentasse o tema do ponto de vista da Psicologia do Desenvolvimento, e eis que ele está em nossas mãos, com todas as suas implicações inesperadas.

Wilber não foge da complexidade que entrelaça as tradições espirituais e os saberes contemporâneos porque está bem aparelhado para resolvê-la. Os modelos didáticos que estruturam a sua mente perspicaz levam-nos a compreender que meditação e *mindfullness* são meios importantíssimos, embora não exclusivos, para que possamos alcançar nossos plenos potenciais espirituais e humanos, e que, portanto, sua função social extrapola a fama de promoção da saúde física e psicológica a que muitos parecem querer circunscrevê-las. Aprenderemos com o autor que essas práticas estão no coração dos cinco elementos que compõem a evolução da espécie humana, conforme ele mesmo nos explica em texto escrito especialmente para os leitores brasileiros, endereçado à Editora Vida Integral em dezembro de 2019:

Meditação Integral

A última vez que me dirigi a vocês foi em uma Introdução à tradução brasileira de Sexo, Ecologia, Espiritualidade, publicado no Brasil pela Editora Vida Integral. Aquele é um livro bastante longo e apresenta uma estrutura poderosamente holística, conhecida como Teoria Integral (ou Metateoria Integral). Essa teoria é, de fato, no melhor sentido da palavra, uma estrutura holística: inclui e integra as melhores verdades encontradas em toda a história da humanidade — verdades das épocas pré-moderna, moderna e pós-moderna. Ele reúne tudo isso em uma estrutura que pode ser usada — e agora está sendo usada — para compreender qualquer fenômeno no mundo de uma maneira abrangente e inclusiva. Até agora, essa estrutura foi aplicada a mais de 60 disciplinas humanas, para promover Negócios Integrais, Medicina Integral, Educação Integral, Arte Integral, Espiritualidade Integral, Política Integral, Filosofia Integral, Psicologia Integral e daí em diante, para produzir versões sistêmicas e integradoras dessas áreas, revolucionando cada uma delas de maneira notável.

Enquanto Sexo, Ecologia, Espiritualidade é um livro muito longo, Meditação Integral, que você agora tem em mãos, é bastante sintético. Mas ele lida com alguns dos aspectos mais importantes da Estrutura Integral, aspectos que qualquer abordagem de fato abrangente e aplicável precisa incluir. Não há necessidade de falar desses termos agora, todos eles são bem explicados nas páginas a seguir, mas eles são chamados de quadrantes, níveis, linhas, estados e tipos, e o que faço neste livro é cruzá-los com as categorias mais importantes dos estudos de desenvolvimento do potencial humano que são o Crescer, o Despertar, o Depurar-se e o Expressar-se conscientemente.

Vemos, portanto, que os temas *meditação e mindfullness* ganham aqui novos campos de estudos e de aplicações práticas a

Prefácio à edição brasileira

partir de uma abordagem que corrige as falhas que costumamos cometer tanto no Oriente (onde estão apenas vinculadas ao Despertar) quanto no Ocidente, onde são, como já dissemos, orientadas apenas para a saúde física e psicológica de seus praticantes, o que já não é pouco, alguém dirá, mas, para aqueles que possuem uma visão de mundo que não se limita aos fenômenos objetivos e materiais, está longe de ser suficiente.

Luciano Alves Meira — Escritor e Editor

Nota do tradutor ao leitor

Para facilitar o entendimento deste livro, é importante considerar as seguintes terminologias wilberianas:

AQAL: Acrônimo de *All Quadrants All Levels*, que significa no Modelo Integral de Ken Wilber: Todos os Quadrantes, Todos os Níveis (todas as linhas, todos os estados, todos os tipos).

Grow Up **ou** *Growing Up*: Traduzido como **Crescer**, se refere à progressão vertical através dos mapas ocultos dos 6 a 8 grandes estágios de desenvolvimento humano.

Wake Up **ou** *Waking Up*: Traduzido como **Despertar**, se refere aos passos por meio dos vários estados cada vez mais alargados de consciência, partindo dos estados convencionais de percepção rumo à Iluminação ou Consciência não dual, que marcam o fim da percepção de um "eu" separado do mundo.

Clean Up **ou** *Cleaning Up*: Traduzido como **Depurar-se**, refere-se ao trabalho de "limpeza" da Sombra (de C. G. Jung).

Show Up **ou** *Showing Up*: Traduzido como **Expressar-se conscientemente**, refere-se a se mostrar, se expressar, se apresentar ao mundo de forma consciente e intencional, reconhecendo e habitando os quatro quadrantes plena e completamente, sem privilégio de nenhum deles.

Introdução

Por KEN WILBER

Olá, meus amigos! Sejam bem-vindos a uma apresentação sobre Meditação Integral, com especial ênfase sobre *mindfulness*, a partir da perspectiva da Teoria Integral. Acredito que vocês irão achar essa prática não só verdadeiramente inspiradora, mas também radicalmente inovadora, porque ela combina uma das mais antigas e talvez mais eficazes formas de meditação já concebidas com uma das visões de vanguarda mais evolutivamente avançadas do universo. O resultado é uma abordagem explosivamente poderosa para o crescimento, o desenvolvimento, a transformação ou evolução pessoal, diferente de qualquer outra já descoberta. Eu sei que isso pode soar um tanto *hype* [algo meio exagerado N.T.], mas, quando vocês puserem em prática os primeiros exercícios experimentais, estou confiante de que começarão a ver as coisas de uma forma nova e extraordinariamente diferente — e começarão a sentir e experienciar suas vidas de uma nova forma também.

Então, vamos seguir em frente respondendo a algumas das perguntas que me são feitas com maior frequência sobre a Abordagem Integral à Meditação *Mindfulness*, e veja se rapidamente tudo isso passa a fazer algum sentido.

Quando você chama a Meditação Integral de uma abordagem para o crescimento e o desenvolvimento, o que exatamente quer dizer com "crescimento" e "desenvolvimento"?

As pesquisas em curso têm demonstrado que os seres humanos possuem, ao menos, dois tipos diferentes de crescimento e desenvolvimento — e isso significa dois tipos bem diferentes de compromissos espirituais também. E o engraçado é que, pelo fato de uma dessas abordagens só ter sido descoberta recentemente, nunca houve antes um caminho de crescimento ou desenvolvimento (convencional ou espiritual ou qualquer outra forma) que realmente incluísse *ambas* as abordagens dessas incrivelmente importantes formas de crescimento. Como veremos, nos referimos a essas duas principais abordagens como **Crescer** e **Despertar**. Tendo em vista que em toda a história humana nenhuma abordagem em nenhum lugar do mundo combinou ambas, conforme também veremos, a humanidade tem produzido o equivalente a seres humanos **fragmentados** por toda a sua trajetória. Temos literalmente nos focado em um ou outro tipo de crescimento, basicamente deixando apodrecer aquele que é negligenciado.

E isso significa que temos produzido indivíduos que podem ser muito **crescidos** (ou altamente desenvolvidos em qualquer uma de suas inteligências múltiplas), mas que não são Despertos ou Iluminados — não tiveram a realização daquilo que algumas tradições chamam de **"Suprema Identidade"**, na qual os indivíduos se experimentam como literalmente um com toda a realidade, um com todo o universo, um com todos os seres. Se esse tipo de coisa soa "um tanto distante" para você, por favor, fique comigo um pouco mais e veja se isso não começa a fazer algum sentido — e, se assim for, essa não é uma constatação que você gostaria de ter? Na verdade, uma das coisas que vamos fazer neste livro é descobrir como você pode começar a entender o que esta experiência significa para você particularmente.

Por outro lado, a humanidade *produziu* indivíduos Despertos ou Iluminados — pessoas que seguiram o caminho do Despertar —, mas que ainda podiam ser relativamente imaturas em muitas de suas capacidades humanas: elas podiam ser pouco desenvolvidas psicossexualmente (e, por isso, se aproveitavam sexualmente de seus alunos), ou elas podiam não ser bem desenvolvidas moralmente, apesar de seus interesses espirituais (muitos nazistas, por exemplo, foram bem versados em práticas de *yoga* e meditação). Ou elas podiam ser

Introdução

homofóbicas, sexistas, racistas, xenófobas, autoritárias, rigidamente hierarquizadas e assim por diante — elas podem ter sido "**um com o mundo**", mas suas capacidades naquele mundo permaneceram relativamente imaturas ou mesmo disfuncionais e patológicas.

Assim, nunca tivemos uma prática séria de desenvolvimento que funcionasse em ambos, no Despertar (para a nossa Suprema Identidade) e também no Crescer (ou para a plena maturidade, em termos humanos, de todas as nossas capacidades e inteligências múltiplas). Uma prática, em outras palavras, que produzisse seres humanos verdadeiramente inteiros, completos e genuinamente maduros — não parciais ou fragmentados. Seres humanos fragmentados são literalmente tudo o que temos produzido.

Agora, você já pode praticar um caminho espiritual que acredita ser verdadeiramente pleno e completo, e que não há necessidade de adicionar mais nada a ele. Eu, de fato, posso entender esse ponto de vista. Mas lembre-se de que este segundo caminho — o caminho do Crescer — é, realmente, uma descoberta muito recente na história da humanidade. Parece provável que os seres humanos tenham vivenciado "experiências de **Despertar**" há, pelo menos, 50.000 anos ou mais, desde os tempos dos primeiros xamãs e da medicina popular. E é possível que, se você estiver praticando um caminho espiritual hoje, talvez ele tenha se desenvolvido há cerca de mil anos ou mais.

Mas o caminho do Crescer só foi descoberto há cerca de 100 anos — vamos ver o porquê em um momento; e o ponto é que isso não é algo terrivelmente óbvio e fácil de enxergar. Então, é muito provável que, não importa o quanto de introspecção ou de meditação tenha praticado, você não verá qualquer um dos estágios do Crescer. Eles simplesmente não estão disponíveis olhando-se para dentro, porque, como veremos, você pode olhar para cada sistema importante de meditação do mundo inteiro, e embora muitos deles tenham estágios de desenvolvimento meditativo (o que nós examinaremos adiante), nenhum deles tem qualquer coisa parecida com os estágios do Crescer. Despertar, sim; Crescer, não. Não há, em qual-

15

quer lugar, nenhum caminho completo que inclua tanto o Crescer quanto o Despertar.

Esses estágios do Crescer foram descobertos pela primeira vez pelas modernas escolas ocidentais de psicologia do desenvolvimento, começando, como observamos, há cerca de 100 anos. Atualmente, existem dezenas de escolas de desenvolvimento baseadas em sua pesquisa direta. Contudo, o que há de tão interessante — e isso é algo que definitivamente você precisará prestar atenção — é que quase todas essas escolas possuem essencialmente os mesmos básicos de 6 a 8 principais estágios do Crescer. Isso significa que nós temos mapas deste caminho do Crescer que podem nos ajudar diretamente a crescer, desenvolver e evoluir por meio desses níveis, para os mais elevados patamares imagináveis de maturidade e plenitude. E ainda — e essa é a parte estranha — virtualmente nenhum desses mapas ou modelos do Crescer tem algo como Iluminação, ou Despertar, ou, ainda, a Suprema Identidade. Essas escolas nos ensinam como Crescer, mas elas não nos ensinam como Despertar — e, então, fenômenos como a "Grande Libertação", "Despertar", a "Suprema Identidade" e "Iluminação" permanecem em grande parte inéditos nas abordagens ocidentais.

Um ou outro, Despertar ou Crescer — tal tem sido a história da humanidade. Mas com o que se chama **Abordagem Integral** — esse novo modelo de vanguarda que acabamos de mencionar — ambos os caminhos são combinados pela primeira vez, produzindo um método de crescimento e desenvolvimento que é verdadeiramente profundo e eficaz de quase todas as maneiras concebíveis. Essa Abordagem Integral pode ser — e foi — adotada na maioria das disciplinas humanas existentes. Na verdade, no principal periódico profissional da Abordagem Integral[1], isso foi aplicado a mais de 60 diferentes disciplinas humanas (produzindo Medicina Integral, Negócios Integrais, Educação Integral, Consultoria Integral, entre outras).

---

[1] *The Journal of Integral Theory and Practice* (JITP).

Introdução

E aqueles que estão conscientes disso quase unanimemente concordam que qualquer religião ou espiritualidade do futuro, a fim de continuar a atrair adeptos para qualquer uma de suas formas, precisará começar a incluir dimensões do Crescer e do Despertar em seus ensinamentos, ou simplesmente perderão seus seguidores (que procuram resultados sérios). Eu chamo isso de **A Religião do Amanhã**, aplicada ao seu próprio caminho espiritual de hoje[2].

O que é *mindfulness*?

O que vamos fazer nas páginas seguintes é apresentar uma série de exercícios práticos e fáceis de seguir, que combinam o melhor dos caminhos do Despertar com o melhor dos caminhos do Crescer, para lhe dar uma amostra do que acreditamos ser o mais eficaz programa de crescimento e desenvolvimento que existe em qualquer lugar do mundo neste momento. Novamente, se isso soa um tanto *hype* [exagerado], por favor fique com isso por, pelo menos, esses primeiros passos e veja o que você acha.

O que é *mindfulness* e como a *Mindfulness* Integral é diferente da meditação mindfulness, sobre a qual eu já li na mídia?

Mindfulness é uma forma de treinamento do corpo-mente que tem demonstrado resultados extremamente importantes na redução do estresse; aumentando os sentimentos de calma, conexão e harmonia; diminuindo os sentimentos de ansiedade e depressão; reduzindo o desconforto da dor; baixando a pressão arterial; aumentando a capacidade de aprendizagem, o QI e a criatividade; e despertando estados superiores de consciência, às vezes chamados de "os alcances mais distantes da natureza humana"[3]. É como um esteroide para as

---

[2] Veja meu livro *The Religion of Tomorrow*.

[3] Para um resumo dessa pesquisa, consulte Jeffrey M. Greeson, "*Mindfulness Research Update*: 2008", *Journal of Evidence-Based Complementary and Alternative Medicine*, *January* 2009, http://chp.sagepub.com/content/14/1/10, acessado em junho de 2015.

atividades humanas em geral, do comum e ordinário à iluminação espiritual. Essa poderosa prática remonta pelo menos 2.500 anos, e, se a humanidade continuou a usá-la por tanto tempo, simplesmente é porque funciona (é o principal ingrediente em muitos dos caminhos do Despertar).

A maioria dos meios de comunicação da mídia ocidental sobre *mindfulness* tem, de fato, seguido uma linha semelhante à utilizada em uma reportagem de capa de 2014 da revista *Time*. Essa reportagem se concentrou na volumosa quantidade de evidências científicas que mostram os muitos benefícios positivos de *mindfulness* em praticamente todas as áreas da vida humana. Além disso, enfatizou que essa prática é particularmente recomendada para o louco e agitado mundo de hoje, mundo esse repleto de distrações tecnológicas que tornam claramente mais difícil nos focar em quase tudo o que fazemos. Quando os exercícios básicos da prática de *mindfulness* são realizados, de fato produzem todos os benefícios que acabo de citar, e muito mais.

A prática básica de *mindfulness*. E qual é exatamente a prática? Bem, essencialmente, tudo o que você tem que fazer é sentar-se em uma posição confortável, relaxar a mente e, então, trazer a atenção para o momento presente, para o que quer que esteja surgindo. Comece por sentar-se no chão, folgadamente cruze as pernas ou assuma a postura de lótus padrão da prática de *yoga*; coloque as palmas das mãos para cima, uma sobre a outra, descansando em seu colo ou sobre os joelhos com as palmas voltadas para baixo; ou sente-se em uma cadeira com os pés apoiados no chão, mantenha a coluna ereta e as mãos numa dessas duas posições. Em seguida, simplesmente relaxe a atenção, enfocando o momento presente, e, com calma e clareza, observe o que está acontecendo, tanto dentro de si quanto fora. Em geral, você será instruído a prestar atenção a um elemento específico por vez — sua respiração é de longe o mais comum. Nós repassaremos essas instruções em detalhes posteriormente, mas, por agora, a ideia aqui é estar consciente de sua respiração quando inspira, em seguida, observe a pausa, então preste

Introdução

atenção na expiração, depois na pausa e, a seguir, a próxima inspiração, e assim sucessivamente. Se você perder o foco — se você se encontrar pensando no passado, ou no futuro, ou na sua vida atual (algo irritante no trabalho na semana passada, ou um evento emocionante que acontecerá amanhã, ou, ainda, nas dificuldades em seu relacionamento atual), gentilmente deixe esses pensamentos de lado e retorne para a respiração. Faça isso de 10 a 40 minutos, uma ou duas vezes por dia.

Parece simples, não é? Em certo sentido, é muito simples. Até que você tente isso. Então, de fato, você notará quão inútil sua mente é nessa tarefa e como essencialmente pouco controle você tem sobre seus próprios pensamentos. Você perceberá que perde o foco da respiração constantemente; imagens e pensamentos selvagens inundarão sua consciência; às vezes, sentimentos poderosos e desagradáveis vão oprimi-lo; e, em outras ocasiões, sentimentos incrivelmente positivos, até mesmo de contentamento extático, irão cascatear através de você. Você começará a perceber quão pouco de sua própria mente, de seu próprio interior, você tem realmente conhecido. Notará, de uma maneira poderosa, que, se os pensamentos são o que guiam o comportamento, então esses pensamentos confusos e erráticos que são a sua condição padrão atual, o estão conduzindo a comportamentos confusos, erráticos e problemáticos. Virtualmente todas as áreas da sua vida estão sendo vividas com **muito menos** sucesso, coerência, qualidade, harmonia, realização, cuidado e excelência do que você **poderia ter**. E isso acontece em toda área — porque esta atrapalhada e errática "mente de macaco", cujos pensamentos saltam de maneira frenética de um para o outro, está com você em quase todas as áreas da sua vida, subjacente à condução de seu comportamento. Nas áreas em que você realmente pode ter conseguido bastante sucesso, se olhar atentamente para elas, verá que são quase sempre as áreas em que você efetivamente consegue se concentrar de forma clara, coerente e livre — experiências frequentemente chamadas de *estados de fluxo*. Esses estados de fluxo de coerência permitem que você faça o que estiver fazendo, da sua melhor maneira possível (e geralmente, portanto, com bastante sucesso) — seja no trabalho, em relacionamentos, criando seus filhos, ou simplesmente relaxando. Bem, a meditação *mindfulness* é uma maneira de tornar sua vida inteira um estado de fluxo.

Como a *Mindfulness* Integral é diferente

Então, qual é a grande diferença entre a *Mindfulness* Integral e a *mindfulness* regular? A *Mindfulness* Integral utiliza a prática padrão de *mindfulness*, mas a combina com muitas das ideias revolucionárias do modelo de vanguarda que mencionei anteriormente, o qual é geralmente chamado de Teoria e Prática Integral, e usa essa estrutura para refinar e focar, ainda mais, as áreas da sua vida em que você pode aplicar *mindfulness* — portanto, aumentando o número de áreas em que você pode conseguir estados de fluxo. Estas outras áreas estão presentes em absolutamente cada ser humano vivo, mas a maioria das pessoas simplesmente não está ciente delas; elas estão realmente ocorrendo agora em todos nós, mas poucos de nós as percebem diretamente. (E isso inclui, de maneira muito importante, qualquer um dos estágios do Crescer — esses estágios estão presentes, mas é muito provável que você não tenha conhecimento de nenhum deles.)

Deixe-me dar um exemplo. Digamos que, em seu país de origem, o idioma falado seja o inglês. Cada criança nascida em um ambiente de língua inglesa falará mais ou menos corretamente — elas combinam sujeitos e verbos corretamente, elas usam adjetivos e advérbios corretamente, elas empregam palavras juntas corretamente, e assim por diante. Em outras palavras, seguem as regras da gramática corretamente. Mas, se você pedir que qualquer uma dessas crianças escreva o que essas regras de gramática realmente são, praticamente nenhuma delas poderá fazê-lo. Todas estão seguindo exatamente essas regras, mas nenhuma está realmente ciente disso!

Esse é um exemplo dos tipos de itens que a Teoria Integral aponta em todas as diferentes áreas de nossas vidas. Essas regras são como os mapas básicos que usamos para dar sentido ao território em que nos encontramos — no trabalho, nos relacionamentos, criando

Introdução

arte, cuidando dos filhos, aprendendo coisas novas, ao praticar esportes, em quase tudo. Nós criamos mapas dessas áreas, e eles orientam a forma como vemos esse território, como nós o navegamos, mas, em geral, não estamos conscientes de que possuímos esses mapas. (E isso vale para todos os estágios do Crescer também — esses estágios são como mapas ocultos). E exatamente como as regras da gramática, eles são algo que estamos seguindo, mas não sabemos que estamos seguindo. E, sejamos francos, muitos desses mapas, com frequência, são apenas bobagens — eles são imprecisos, infantis, reminiscências da infância, ou simplesmente equivocados. Mas porque não podemos vê-los — nós não podemos ver estas regras de gramática, não podemos ver esses mapas ocultos — então, nunca pensamos em ajustá-los, em redesenhá-los de maneira mais precisa, para criar um mapa que represente mais corretamente os vários territórios em que vivemos. E, tal como se tentasse viajar de uma cidade para outra usando um mapa incorreto, você se confundiria e dirigiria muito mal, não chegando nem perto de onde gostaria. Isso não lhe parece um tanto familiar? Para mim, sim.

Agora, esses mapas não podem ser descobertos apenas por introspecção, ou pelo exame de nossa consciência. Não podemos encontrar as regras da gramática só olhando interiormente. Tudo o que veremos serão palavras, imagens, sinais e símbolos, mas não as regras ocultas que estamos seguindo. Para isso, temos que estudar objetivamente vários usuários de um idioma específico, ver o que todos eles têm em comum e, em seguida, deduzir quais são as regras que governam a sua fala. O mesmo é verdadeiro para esses mapas ocultos que guiam a maior parte de nossas vidas. Você simplesmente não pode vê-los olhando para dentro de si mesmo. Na verdade, esses mapas — conhecidos tecnicamente como **estruturas de consciência** — não foram descobertos, como notamos anteriormente, até bem pouco tempo pelos humanos. Temos estado neste planeta por mais de um milhão de anos e, no entanto, há apenas 100 anos descobrimos esses mapas ocultos (e é por isso que os estágios do Crescer são uma descoberta tão recente).

Compare isso com **estados de consciência** — aqueles são *estruturas* de consciência, e esses são *estados* de consciência — e, como já observamos brevemente, a meditação pode lhe dar acesso a **estados superiores de consciência**, incluindo aqueles que, muitas vezes, são chamados de **estados alterados**, tais como sentimentos expandidos de amor e alegria, maior percepção e consciência, um senso mais amplo de identidade (incluindo sentimentos de ser um com tudo — a Suprema Identidade), e a **estados de fluxo em geral** — em outras palavras, a essência dos caminhos do Despertar. Mas é possível perceber todos esses estados olhando para o seu interior. Quando você tiver um sentimento consideravelmente aumentado de amor por todos os seres e exclamar "Eu amo todo mundo!", conhecerá esse estado direta e imediatamente — mesmo que não possa verbalizar as regras da gramática que, juntas, suportam essa frase. Os estados foram descobertos pelos humanos, como observamos, há pelo menos 50.000 anos, o que remonta aos primeiros xamãs e à medicina popular com as suas missões visionárias. Mas, reitero, estruturas — esses mapas ocultos — não podem ser vistas apenas se olhando para dentro, e assim elas só foram descobertas quando a psicologia do desenvolvimento surgiu há cerca de 100 anos. E, por essa razão, esses mapas ocultos — desenterrados por empreendimentos, tal como uma enorme quantidade de pesquisa de desenvolvimento, e resumidos na Teoria Integral[4] — não são encontrados em nenhuma das grandes tradições meditativas do mundo, em nenhuma. Portanto, nenhuma dessas tradições, tão brilhantes como foram na criação de formas de meditação e contemplação, tais como *mindfulness* (levando ao Despertar), nenhuma usou *mindfulness* para ajudar a descobrir esses mapas ocultos e substituí-los por versões melhores, do Crescer. A maioria dos sistemas de meditação usados hoje tem 1.000 ou mais anos de idade, mas, considerando que a descoberta desses mapas é de apenas 100 anos, eles são

---

4 Veja os gráficos em Ken Wilber, *Integral Psychology: Consciousness, Spirit, Psychology, Therapy* (Boston: Shambhala Publications, 2000), pp. 195-217.

muito, muito recentes para ser encontrados em qualquer sistema de meditação. Assim, mesmo quando alguém alcançou estados de consciência muito elevados, incluindo a Iluminação ou o Despertar (diz-se ser a **Realização do Fundamento Último de Todo o Ser — o Puro Despertar**), alguém ainda estaria à mercê desses mapas ocultos e desses estágios do Crescer. É por isso que eu disse que mestres de meditação mesmo altamente avançados podem ficar presos em noções seriamente confusas (de homofobia ao autoritarismo, ao sexismo, às estruturas de hierarquias rígidas), ainda conduzidos por esses mapas inconscientes, distorcidos e ocultos.

Assim, a maneira mais simples de lembrar a diferença entre essas estruturas de consciência e esses estados de consciência é que as estruturas — os níveis ocultos da gramática, ou os mapas ocultos — são a base do Crescer enquanto que os estados de consciência, que conduzem ao Despertar e à Iluminação, são a base do Despertar. No Crescer, passamos de estágios ou mapas menos desenvolvidos de nosso mundo, para estágios ou mapas mais adequados, mais maduros, mais desenvolvidos, um verdadeiro Crescer. Enquanto que, com o Despertar, nós passamos de estados menos inteiros e menos avançados para os mais elevados, e mais desenvolvidos estados imagináveis, levando a um verdadeiro e transformador Despertar, Iluminação, Grande Libertação, *Metamorphosis*, *Satori*, ou Suprema Identidade, como de várias formas é denominado.

Desenterrando os Mapas Ocultos do Crescer

Por enquanto, vamos nos concentrar no caminho do Crescer e na substituição dos mapas ocultos mais baixos, menos precisos e menos desenvolvidos, por mapas mais desenvolvidos, mais maduros e mais inclusivos (e daremos vários exemplos desses mapas, para que possamos ver exatamente como são e o que está envolvido). Então, logo após, vamos nos concentrar no Despertar, incluindo alguns exercícios que nos darão uma sensação direta do que está envolvido (incluindo os dois estados mais elevados, o **Verdadeiro Eu** e a derradeira **Consciência da Unidade**).

Claro que, com o Crescer, a única maneira de abandonar a influência dos mapas ocultos mais baixos e menos desenvolvidos é, primeiramente, descobri-los para nos tornarmos conscientes deles. E isso é exatamente, como veremos, o que a Teoria Integral irá ajudá-lo a fazer. E, uma vez que você descubra um desses mapas ocultos e decida que ele é, na verdade, um pouco desatualizado, desgastado ou inadequado para a sua idade atual, ou que ele é simplesmente incorreto, precisará, por assim dizer, desenterrá-lo e substituí-lo. É exatamente nesse processo de escavação que a prática de *mindfulness* pode ser uma ferramenta tão poderosa. Nesse ponto, a prática se torna a mesma prática padrão de *mindfulness* — a atenção pura e simples em um fenômeno que surge no momento presente —, mas o fenômeno que está surgindo é algo sobre o que as tradições de meditação nada sabiam, mas que a Teoria Integral irá mostrar-lhe diretamente (ou seja, um estágio do Crescer).

Trazer consciência consistentemente a esses mapas ocultos os tornará **não ocultos**, ou seja, esses mapas inconscientes se tornarão conscientes; essas estruturas subjetivas vão se tornar objetivas e, portanto, algo que você pode conscientemente controlar. Livrar-se dos mapas antigos e incoerentes e substituí-los por novos e mais precisos terá um impacto imediato e profundo em virtualmente todas as áreas de sua vida — bem desse jeito! E fará isso porque o livrará dos mapas inconscientes e imprecisos que você tem usado, de forma inconsciente, para guiar todas essas áreas de sua vida — mapas esses que o levam a obter os mesmos resultados que você tem ao usar um mapa distorcido para tentar chegar de uma cidade a outra. O resultado é um desastre, do leve ao catastrófico. Praticamente *todos* os aspectos da sua vida são conduzidos ou guiados por esses mapas, esses quadros, essas perspectivas que você toma sobre os diversos territórios que habita e tornar-se consciente deles — os tendo apontado com a Teoria Integral e, em seguida, focado com *mindfulness* — afetará de maneira drástica quase todas as áreas de sua vida, algumas vezes de forma quase imediata e instantânea, às vezes com um pouco de prática, mas inevitavelmente.

Introdução

Então, é isso que faremos agora. Vamos conhecer alguns dos mapas, estruturas ou pontos de vista mais básicos que você usa em quase todas as áreas de sua vida; para, então, dar-lhes atenção por meio da prática de *mindfulness*, de modo a desenterrá-los e desmontá-los, abrindo espaço para mapas mais precisos e coerentes. E isso terá um impacto imediato e profundo em praticamente todas as áreas de sua vida. Eu não estou lhe pedindo que faça isso baseando-se na fé, mas que apenas realize pelo menos uma tentativa introdutória para, em seguida, ver diretamente por si mesmo (e será bastante óbvio, de um jeito ou de outro, eu posso lhe prometer). Tenha em mente que você obterá todos os benefícios tradicionais associados à prática regular de *mindfulness* — melhoria da saúde, de suas capacidades mentais, uma vida emocional mais equilibrada, relacionamentos mais satisfatórios, uma paternidade/maternidade mais autêntica, mas você também terá o benefício de desenterrar, desenraizar e desmontar mapas e estruturas desgastadas que, de várias maneiras, estão conduzindo desastres em sua vida, e poderá substituí-las por estruturas mais novas e mais adequadas que mapeiam os territórios de sua vida de maneiras muito mais saudáveis, felizes, coerentes e inteligentes, em essência, trazendo para todas as áreas de sua vida uma série de exuberantes estados de fluxo.

Mas até mesmo uma criança pode estar num exuberante estado de fluxo, certo? Então, queremos ter certeza de que estamos experienciando esses estados de fluxo — incluindo o Despertar ou a Iluminação — a partir do mais desenvolvido, adequado e maduro nível de desenvolvimento possível. *Nerds* iluminados não é o que queremos nos tornar — e, acredite em mim, isso é uma possibilidade muito real. Em vez disso, combinaremos os mais altos níveis do Crescer com os principais estados do Despertar, com o resultado sendo o melhor e o mais brilhante de todos os mundos possíveis. Essa possibilidade só se tornou disponível há relativamente pouco tempo, quando as práticas das antigas tradições de sabedoria (tais como *mindfulness*) foram combinadas com as visões e técnicas destes revolucionários pontos de vista evolutivos (tais como Teoria Integral), unindo assim, pela primeira vez na história, Crescer com Despertar, estruturas com estados, Plenitude com Liberdade, meios verdadeiramente hábeis com a sabedoria última — esse é o cerne da *Mindfulness* Integral.

Como é que a *Mindfulness* Integral pode me ajudar a ser mais saudável, feliz e produtivo?

Embora tenhamos apenas tocado em alguns desses pontos, deixe-me acrescentar que a Teoria Integral conseguiu desenterrar muitos desses mapas ocultos (e se você acha que não está claro o que exatamente significam **mapas ocultos**, vamos muito em breve nos aprofundar nisso, com numerosos exemplos, de uma maneira que tudo ficará bem claro, eu lhe prometo) usando o que é geralmente chamado de **Metodologia Integral** — um grande nome para uma noção muito simples. Essa Abordagem Integral sustenta que praticamente todas as disciplinas humanas — das ciências à moral, à literatura, à economia, à espiritualidade — têm algum grau de verdade, algum grau de ideias "verdadeiras, mas parciais". Tomemos a literatura, por exemplo. Muitas vezes, ela está em contraste com a ciência, a qual é usada para expressar a pura verdade, e a literatura é usada para lidar com mundos ficcionais, imaginários, mundos que não são reais. Mas isso faz da literatura algo falso? De modo nenhum, pois ela também trata da forma como os seres humanos fazem interpretações, e a interpretação é uma importante verdade fundamental da condição humana; até a ciência depende de interpretações. Assim, a literatura não é meramente imaginária; ela é **verdadeira, mas parcial**. E assim são praticamente todas as outras disciplinas com as quais os seres humanos se envolvem. Portanto, a questão já não é *"Qual destas abordagens é verdadeira?"*, mas, sim, *"Como organizar o nosso mundo de tal modo que todas essas abordagens disponham de algum aspecto da verdade?"*. Em outras palavras, **todo mundo está certo** em algum grau. Então, o que interessa à Teoria Integral não é *"Qual está certa?"*, mas *"Como podemos colocar todas juntas?"*. A

Introdução

palavra "Integral" em si quer dizer abrangente, inclusivo, envolvente — significa colocar todas as coisas juntas.

Assim, os teóricos integrais passaram a olhar para todos os mapas que os seres humanos criaram ao longo de sua história — nos períodos pré-moderno, moderno e pós-moderno — e os dispuseram sobre a mesa e começaram a elaborar um mapa composto, completo — um supermapa, se você preferir — que incluiu os aspectos verdadeiros, mas parciais de todos eles, usaram cada mapa para preencher as eventuais lacunas dos outros mapas. O mapa composto resultante contém os elementos essenciais de praticamente todos os grandes mapas que os seres humanos já conceberam em todo o mundo e ao longo da história — não um mapa microscópica e meticulosamente detalhado (o que talvez nem sequer seja possível), porém algo mais próximo de uma visão a 50.000 pés de altura, um grande esquema, com características básicas, apontando para áreas e aspectos fundamentais do **ser-humano-no-mundo**[5]. Chamamos esse supermapa, esse mapa composto, esse Mapa Integral, de A-Q-A-L, ou AQAL (pronuncia-se "ahqwal"), abreviação de "todos os quadrantes, todos os níveis", também incluindo "todas as linhas, todos os estados, todos os tipos" e — acredite em mim — você não tem que aprender esses termos; quaisquer deles que usarmos serão cuidadosamente explicados no momento adequado. O ponto agora é, simplesmente, que a natureza abrangente deste quadro composto permitiu à Teoria Integral olhar para os mapas ocultos em praticamente qualquer área da atividade humana, porque, de fato, todas essas áreas foram incluídas nesse mapa composto, e assim as lacunas ou deficiências em qualquer uma delas se destacarão como um dedão enfaixado.

Vamos, em termos claros e simples, explicar esse mapa composto à medida que avançarmos, e aplicá-lo o ajudará a detectar os vários mapas ocultos ou estruturas que você está usando no momento, a fim de orientar os diversos aspectos de sua vida. Em seguida,

---

5 Porque os indivíduos nunca existem sozinhos, todo ser humano é um **ser-no-mundo**. Em outras palavras, os indivíduos são sempre parte de algum coletivo e, portanto, o interior e o exterior individual e coletivo são indicados no mapa AQAL.

com base na versão saudável desses mapas, conforme divulgado por esta Abordagem Integral, vamos ajudá-lo a identificar e a se concentrar nos mapas ocultos com *mindfulness*, afrouxando assim sua aderência a eles, o que lhe permitirá substituir esses mapas por versões mais saudáveis, adequadas, inteiras e inclusivas.

Há um velho ditado em ciência da computação: *"entra lixo, sai lixo"* — se você colocar informações imprecisas ou mal concebidas em seu sistema, o que sairá também será impreciso e mal concebido — entra lixo, sai lixo. É assim com esses mapas ocultos. É como se estivéssemos utilizando um sistema de gramática que foi terrivelmente distorcido e, se esse fosse o caso, muito do que já dissemos não faria nenhum sentido. Na verdade, a maioria das línguas tem dialetos nos quais as regras da gramática padrão não foram seguidas, e estes vernáculos são em geral tomados como prova *ipso facto* de educação deficiente ou de uma estrutura de classe social baixa. Agora, queremos dizer, sem nenhum tipo de julgamento, que há declarações como "*I ain't got no car*" [Tenho carro não], "*They done theirselves proud*" [Eles se orgulharam deles mesmos], "*This here pie got flies all over it*" [Aqui, essa torta, tem moscas nela toda], que são exemplos desse tipo de inglês fora do padrão. Bem, para a maioria das pessoas, os **sistemas de gramática** de seus mapas ocultos não são muito melhores do que essas frases, e os resultados também não são muito bons. A *Mindfulness* Integral desenterra esses mapas e os expõe à luz fresca do sol da pura consciência, permitindo substituí-los por versões mais bem elaboradas, o que se reflete por todas as áreas de sua vida em que você aplicar isso. É assim que essa prática o ajuda a ser mais saudável, feliz e produtivo em todas as áreas de sua vida.

Dois Tipos de Espiritualidade
Mindfulness é uma prática espiritual ou religiosa e, em caso afirmativo, de que forma?

Bem, nós queremos conduzir esse assunto de forma lenta, clara e fácil, dando um passo de cada vez, pois tudo depende de como você usa a palavra "espiritual" e o que quer dizer com isso. Portanto,

Introdução

ainda temos de discutir exatamente o que entendemos por coisas como "religião" ou "espiritualidade" (e o fato de que muitas pessoas afirmam que são "espirituais, mas não religiosas"). E, se você é um desses indivíduos que simplesmente não encontram interesse algum na espiritualidade ou religião — como geralmente é apresentada hoje em dia — essas definições serão particularmente importantes para você. Se esse especialmente é seu caso, então é provável que: (1) a maneira como entende a "espiritualidade" *não* é a versão "boa" dela (ou seja, aquela que leva diretamente ao Despertar); e (2) uma vez que você descubra a versão "boa", é possível que se interesse **nela**.

Então, vamos começar repetindo que existem, pelo menos, duas formas muito diferentes de religião ou espiritualidade, assim como o que elas tentam realizar. A primeira delas, os eruditos chamam frequentemente de **narrativa**. Trata-se da mais comum, a qual também é conhecida como **mítico-literal:** a religião é aqui uma série de histórias, de contos e de narrativas míticas, que, em geral, pretendem explicar a relação do universo e do ser humano com um Ser Divino (e também uma série de regras ou "leis" sobre como o ser humano deveria agir para ter uma relação **correta** com este Ser Divino). Essa abordagem tende a tomar as histórias míticas como literal e absolutamente verdadeiras (daí **mítico-literal**). Essa é com frequência a base de várias religiões fundamentalistas. Assim, um Cristão fundamentalista, por exemplo, acredita que Moisés realmente fez o Mar Vermelho se abrir, Deus realmente matou todos os seres humanos com o Grande Dilúvio, exceto a família de Noé (e Noé realmente conseguiu colocar um casal de cada espécie a bordo da Arca — você sabe, duas bactérias, macho e fêmea, dois vírus, macho e fêmea, e dois das mais de 180.000 espécies de insetos — espero que ele tenha levado seu repelente de insetos). Se você acredita na narrativa mítica — a qual, em geral, inclui a afirmação de que um representante do Ser Divino absoluto é o único salvador de toda a humanidade — se você acredita abertamente nisso, então passará toda a eternidade na presença deste Ser Divino numa Morada Celestial; enquanto que, se você não acredita nisso e não aceita o único e verdadeiro salvador, então queimará no inferno para sempre (ou enfrentará intermináveis e terríveis reencarnações). Esse é um tipo de religião. Centra-se em *estruturas* de consciência que, muitas vezes, são pouco desenvolvidas, ou que representam estágios iniciais do desenvolvimento infantil com seus mapas iniciais dessa fase (isto é, se concentram nos estágios iniciais do Crescer na linha espiritual).

O outro tipo de espiritualidade não é um sistema de crenças, mas uma psicotecnologia de transformação da consciência. Está interessada em alterar os *estados* de consciência. Ou seja, usa várias práticas meditativas e contemplativas para reorientar fundamentalmente a consciência para uma abertura a novos e mais elevados estados de consciência, incluindo uma experiência direta de união com todo o universo (ou seja, visa a um puro Despertar). Essas práticas incluem *mindfulness*, que era originalmente uma forma de meditação budista, com o objetivo de alcançar o estado de consciência mais elevado, conhecido como nirvana. Com a prática de *mindfulness* no atemporal. Agora, a consciência pode, segundo os ensinamentos, entrar em uma experiência de unidade com o derradeiro, ilimitado, inqualificável e infundado Fundamento de Todo Ser, um estado conhecido como Iluminação, Libertação ou Despertar. Essencialmente, se desperta dos pensamentos incessantes, caóticos e incoerentes e das formas de conceber a realidade que governam a maioria das atividades humanas e que geram estados intermináveis de sofrimento; e o indivíduo desperta para a própria consciência, pura, transparente, aberta, clara e vazia, livre de pensamentos e estruturas incoerentes e fragmentadas.

Esse despertar é, às vezes, também conhecido como a descoberta de seu Eu mais elevado, seu Verdadeiro Eu, sua Real Condição — e esse processo de descobrimento é considerado muito mais como uma psicologia do que uma religião. Então, se é isso que você quer dizer com espiritual. Então, *mindfulness* é realmente espiritual e foi uma prática puramente espiritual desde os seus primórdios. Mas há uma infinidade de outros efeitos, menores, mas ainda completamente valiosos, que vão desde os benefícios para a saúde até o

Introdução

bem-estar psicológico e a melhora dos relacionamentos. E, portanto, muitos praticantes ocidentais modernos se esquivam de mencionar o aspecto espiritual de *mindfulness*, temerosos de serem confundidos com a tolice mítico-literal das muitas religiões tradicionais que prevalecem nas culturas do mundo, ou seja, a primeira forma de religião ou espiritualidade que descrevemos, a chamada religião narrativa. Porque, então, se for isso o que você quer dizer com espiritual, então *mindfulness* não é nem um pouco espiritual.

Portanto, precisamos ter muito cuidado com a maneira como usamos nossos termos aqui. Se por "espiritual" você quer dizer um dos primeiros estágios do Crescer na linha espiritual (especialmente algo como o estágio mítico-literal), então *mindfulness*, no mínimo, não é espiritual. Se você quer dizer o estado mais elevado de consciência — pura consciência da unidade ou a Suprema Identidade — então *mindfulness* começou como, e permanece, uma prática profundamente espiritual.

Seu desenvolvimento pessoal
Como devo aplicar a Mindfulness Integral em meu desenvolvimento pessoal?

Esse é um bom exemplo de onde a Teoria Integral entra em cena. Você provavelmente está ciente da noção geral de que os seres humanos, ao nascer, não estão de modo algum totalmente desenvolvido; mas, sim, temos uma série de capacidades diferentes que, ao longo dos anos, se desdobram, crescem e se desenvolvem em direção à maturidade. Como sementes se tornam carvalhos, como ovos se tornam galinhas, os seres humanos, a partir de embriões, se tornam organismos maduros. E há dezenas de modelos dessa sequência geral de desenvolvimento, modelos esses, de vários estágios, por meio dos quais as nossas capacidades evoluem em seu próprio processo de crescimento e desenvolvimento (isto é, modelos do Crescer).

E, no entanto, extraordinariamente, conforme vimos, quase todos esses numerosos modelos descrevem, em essência, os mesmos de 6 a 8 níveis básicos de desenvolvimento. E também observamos que esses níveis são os mesmos onde quer que apareçam em todo o mundo. Mais de 100 desses modelos de desenvolvimento são delineados em gráficos no final do meu livro *Psicologia Integral*, e o que é tão impressionante quando você os examina é como esses níveis são, em essência, semelhantes. Alguns modelos são mais condensados, com cerca de 5 ou mais níveis; outros são muito mais detalhados, com 16 ou mais níveis. Mas, na média geral, os mesmos de 6 a 8 níveis básicos aparecem novamente, novamente e novamente.

Agora, esses níveis são os mapas básicos que os seres humanos utilizam para dar sentido ao seu mundo. Eles são o que chamamos de estruturas, ou a gramática oculta, os mapas ocultos, que governam como realmente vemos, interpretamos e sentimos o mundo, a partir de cada um dos principais 8 ou mais níveis de nosso desenvolvimento. A maioria das pessoas pensa que o que elas veem "lá fora" é realmente o que está "lá fora", e que o mesmo mundo está disponível para todos — tudo o que elas têm de fazer é olhar. Mas o que os estudos de desenvolvimento mostram inequivocamente é que, em cada nível de nosso desenvolvimento, realmente vemos, sentimos e interpretamos o mundo de formas dramaticamente diferentes. Cada etapa do nosso desenvolvimento tem sua própria gramática, sua própria estrutura, seu próprio mapa do território ao qual está exposto. E esses variam enormemente, tanto que alguns desenvolvimentistas sustentam que cada um desses diferentes estágios de fato tem ou são mundos diferentes. E, realmente, são diferentes, e uma vez que comece a reconhecê-los, você os começará a ver em toda parte ao seu redor. Então, vamos examinar isso como uma introdução à aplicação da Meditação Integral para o seu desenvolvimento pessoal, porque esses mapas serão parte do que você focará conscientemente com a prática de *mindfulness*. E isso permitirá que veja, muito provavelmente pela primeira vez, os mapas, a gramática ou a estrutura oculta que está por certo guiando quase todas as áreas da sua vida, sem que você os perceba.

Isso significa que estaremos oficialmente iniciando nossa prática da *Mindfulness* Integral observando alguns dos mais novos e recentemente descobertos elementos que serão os objetos de nossa meditação consciente, ou seja, esses de 6 a 8 mapas ocultos ou gramática oculta que governam muito de como vemos e experimentamos o mundo. E, para os milhões de estranhos anos que os seres humanos estiveram neste planeta, foi só nos últimos 100 ou mais anos que esses mapas, esses sujeitos ocultos, foram descobertos. E eu enfatizei isso porque eles são realmente uma das descobertas monumentais da humanidade.

1. Crescer: Os Mapas Ocultos de Desenvolvimento

Iniciaremos agora uma breve visita guiada destes de 6 a 8 principais estágios ou níveis de desenvolvimento ou do Crescer — nossos **mapas ocultos** — um acordo geral sobre o que encontramos em praticamente todas as várias escolas modernas de estudos sobre desenvolvimento. Trata-se dos estágios/níveis que emergiram histórica ou evolutivamente, um por vez; e depois que um estágio emergiu e tomou forma, ele passou a ser experimentado por todo ser humano que nasceu depois dele — e, na mesma ordem que eles foram originalmente estabelecidos, uma sedimentação arqueológica de camada após camada, de ser humano e consciência. Veremos evidências de todos esses pontos à medida que avançarmos. Por enquanto, vamos dar o primeiro passo, com o mais antigo, mais "primitivo" — ou seja, "primal" — de todos os nossos níveis de ser, saber e sentir: o infravermelho "Arcaico".

Nível 1 — (Infravermelho) Arcaico

A criança, ao nascer, basicamente não possui a percepção de ser um Eu separado; ela não pode dizer onde termina o seu corpo e onde começa o ambiente. Encontra-se unida à mãe e seus arredores, em um estado de pura fusão. Esse estágio, nível 1, as vezes é nomeado como arcaico, simbiótico, de fusão, ou fisiológico, básico e sensório-motor, ao qual é dada a cor infravermelho. (Às vezes, as cores são dadas a esses estágios, simplesmente porque há tantas características diferentes em cada um deles que qualquer nome particular — incluindo "arcaico" ou "simbiótico" — seria, em comparação com o estágio como um todo, limitado e insuficiente. Então, certas cores neutras ou até números são usados para contornar essa questão. Desse modo, usaremos os três — nomes, cores e números, como veremos. Você vai se acostumar — e espero que se familiarize com todos eles. Repito: não há razão para lembrar-se de tudo, nós daremos qualquer informação necessária quando você precisar. Agora, estamos apenas apresentando uma visão geral desse extraordinário desenvolvimento e desdobramento evolutivo pelo qual todos os seres humanos passam à medida que esse processo, sucessivamente, desdobra mapas mais desenvolvidos e ocultos, ou seja, as gramáticas ocultas que governam seu mundo.

Na média, em torno de 4 meses, na conhecida subfase de **eclosão**, o bebê típico aprende a distinguir o seu corpo *físico* do ambiente *físico*. Mas ele ainda não pode perceber a diferença entre seu *eu emocion*al e o dos outros — especialmente com relação à mãe. A criança experimenta a si mesma e a sua mãe como um tipo de **união dual**, uma ampla sensação de fusão, de eu, que não percebe limites reais entre suas emoções e às daqueles que a rodeiam, especialmente, novamente, a mãe. Para a psicanálise, este é o **estágio oral**; para a hierarquia de necessidades proposta pelo psicólogo Abraham Maslow, o estágio das **necessidades fisiológicas** (incluindo comida, calor, água, abrigo); para o psicólogo do desenvolvimento Jean Piaget, o início do subestágio sensório-motor; para o filósofo Jean Gebser, o estágio **Arcaico**. Pelo menos durante todo o primeiro ano de vida, mesmo depois da eclosão, o bebê permanece nesse amplo e indiferenciado estado de fusão, o infravermelho Arcaico.

A menos que tenham danos cerebrais, mal de Alzheimer avançado ou algo do tipo, poucos adultos permanecem totalmente nesse estágio. No entanto, é possível que alguns aspectos da consciência se liguem ou se fixem a esse estágio — o que a psicanálise chama de **fixação oral** (não apenas uma pulsão oral, mas uma fixação oral — uma diferença importante que vamos analisar em um momento), e, portanto, ficaremos de olho em qualquer uma dessas possibilidades. Muitas pessoas têm fixações orais — ou, no outro extremo do espectro, **dissociações orais** (vamos ver ambas) — e estas levam, respectivamente, a *vícios* **orais** ou *alergias* **orais**. Isso geralmente significa

1. Crescer: Os Mapas Ocultos de Desenvolvimento

problemas com os impulsos e as necessidades fisiológicas básicas do organismo humano. E esse será um estágio no qual começaremos a usar diretamente a *Mindfulness* Integral.

(Para uma simples introdução — e como continuaremos a ver em muitos exemplos específicos — cada estágio de desenvolvimento envolve uma transcendência **e** inclusão de seu estágio predecessor, o que significa simplesmente que cada nova fase de desenvolvimento inclui seu estágio anterior; porém, acrescenta algo novo, inédito e emergente — não encontrado em qualquer lugar de seu estágio anterior — e isso é o que, de fato, o torna um estágio superior: tem tudo o que o estágio anterior tinha, além de algo adicional e novo. É maior, "mais amplo", "mais elevado". Assim, na sequência de desenvolvimento ou evolutiva **de** átomos **a moléculas, a** células **até organismos**, cada um desses estágios vai além de seu antecessor, trazendo algo novo e emergente para a existência — ele "transcende" seu predecessor, como as moléculas transcendem ou vão além dos átomos. Mas cada estágio também envolve abraça e "inclui", total e literalmente seu antecessor — como moléculas também incluem átomos de forma literal. O mesmo processo **transcende-e-inclui** está operando nos de 6 a 8 estágios do crescimento, desenvolvimento e evolução humana, que estamos atualmente revisando. E, nesse processo onipresente, algo pode dar errado com qualquer uma dessas duas etapas ou subestágios. Se algo der errado com a parte "transcende" — se o estágio superior não se mover limpa e claramente para além do estágio anterior — então partes do novo estágio permanecerão **presas** ou **fixadas** ao estágio anterior, e assim a nova fase irá desenvolver inúmeros *vícios* em relação às partes que ficaram fixadas. Por outro lado, se algo der errado com a parte "inclui" — se o novo estágio não incluir ou integrar o estágio anterior, mas dissocia, nega e divide partes dele, então desenvolverá uma **alergia** a esses aspectos desconsiderados e indesejáveis de si mesmo. "Vícios e alergias" são os dois problemas universais construídos dentro de cada estágio da evolução por causa de sua inerente natureza **transcende-e-inclui**. Veremos muitos exemplos disso em cada estágio, à medida que avançarmos).

Portanto, o que a prática da *Mindfulness* Integral envolverá aqui — para começar com algo desse estágio inicial, o desejo por comida — é simplesmente entrar em contato, agora mesmo, com a necessidade de comer. Se você está com fome, concentre-se nesse desejo; caso contrário, imagine. Há um anseio profundo, um impulso poderosamente primitivo para satisfazer o mais básico dos desejos — comer, ficar cheio, não estar com fome. Quando esse impulso surge em você, se não o tiver **transcendido e incluído** totalmente — isto é, se ainda tiver algum tipo de apego a esse estágio, de modo que não tenha apenas uma pulsão oral, mas uma fixação oral —, então, quando essa pulsão emergir, ela temporariamente irá capturá-lo; ela terá você, você não irá tê-la. E isso significa que ele permanece como um **sujeito oculto** em sua consciência, em sua identidade. Alguma parte de você ainda está *identificada* com esse estágio.

Se para você isso é assim em algum grau, então, quando esse impulso de fome surgir (ou qualquer impulso fisiológico básico — por água, calor, abrigo) — então você simplesmente não *terá* ou *possuirá* esse impulso, você *será* esse impulso — esse impulso será experimentado como parte de seu próprio eu, como parte do que você é. Você *será* a própria fome, procurando por satisfação. E, nesse ponto específico, nada é mais importante do que isso; o mundo se tornará todo alimento e você será todo boca. Todas as outras preocupações serão postas de lado, enquanto o impulso de fome domina completamente a consciência. Você quer uma e apenas uma coisa: fazer com que essa dolorosa necessidade não atendida desapareça; quer satisfazê-la e assim eliminá-la, ao menos temporariamente (até que ela mais uma vez erga sua cabeça e novamente o domine).

Quando você estava nesse estágio, no princípio, a totalidade de você estava identificada com esse estágio; você não tinha o desejo de comer, mas, sim, você *era* o desejo de comer — o mundo de fato era todo alimento, e você era todo boca (daí o nome **estágio oral**). E, na medida em que ainda esteja identificado com aspectos desse estágio, você terá um *vício em alimentos*. Você poderá estar acima do peso ou mesmo clinicamente obeso, e esse é um vício grave. Nos Estados

1. Crescer: Os Mapas Ocultos de Desenvolvimento

Unidos, cerca de 60% dos adultos estão acima do peso, de acordo com o *National Institutes of Health*, e um terço são clinicamente obesos. Nesses casos específicos, a consciência dos norte-americanos colapsa para o Arcaico, impulsionada pelos desejos mais básicos e mais primitivos que os organismos vivos possuem: o desejo de comer (ou, de outra forma, atender aos impulsos fisiológicos mais fundamentais e necessários à própria sobrevivência — comida, água, calor, abrigo. Não há nada mais primitivo, mais fundamental).

Que é o mesmo que dizer, o mais *fundamental* e o menos *significativo*. Na Teoria Integral, em qualquer hierarquia aninhada de crescimento ou **holarquia** — assim chamada pelo escritor Arthur Koestler, porque cada estágio sênior transcende holisticamente e inclui seus estágios juniores —, os estágios inferiores, juniores ou anteriores são mais fundamentais, porque os outros estágios realmente dependem mais deles, para sua existência. Na sequência (holárquica) que acabamos de mencionar — de átomos a moléculas, a células até organismos — observamos que os átomos são fundamentais, porque todos os estágios superiores os incluem como ingredientes necessários (assim, retirem os átomos e todos os estágios superiores também desapareceriam — não haveria moléculas, nem células, nem organismos — átomos são fundamentais).

Mas os estágios mais elevados são mais **significativos** exatamente porque eles incluem mais níveis, incluem mais do ser e da realidade em sua própria composição, assim **significando** mais da realidade: os organismos são muito significativos, porque eles de fato incluem átomos, e moléculas, e células em seu próprio ser. No entanto, eles não são fundamentais, porque poucos elementos são feitos a partir deles ou os incluem em sua composição (assim, tire organismos e mesmo assim átomos, moléculas e células ainda existiriam — organismos não são fundamentais, mas os organismos são muito significativos, porque significam ou incluem todos os estágios anteriores, representando muito mais realidade do que, digamos, um átomo).

Um ser humano é o ser mais significativo e menos fundamental que existe. E, a propósito, os ingredientes nessas **holarquias** são

Meditação Integral

chamados de **hólons** — um todo que é parte de outro todo maior. Assim, um átomo inteiro é parte de uma molécula inteira; uma molécula inteira faz parte de uma célula inteira; uma célula inteira é parte de um organismo inteiro, e assim por diante. A realidade em todas as dimensões — interior e exterior, individual e coletiva — é feita primariamente de hólons. Para onde quer que você olhe no universo há hólons. Cada um dos estágios/níveis que estamos observando agora, cada um desses mapas ocultos é um hólon — é um todo em seu estágio que se torna parte de outro todo no estágio mais elevado seguinte — e é por isso que esses estágios se tornam inerentemente mais inteiros, mais complexos, e ainda assim unificados, inclusivos e abrangentes — e veremos isso ocorrendo ao longo de todo o caminho, partindo de uma identidade que é meramente egocêntrica ou **eu**, para uma que é etnocêntrica ou **nós**, para uma que é mundicêntrica ou **todos nós**, até uma que é *Kosmocêntrica*[1], ou uma identidade com todos os seres sencientes, com o Tudo (ou seja, aqueles que têm a capacidade de sentir sensações e sentimentos de forma consciente, com o Todo. N.T.).

Então, depois desse pequeno desvio de pano de fundo, voltamos ao nosso tópico principal: se você está acima do peso — e eu sei que já lhe disseram centenas de coisas sobre o que supostamente deve estar fazendo errado, se é que está (e se estiver bastante cansado disso, então perdoe-me) — uma questão que é importante observar é que alguma parte de sua própria identidade permanece fixada nesse estágio inicial. Esse impulso permanece como uma parte real, mas oculta de seu próprio senso de si mesmo, seu sentimento real de ser você mesmo. Ele permanece uma parte do seu *sujeito*, seu eu, e é por isso que o ver como um objeto — aplicando *mindfulness* nele, como agora estamos passando a fazer — é de fato começar a libertar-se, é

---

[1] *Kosmos* é uma palavra grega que significa o mundo todo — físico, emocional, mental e espiritual. E num dos principais usos na Teoria Integral, o *Kosmocêntrico* é um cenário geral de desenvolvimento: **todos os seres**, incluindo não apenas todos os seres humanos, mas todos os seres sencientes, toda a própria realidade.

1. Crescer: Os Mapas Ocultos de Desenvolvimento

des-identificar-se, é olhar para ele, em vez de usá-lo para olhar e agarrar o mundo — é possuí-lo em vez de ser possuído por ele.

Então, particularmente, na próxima vez que a fome surgir (esteja você acima do peso ou não), sinceramente dê atenção, lhe dê conscientemente plena atenção (*mindfulness*). Isso é exatamente como fazer um videoteipe de algo: você é uma câmera perfeitamente neutra, vendo tudo como exatamente é, sem qualquer julgamento — você não quer criticar, condenar ou se identificar com a fome; simplesmente mantenha-se consciente da fome de forma neutra e penetrante, a partir de todos os ângulos. Onde está localizado esse desejo faminto (cabeça, boca, coração, estômago, intestino, mãos, pés)? De que cor é (apenas o que vem à mente)? Qual a forma (também, o que vem à mente)? Como cheira (o que vem à mente)? Realmente sinta a primitividade e a urgência, a energia direcionada desse impulso. Fique com essa *urgência ansiosa*. Torne esse impulso subjetivo em um objeto de plena atenção, um objeto de consciência. Realmente olhe para isso, de maneira longa e estável. Experiencie diretamente, com sua percepção-consciência, o que pode ser entendido como outro termo para *mindfulness*.

Alternativamente, você pode não ter se fixado neste estágio, mas ter ido para o outro extremo, se desidentificando muito dele. Normalmente, você deve, por fim, se desidentificar de cada estágio, deixando de se identificar exclusivamente com suas necessidades e impulsos enquanto ainda mantém esse conteúdo em sua consciência: você não *é* mais isso, você está **consciente** disso — você o **transcende e inclui**. Mas se essa desidentificação for muito longe ou tornar-se muito extrema, você não apenas se desidentificará, mas, sim, realmente irá negar, dissociar ou reprimir esse conteúdo. Se isso ocorrer na fase oral, você terá, não um vício em alimentos, mas uma *alergia alimentar*. Isso pode aparecer em qualquer caso de bulimia, anorexia, ou naqueles que estão cronicamente abaixo do peso. Como *mindfulness* pode ajudar nesses casos? *Mindfulness* permite que você transcenda e inclua esse conteúdo, revelando a parte **incluir** do desenvolvimento.

Como dissemos, cada estágio de desenvolvimento transcende e inclui o seu antecessor. Lembre-se do simples exemplo da sequência evolutiva: de átomos a moléculas, a células até organismos. Cada um desses estágios transcende ou vai além de seu antecessor, trazendo novas qualidades emergentes para o ser (cada estágio mais elevado é, por exemplo, mais inteiro); mas também inclui ou realmente abraça e envolve seu antecessor (como células literalmente incluem moléculas, e moléculas literalmente incluem átomos). A própria consciência tem essa qualidade de transcender e incluir: ela está consciente de um objeto e, portanto, vai além dele, porém também o inclui, ou realmente o toca, assim como um espelho toca diretamente todas as imagens que se refletem nele. (Esse **transcende-e-inclui** é o dinamismo central da própria evolução e ocorre em todo o desenvolvimento humano da mesma forma. Você se tornará muito familiarizado com esse mecanismo central de seu próprio processo de crescimento, desenvolvimento e evolução).

Então, se você tiver negado ou rejeitado esses impulsos de fome, então o que poderá fazer é, de maneira suave e cuidadosa, mas direta, olhar para os impulsos da fome e, em seguida, apenas manter-se atento a eles — apenas mantendo-os no espaço de sua percepção-consciência. Assim, você os trará de volta à sua esfera de **acolhimento**, à medida que sua própria Mente-Espelho toca o reflexo da fome do qual você está diretamente consciente. Você não acabará identificado com o impulso de fome — o espelho não fica preso na identificação com algum objeto, porque ele permite que todos os seus reflexos venham e partam livremente; enquanto os reflete (uma vez na consciência), os reflexos são diretamente **um com** o espelho — o espelho toca sem mediação todos os seus reflexos. Nós talvez vejamos graças a uma experiência real, que essa natureza **unitiva** da consciência está por trás da capacidade de sentir-se **um com** todo o universo em uma radical **consciência da unidade**. Mas, por enquanto, simplesmente segure o impulso da fome na consciência, de forma clara e direta — inequívoca e penetrantemente videoteipe isso — e assim você começará a transcender e a incluir esse impulso. A parte

1. Crescer: Os Mapas Ocultos de Desenvolvimento

transcender acabará com qualquer vício, e a parte **incluir** extinguirá com qualquer alergia.

Dê a mesma atenção consciente a todos os seus impulsos fisiológicos básicos — não somente à comida, mas para a água, para o calor se estiver muito frio, para a sensação de frio se estiver calor demais, para o abrigo, para o sono. O corpo humano tem evoluído ao longo de milhões de anos para estar numa requintada relação com o extraordinário número de variáveis na natureza, necessários para manter o organismo fisicamente vivo. Nós começamos, no estágio Arcaico, com uma identidade que, mais fundamentalmente, é movida apenas por essas necessidades — e ainda assim acabaremos, como o mestre Zen Dogen diz, *"o corpo-mente caiu!"*, ou seja, a nossa estreita identidade com apenas este organismo isolado, transcendida e incluída no estado último, a Suprema Identidade — uma identidade com o Todo, com todo o universo.

Soa um pouco estranho? Bem, em breve faremos exercícios que lhe darão uma experiência direta exatamente desse tal estado, então, fique ligado. Enquanto isso, passe algum tempo tornando esses impulsos fisiológicos profundos, esses sujeitos corporais, em objetos de consciência, assim transcendendo-os e incluindo-os em seu próprio ser.

Nível 2 — (Magenta) Mágico Tribal

Em algum momento, em torno de 18 meses no mundo de hoje, o bebê passa a fazer essa distinção fundamental entre si mesmo e o outro, num nível sensorial e emocional, e assim ele pode realmente começar a perceber a diferença entre o seu próprio eu e o seu entorno. Esse estágio é, de fato, chamado de **o nascimento psicológico da criança**, porque é por volta do 18º mês de vida que o nascimento de um eu distinto da criança realmente ocorre. Esse eu separado é inicialmente impulsionado pelo desejo de gratificação imediata; tem um modo de pensar mágico ou fantasioso; e está focado no momento imediato, no agora. Esse estágio, nível 2, é, muitas vezes, chamado de **impulsivo** ou **mágico** ou, ainda, **emocional-sexual** (porque especialmente as emoções básicas começam a se desenvolver juntamente com o senso de ser um eu distinto); e a esse estágio é dada a cor magenta. É chamado de **mágico**, porque, primeiro, seu pensamento tende a ser alicerçado em fantasias, pois acredita que tudo aquilo que deseja pode se materializar magicamente. E segundo, como o eu está apenas iniciando a se distinguir do ambiente, então o eu e o ambiente continuam um pouco misturados; isto é, o eu confunde-se com os vários arredores externos, e o próprio ambiente exterior assume qualidades humanas. Atribuir características e motivos humanos a objetos externos é tecnicamente conhecido como **animismo**: um vulcão na montanha entra em erupção porque está bravo comigo, o trovão pode me atingir porque ele está tentando me matar, as flores desabrocham porque eu estou apaixonado etc. O problema aqui não é atribuir consciência ou vida ou propósito à natureza, porque há muitos desses atributos nela; mas, sim, conceder características humanas a toda a natureza, o que é apenas o pensamento mágico antropomórfico, no qual sujeito e objeto se confundem porque não estão totalmente separados ou diferenciados e, portanto, cada um parece influenciar magicamente o outro de uma forma antropocêntrica e fantasiosa. Esse pensamento supersticioso, fantástico e mágico é hoje o principal estágio de desenvolvimento observado em crianças com idade de 1 a 3 ou 4 anos.

Historicamente, essa fase surgiu em algum lugar há algo em torno de 200.000 anos ou mais e marcou o primeiro "modo de ser e existir totalmente humano". As pessoas iniciaram sua longa migração para fora do coração da África e para a Europa, Oriente Médio e Extremo Oriente, passando, eventual e provavelmente, pela conexão terrestre entre a Sibéria e o Alasca, nas Américas. A natureza **transcende-e-inclui** da evolução assegurou que, quando o primeiro ser humano emergisse, ele já teria transcendido e incluído cada nível principal de existência (e tipo de hólon) que havia sido produzido pela evolução, desde o *Big Bang*. Ou seja, desde o início, os seres humanos continham — ou literalmente abrigavam em seus corpos — quarks, partículas subatômicas, átomos, moléculas, células procarióticas e eucarióticas e organismos — incluindo a bioquímica

1. Crescer: Os Mapas Ocultos de Desenvolvimento

básica pioneira das plantas, o cordão neural dos peixes e anfíbios, o cérebro reptiliano dos répteis, o sistema límbico dos paleomamíferos (por exemplo, os cavalos), o córtex dos primatas e, coroando, o seu próprio cérebro triuno e o neocórtex, o hólon mais complexo em todo o *Kosmos* (com mais conexões sinápticas neurais do que estrelas no universo conhecido). E não parou por aí. Os próprios seres humanos continuaram seu processo de crescimento e evolução, produzindo novos estágios, um após o outro (os estágios do Crescer anteriormente descritos), com cada um transcendendo e incluindo seu antecessor. E assim a inevitável **totalidade crescente** da evolução Kósmica prosseguiu, agora em um veículo humano.

Os primeiros seres humanos viviam em pequenas tribos, com uma capacidade de suporte ecológico de cerca de 30 a 40 pessoas; o infanticídio era frequentemente praticado para evitar exceder essa capacidade. A arte rupestre desse período era, muitas vezes, desenhada em camadas múltiplas e sobrepostas, sugerindo uma falta de diferenciação entre elas. Fazer uma dança da chuva era (magicamente) forçar a natureza a chover. As relações eram determinadas pela linhagem sanguínea e, se os encontros entre tribos de diferentes linhagens de sangue ocorressem (o que, no início, era bastante raro, já que havia tão poucos indivíduos), esses indivíduos não tinham nenhuma maneira estabelecida de se relacionar. A guerra era frequentemente o resultado.

(Depois de um período de *glamour* e de *romantização* pós-moderna das tribos mais antigas, pesquisas recentes pintaram um quadro mais preciso e menos agradável, que incluía considerável violência e frequente destruição ecológica. A quantidade relativamente limitada de danos que esses eventos resultaram não era em decorrência da sabedoria nativa difundida, mas de uma simples falta de meios tecnológicos para infligir maior destruição. E nada disso era particularmente bom ou ruim; eram simplesmente os passos necessários para a crescente escalada do estágio egocêntrico para o etnocêntrico para o mundicêntrico até o *Kosmocêntrico*. E cada um desses estágios iniciais ainda está conosco hoje, assim todo ser humano nasce no **marco zero** e deve começar seu caminho de crescimento e desenvolvimento no estágio Arcaico, para então passar ao Mágico, e assim por diante por meio dos 6 a 8 estágios produzidos pela evolução até hoje... com estágios mais elevados ainda por vir, obviamente...)

Como no estágio Arcaico, hoje pouquíssimos adultos permanecem completamente neste estágio Mágico de desenvolvimento. Foi bastante comum há 50 mil anos, mas a evolução subsequente o tornou um nível um tanto júnior em termos de desenvolvimento global no mundo de hoje e, assim, novamente é encontrado, de todo, nos casos de pacientes com mal de Alzheimer avançado ou com vários tipos de danos cerebrais, e em algumas pessoas extremamente perturbadas.

Por outro lado, aspectos moderados desse estágio permanecem em adultos que exibem pensamento supersticioso e mágico, como nas crenças encontradas no Vodu e Santeria, nas quais, se você criar uma imagem representativa de uma pessoa na forma de uma boneca e espetar uma agulha nela, isso realmente prejudicará a pessoa real — um resquício do pensamento mágico dessa fase, em que tudo que você tem que fazer é desejar algo, e assim, seu desejo se realizará magicamente. (Porque o eu e o ambiente, o sujeito e o objeto, o pensamento e as coisas ainda estão pouco diferenciados, então manipular o pensamento ou a imagem de uma coisa é afetá-la diretamente. Magia!) Toda criança de 3 anos pensa dessa maneira — e assim elas imaginam que, ao esconderem a cabeça sob um travesseiro de forma a não poderem enxergar ninguém, então, magicamente, ninguém as verá também, o que muito diverte os adultos que estão olhando para o traseiro da criança bailando no ar enquanto sua cabeça está debaixo do travesseiro!

Esses exemplos também apontam que algumas das **formas narrativas** de religião sobre as quais falamos anteriormente são vestígios desse período Mágico inicial de nossa evolução, pois elas literalmente aceitam as histórias milagrosas da Bíblia, por exemplo (como a separação do Mar Vermelho por Moisés). Até hoje, alguns adultos são atraídos pelos elementos mágicos de sua religião — inicialmente é possível que essas pessoas tenham se envolvido com a re-

1. Crescer: Os Mapas Ocultos de Desenvolvimento

ligião instigadas pelas narrativas mágicas, tais como caminhar sobre a água, ressuscitar os mortos, fazer os cegos enxergarem, transformar a água em vinho e multiplicar pães e peixes. As práticas religiosas de algumas seitas podem incluir coisas como a manipulação de cobras venenosas vivas, firmadas na crença de que a fé magicamente os protegerá. (Infelizmente, o líder de uma das maiores dessas seitas morreu recentemente, aos 40 anos, depois de ter sido mordido por uma cascavel num ritual desse tipo). E algumas abordagens espiritualistas dos dias de hoje, como as descritas em *The Secret* [O Segredo] e *What the bleep do we know*? [Quem somos nós?] contêm uma forte dose dessa visão mágica, que apela, como veremos, para os aspectos de nós mesmos que são chamados de **egocentrismo** ou o **autoengrandecimento**. Essa visão mágica e fantasiosa é um mapa oculto presente em boa parte da *lei da atração* e em vários outros conceitos *New Age*.

Agora, essa forma infantil de expressão mágica é bem diferente das reais capacidades paranormais, como a verdadeira PES (percepção extrassensorial), precognição (clarividência), ou telecinesia (movimento dos objetos a distância), ou, ainda, o valor de manter uma forte intenção na conquista de metas individuais. Experiências científicas rigorosamente controladas demonstraram, além da dúvida razoável, que algumas dessas capacidades são realmente muito verdadeiras[2]. Mas o sucesso nessas capacidades paranormais parece diminuir de maneira dramática quando a pessoa é motivada puramente por impulsos egoístas, egocêntricos, narcisistas ou de poder. Há uma grande diferença entre o pensamento mágico fantasioso e as reais capacidades psíquicas, portanto, tenha isso em mente.

Assim, talvez você tenha algumas dessas ideias supersticiosas mágicas em essência, porém reconhecerá com facilidade se elas são mapas mágicos ocultos e não verdadeiros poderes psíquicos, observando qual a quantidade de motivações de autoengrandecimento es-

---

[2] Comunicação pessoal com o Dr. Roger Walsh, em maio de 2014. O Dr. Walsh é um proeminente pesquisador sobre os estudos da consciência e campos relacionados.

tão ocorrendo em torno delas. Se forem desejos de nada mais do que sua própria glorificação, seu próprio sucesso, de ser único e especial ou de derrotar todos os outros para obter algum tipo de prêmio, e se estiver usando práticas mágicas (que são essencialmente uma forma exagerada de busca pela satisfação de desejos), então você pode muito bem ter uma quantidade razoável de sua consciência presa nesse estágio inicial, mágico, fantasioso, egocêntrico. Se assim for, você pode estar praticando meditação para aumentar maravilhosamente sua própria grandeza, ou magicamente obter benefícios (conquistar a garota, o carro, a casa nova, a promoção), ou para perder peso de forma automática e tornar-se irresistivelmente deslumbrante, além de por milagre obter a satisfação de todos os seus desejos egoicos, assim, num estalar de dedos! Tudo isso o colocará rapidamente em primeiro lugar, em todo o mundo (Uau!).

Se você tiver uma boa quantidade dessas crenças mágicas, a recomendação, é claro, será identificá-las, reconhecer esse mapa oculto em sua vida; veja o quanto dessas crenças e superstições mágicas têm governado sua vida e, em seguida, segure isso diretamente em sua consciência, mantenha essa percepção sob a presença radiante e a pura luz solar de *mindfulness*, transformando assim essas crenças em meros objetos de consciência. Em seu campo de percepção-consciência, veja essas crenças como objetos em vez de usá-las como sujeitos, como mapas ocultos com os quais você vê o mundo. Olhe *para* elas, não *através* delas. Olhe direta e intensamente para elas — pare de olhar através delas ou com elas. Videoteipe-as até cansar.

Durante as sessões de *mindfulness*, como continuamente veremos, concentre-se intensamente no sentimento de, neste caso, ser incrivelmente especial. Veja-se como uma celebridade mundial: andando pelo tapete vermelho no Festival de Cannes, com inúmeros jornalistas a fotografá-lo, os críticos o elogiando, os fãs gritando seu nome. Segure esse puro sentimento de fama — firme e precisamente sinta isso, veja isso, olhe para isso, como se você estivesse fazendo um videoteipe disso — sem julgar, condenar ou identificar-se com isso. Apenas conheça isso com pura consciência. Torne isso um ob-

1. Crescer: Os Mapas Ocultos de Desenvolvimento

jeto em vez de um sujeito ou eu, desse modo, preparando o campo para que um novo e mais elevado nível de ser e consciência possa emergir. Ver o mapa oculto significa que você o converteu em um objeto de consciência, o tornou *não oculto*, e assim ele deixará de governar seu comportamento, abrindo espaço para mapas mais elevados, que são mais precisos e adequados.

(Agora, num minuto, vamos abordar todo esse tópico de **fazer do sujeito um objeto**. Pode parecer um pouco abstrato e confuso no início, mas definitivamente aguente aí, porque com certeza é o item mais importante que já aprendemos sobre o crescimento, o desenvolvimento e a evolução humana, e é a verdadeira chave para o incrível sucesso da prática de *mindfulness* e o Despertar, bem como o núcleo do caminho do Crescer. Então, por favor, fique atento, pois entraremos nesse tópico de forma muito simples e clara. E isso não é apenas uma viagem mental abstrata, acadêmica e intelectual, mas é provavelmente o núcleo central de todo o seu processo de crescimento, desenvolvimento, transformação e evolução — sério.)

Portanto, mantenha qualquer uma dessas crenças mágicas e supersticiosas diretamente na consciência; veja-as de forma direta e neutra, sem criticar, culpar ou se identificar com elas — puramente videoteipe-as. Transcenda e inclua essas crenças: tome consciência delas, assim transcendendo-as, tornando-as um objeto em vez de um sujeito, forçando uma desidentificação delas (ou seja, vê-las como um objeto de consciência as afasta de ser um sujeito de consciência, de ser um eu, de ser um apego, fixação ou vício). O quanto você é viciado em ser *superespecial*? Observe suas crenças a esse respeito no seu dia a dia e em todos os seus relacionamentos. Basta dar-lhes consciência. (E observamos, é claro, que com certeza todo indivíduo é especial de forma genuína, é uma manifestação perfeita do Divino, da Grande Perfeição, exatamente como é. Estamos aqui falando das formas infantis de sentir-se único de maneira especial, de uma maneira narcisista e autocentrada ou egocêntrica, nas quais esse próprio sentimento depende de ver os outros como desprovidos dessa qualidade — que só eu possuo! — pois alguém que se perceba de forma madura, como único de maneira especial, vê todos os seres sencientes como inerentemente possuidores da Grande Perfeição, uma visão *Kosmocêntrica* — não egocêntrica. Para abrir espaço para essa percepção (de ser único de maneira especial) *Kosmocêntrica*, temos de desenterrar todos os mapas ocultos presos na visão egocêntrica de si mesmo — que é exatamente o que *mindfulness* fará e no que estamos nos focando em fazer neste momento).

Então, observe a próxima vez que se envolver em um pensamento supersticioso — um gato preto atravessa seu caminho, você se percebe passando por debaixo de uma escada, quebra um espelho, derrama sal — e perceba o quanto está fixado ou viciado nesse estágio, se realmente achar que essas ações vão mudar as leis da natureza apenas para alterar sua própria e especial história. Você é — qualquer um de nós é — realmente tão especial? Um gato preto cruzando seu caminho irá de fato fazer todo o curso da história se concentrar em você de forma negativa e de *má sorte*, a alterando só porque você tem esse poder mágico? Faça dessa crença, desse sujeito, um objeto, e deixe de se identificar com ela!

Assim, por meio dessa percepção-consciência ou da *Mindfulness* Integral, transcenda e inclua quaisquer pensamentos mágicos supersticiosos que você possa ter, com a parte **transcender** (da percepção objetiva direta) quebrando qualquer fixação ou dependência a esse nível, e a parte **incluir** (da consciência que toca o objeto do qual você está consciente) interrompendo qualquer negação ou alergia a esse nível.

Uma **alergia mágica**, a propósito, ocorre quando um pensamento mágico ou supersticioso surge em sua própria mente ou percepção, e você não apenas se desidentifica dele ("eu tenho esse pensamento, mas não sou este pensamento"), mas acaba por ir longe demais rejeitando-o, dissociando-se dele, negando-o completamente ("Este pensamento não é meu!"), assim, reprimindo-o, banindo-o para o porão do inconsciente, de onde é normalmente projetado em outras pessoas — de tal modo que, de repente, muitas pessoas "lá

1. Crescer: Os Mapas Ocultos de Desenvolvimento

fora" parecem cheias dessas noções mágicas tolas; elas começam a aparecer em todos os lugares. Eu sei que alguém está tendo muitos desses pensamentos tolos, e, uma vez que não podem ser meus, devem ser de alguém mais — de qualquer outra pessoa — e essas pessoas realmente começam a me incomodar, a me irritar, e isso é a minha própria **Sombra** ou impulso negado forçando o limite do meu próprio eu, causando todos os tipos de tensões e atritos desagradáveis. Esse **rejeitar** e projetar um impulso tornado sombra, ou inconsciente, é algo que pode acontecer e de fato acontece em praticamente todos os níveis de desenvolvimento, como veremos, e, na maioria dos casos, acaba criando uma **alergia** a esse material rejeitado, e assim acabamos por encaixotar (nas sombras) nosso caminho pela vida (ou, alternativamente, nos fixando, criando um vício e **abraçando a Sombra**). Aplicar *mindfulness* nesses elementos reais de nosso próprio ser, transcendendo e incluindo tudo o que é visto, é uma das únicas formas quase garantidas para corrigir esses problemas.

Nível 3 — (Vermelho) Mágico-Mítico

À medida que o eu segue crescendo e se diferenciando cada vez mais do seu ambiente — assim se movendo do nível geral 2 para o 3 — ele se torna cada vez mais consciente de sua frágil existência separada e começa a se preocupar com sua própria segurança, proteção e autodefesa. Como recurso, desenvolve um forte conjunto de **impulsos de poder**. Esse estágio é frequentemente denominado **autoproteção**, **segurança**, **poder** ou **oportunista** (e lhe é dada a cor vermelha). O modelo de desenvolvimento da Dinâmica Espiral (*Spiral Dynamics*) chama esse estágio de "Deuses de Poder", pois o indivíduo nessa fase ainda é egocêntrico ou autocentrado (e é, portanto, o seu próprio deus) e também está impregnado com sentimentos de poder. Quando esse estágio permanece na idade adulta de uma forma não saudável, é, muitas vezes, a fonte de comportamento criminoso e de significativa corrupção. Os impulsos de poder dessa pessoa atuam como seu mapa oculto ou as regras gramaticais inconscientes, que controlam seu comportamento. E, como essas pessoas ainda não evoluíram para o próximo estágio mais elevado — o estágio conformista da lei e da ordem —, elas estabelecem seus próprios padrões e criam suas próprias regras, suas próprias leis, impulsionadas pela necessidade de segurança e poder de seu mapa oculto. O que quer que essas pessoas desejem é o que é certo para elas. Assim, simplesmente começam a tomar o que desejam, e a sociedade que se dane (elas são, afinal, **deuses de poder**). A versão não saudável desse nível de poder vermelho é encontrada em abundância em instituições criminosas, organizações da máfia e governos corruptos. Esse nível vê o mundo em termos de sobrevivência dos mais aptos; o maior e mais forte é o vitorioso; faça a alguém antes que o façam a você; é a lei da selva, um mundo onde cão-come-cão, vermelho dos dentes até as garras. Indivíduos operando a partir desse nível são capazes de alguns atos verdadeiramente cruéis. Joseph Stalin é um exemplo perfeito de um indivíduo operando a partir do nível vermelho 3 patológico — de fato um deus de poder doentio, o qual, durante a década de 1930, instituiu a Grande Fome (matando mais de 8 milhões de ucranianos) e o Grande Terror (quando mais de quatro quintos da elite cultural na Ucrânia foram assassinados). Outras figuras eternizadas variam de Hitler a Pol Pot, com Vladimir Putin sendo adicionado recentemente por alguns analistas.

Esses três primeiros níveis ou estágios principais, como começamos a perceber, são todos chamados de **narcisistas** ou **egocêntricos**, o que significa que o eu está literalmente preso numa perspectiva de 1ª pessoa, eu/meu — e não pode colocar-se no lugar de outra pessoa e sentir o que ela está sentindo, literalmente, não pode tomar uma perspectiva diferente da sua própria. Esse é um exemplo perfeito do tipo de coisas que a maioria de nós pensa que está presente em um ser humano desde o início, porém a capacidade de realmente sentir o que outra pessoa sente, ver as coisas a partir de seu ponto de vista, é uma característica **emergente**, algo que surge apenas com o crescimento e desenvolvimento do indivíduo. Você pode pegar uma bola, de cor vermelha de um lado e verde do outro, e colocá-la entre você e uma criança de 4 anos de idade. Vire a bola várias vezes para

1. Crescer: Os Mapas Ocultos de Desenvolvimento

que a criança possa ver que ela tem cores diferentes em cada lado. Então, com a parte vermelha da bola voltada para você e a parte verde voltada para ela, pergunte: *"Que cor você está vendo?"*. Ela dirá corretamente: *"Verde"*. Em seguida, pergunte a ela: *"Que cor eu estou vendo?"*. E ela não dirá, *"Vermelho"*, que é o que **você** está realmente vendo. A criança responderá: *"Verde"* — que, é claro, é o que **ela** está vendo. A criança automaticamente pensa que o que ela está vendo você também estará. Em outras palavras, a criança não pode ter o seu ponto de vista, não pode olhar através de seus olhos, não pode, de forma alguma, assumir o papel do outro. Então, naturalmente, seu mundo é egocêntrico ou narcisista. Ela não está escolhendo ser egocêntrica, pois simplesmente não tem escolha aqui. Essa capacidade de assumir o papel de outro não surge até o próximo estágio 4 e, quando isso ocorrer e você perguntar *"Que cor eu estou vendo?"*, ela responderá corretamente: *"Vermelho"*. Esse é um salto monumental em termos de desenvolvimento, como veremos, e é um exemplo perfeito do fato de que a maioria das capacidades humanas não estão presentes no nascimento, mas emergem, crescem e se desenvolvem — elas seguem os estágios do Crescer.

Então, nesse ponto, no estágio 3 (vermelho), o eu ainda é tudo, ou seja, as regras do eu, o eu e o que ele quer são supremos: "Me dê" e "eu/meu" são a regra. Todos nós conhecemos pessoas que ainda estão presas a essa etapa de alguma forma significativa. São, provavelmente, a fonte de sérias irritações em nossa vida. *"Por que elas estão sempre pensando em si mesmas?"*, nos perguntamos. *"Por que elas não mostram nenhum interesse em mim ou na minha vida?"*. E agora estamos vendo a razão: seu mapa oculto, sua gramática fundamental, nem sequer reconhece a real existência de outra pessoa, incluindo você (e é por isso que você nunca se sente **visto** por esta pessoa). Não é uma escolha que elas possam fazer; elas simplesmente não podem assumir o papel do outro, e assim não o fazem.

Agora, você pode ter certo grau desse poderoso mapa oculto egocêntrico ainda funcionando em você. Se acha que é o caso, então aplique a *Mindfulness* Integral. Primeiramente, use a Teoria Integral (ou qualquer modelo de desenvolvimento amplamente aceito) para determinar em que grau as características desse estágio realmente ainda pertencem a você. Provavelmente, há alguma área de sua vida, por menor que seja, que reage a esse estágio, lançando-o nas garras de um impulso egocêntrico por poder e controle. Lembre-se de alguma ocasião em que isso ocorreu; ou simplesmente concentre-se, tão diretamente quanto possível, no sentimento de um puro e selvagem poder sobre as pessoas, de sentir-se capaz de controlá-las, de achar-se totalmente o dono da situação. **Você está no controle!** Imagine-se caminhando entre um grande grupo de pessoas e que, pela força de seu puro poder, você faz magicamente com que todos se curvem enquanto caminha — imagine que todas essas pessoas são inferiores, que são muito menos do que o seu incrível eu é. Sinta a enorme exuberância de forçar as pessoas a fazer exatamente o que você quer e o quão subservientes todas são por se submeterem a você. Você pode conseguir o que quiser: fama, fortuna, todas as mulheres do mundo ou todos os homens, que morrem para cortejá-lo(a), carros, iates, as mais belas casas pelo mundo, simplesmente porque você estendeu a mão e desejou tudo isso. Você é de fato invencível, está totalmente seguro, protegido, e tudo por causa de seu impenetrável poder.

Então, retenha esse sentimento ou imagem diretamente em sua consciência e pratique *mindfulness* com esse objeto. Como você sente esse desejo por poder, por puro controle? Qual é a aparência dele, de que cor é, onde está localizado em seu corpo, o que o desencadeia? Videoteipe-o completamente, até que se sinta familiarizado com cada aspecto desse sentimento, desse impulso, dessa necessidade. Veja esse sujeito oculto como um objeto de consciência e mantenha-o de forma constante, isto é, como um objeto para o qual você está olhando, e não um sujeito através do qual você vê e sente o mundo. Você não está mais identificado com ele, mas o soltou, separou-se dele, transcendeu-o. Assim, aplique a *Mindfulness* Integral nisso.

Uma breve nota sobre o nome **Mágico-Mítico**. Em muitos aspectos, essa é uma fase de transição entre a magia pura do estágio

1. Crescer: Os Mapas Ocultos de Desenvolvimento

anterior e o mito puro do estágio seguinte. A diferença entre **mágico** e **mítico** depende principalmente de onde o poder **milagroso** está localizado. Ou seja, na magia, a capacidade de realizar milagres reside (**magicamente**) no eu. Faço uma dança da chuva e forço a natureza a chover. Os pensamentos e as imagens são pouco diferenciados daquilo que é real, e assim, por exemplo, se meu pai morrer, e eu há pouco desejei que ele morresse, então causei sua morte. Mencionamos também o vodu, que afirma que, se você enfiar uma agulha em uma imagem da pessoa, a pessoa verdadeira é realmente ferida. Isso tudo é pura magia, puro pensamento mágico.

Historicamente, na época em que o mítico começou a emergir, a humanidade passou a entender que não poderia realmente realizar magia. Porém, Seres sobrenaturais, transcendentais e míticos poderiam: Deus, Deusa, Espírito. Se eu pudesse encontrar o ritual exato, a oração ou ação que agradaria ao Espírito, isso faria com que ele interviesse na história em meu nome, para fazer as colheitas crescerem, ou fazer a chuva cair, ou, ainda, assegurar o sucesso para a caça do dia.

Mágico-Mítico foi/é uma transição entre esses dois estágios principais. Ele geralmente localiza o **poder milagroso** em deuses ou espíritos — "**Deuses de Poder**" —, mas certos seres humanos poderosos podem ser **Deuses de Poder**. Mamãe, por exemplo, poderia transformar o espinafre em doces se assim quisesse — ela é uma **deusa de poder**. E, historicamente, nessa fase, à medida que os primeiros grandes impérios militares começaram a se espalhar pelo mundo, os chefes desses impérios eram quase sempre e em todos cantos vistos *literalmente* como deuses, muito poderosos — eles eram **Deuses de Poder**.

Deuses de Poder podem fazer quaisquer coisas que desejem. São capazes de magicamente comandar o mundo ao seu redor, ou criar riqueza, fama, fortuna, benefícios sexuais, afluência material, enfim, obter tudo o que queiram. Podem se manifestar como qualquer coisa, desde uma personalidade completa até um único impulso isolado (o impulso egocêntrico para controlar, governar ou ter **poder sobre** algo). Esse estágio é a última grande morada dos movimentos narcisistas e egocêntricos, antes que comutem aos movimentos etnocêntricos (controlados pelo grupo) que operam nos estágios seguintes. Portanto, fique atento a qualquer uma dessas tendências de autoglorificação que podem estar surgindo em sua consciência. Essas incluem, por um lado, um **vício em poder**, no qual há um grau sério de fixação e identificação oculta com esse estágio, levando você a glorificar o poder em todas as suas formas — abrangendo algumas exageradas atividades saudáveis, como artes marciais, levantamento de peso ou sucesso empresarial, bem como ser o rei das redes sociais ou a princesa de um grupo de colegas. E, por outro lado, há o extremo oposto das **alergias ao poder**, nas quais se reprime e projeta o próprio poder, resultando num "filhinho da mamãe" ou numa "filhinha do papai" incapacitado, fraco de vontade, que atribui de alguma maneira o poder a qualquer um e a todos e, em seguida, sente que o mundo inteiro está tentando controlá-lo, forçá-lo, aprisioná-lo, ter **poder sobre** você: sua própria Sombra dos impulsos de poder se apoderando de você. Em ambos os casos, **transcenda e inclua** os impulsos de poder sempre que surgirem, dando-lhes atenção direta, imediata, plena conscientização, convertendo esses sujeitos em objetos, desidentificando-se deles, mas incluindo-os em sua consciência — à medida que sua própria consciência continua sua ascensão inexorável para níveis mais profundos, amplos, altos e elevados de desenvolvimento.

Impulsos exagerados de poder frequentemente aparecem nos indivíduos como um **crítico interno** ou um **controlador interno**, que está sempre observando tudo o que fazem com um impulso crítico, negativo e controlador — sempre fazendo você se sentir inferior, carente, perdedor, um inútil — por nada. Uma das maneiras de entrar em contato com essa **subpersonalidade** — nesse caso, uma subpersonalidade de poder ou controladora — é envolver-se em um exercício de **diálogo interior** com ela. Ou seja, anote um **diálogo interno**, entre seu eu normal e o seu controlador interno. Basta assumir ambos os papéis no diálogo e comece, talvez, com o seu eu

1. Crescer: Os Mapas Ocultos de Desenvolvimento

normal perguntando ao controlador: *"O que você quer? Por que você é tão crítico comigo? Por que você está sempre tentando me controlar?"*. E, em seguida, desempenhe o papel do controlador e responda a essas perguntas. Algo assim é possível: *"Estou aqui para vigiá-lo, porque você é um perdedor; nunca faz nada certo; é patético; se eu não estivesse aqui, você destruiria completamente toda a sua vida"*. Eu normal: *"O que é exatamente o que você quer?"*. Eu controlador: *"Quero controlar todos os aspectos de sua vida"*.

Praticamente todas as pessoas têm algum grau desse crítico interno. Em muitos casos, ele é originalmente criado por **introjeção**, o oposto de **projeção**. (Na projeção, eu tomo algo que realmente me pertence e o empurro para fora de mim, vendo-o como existindo em outras pessoas. Na introjeção, tomo algo — ideias, julgamentos, críticas — de outras pessoas e me identifico com elas, como se elas fossem de fato uma parte de mim. Essas ideias, julgamentos, críticas são elementos estranhos, falsos, tomados como meus por erro, ou **introjetados**). Ocasionalmente, essas críticas negativas e internalizadas vêm de pais, e até de outros integrantes da família ou dos primeiros professores. Mas elas conservam suas qualidades primitivas e infantis de teimosia, falta de cuidado e compaixão, inchaço narcisista e maldade generalizada (eles conservam as qualidades — e a idade — do estágio/nível em que foram introjetados pela primeira vez — muitas vezes no magenta mágico ou no vermelho mágico-mítico).

Agora, se você estivesse fazendo algo como psicanálise e, ao descobrir esse crítico interior, poderia explorar suas origens precoces, com possibilidade de revisitar muitos dos momentos em que esse crítico foi moldado, a fim de tentar obter uma compreensão psicológica dele. Isso pode ser uma abordagem muito útil, e eu acredito que há espaço para essas abordagens (no que chamamos de caminho do **Depurar-se**). Mas isso não é o que fazemos com *mindfulness*. Aqui, a única tarefa é estar consciente desse crítico interior; ver esse sujeito oculto como um objeto de consciência; olhar para ele em vez de através dele; e de videoteipizar isso de todas as formas possíveis. Não se preocupe em entendê-lo; apenas em vê-lo. Então, use o exercício do

diálogo interior para trazer à tona o máximo do crítico interior que puder; e, daí, observe-o com *mindfulness*. Talvez no início do trabalho com esse controlador interno vermelho, você possa estabelecer um diálogo simples com ele, uma vez por dia, durante uma semana ou duas e, em seguida, quando queira de forma aleatória. Mas, em todos os casos, traga-o com clareza para a consciência e apenas veja, sinta, olhe para ele. Não se preocupe em entendê-lo ou em localizar suas reais origens (a menos que surjam, o que é ótimo. Então, faça delas o objeto de sua prática de *mindfulness*). Porém, o que é necessário aqui é fazer desse sujeito oculto um objeto de sua percepção-consciência, e assim começar a sua desidentificação fundamental com essa subpersonalidade interna com alto potencial danoso.

Nível 4 — (Âmbar) Mítico Tradicional

Agora passaremos ao próximo grande estágio de desenvolvimento, o nível 4 — chamado de estágio **conformista**, **adesão-mítica**, **diplomacia** ou **pertencimento** (para o qual é dada a cor âmbar) — no qual o eu pode, de fato, começar a colocar-se no papel do outro, e, portanto, sua identidade pode expandir-se do seu próprio eu para uma relação de pertencimento com vários grupos: sua família, seu clã, sua tribo, sua nação, sua religião, seu partido político, e assim vai. Esse se refere ao deslocamento de uma identidade **egocêntrica** para uma identidade **etnocêntrica** — uma mudança de **centrado em mim** para **centrada em nós** ou **focado no grupo**. Essa é uma mudança muito importante.

Como um dos seus nomes indica, esse estágio é inicialmente muito conformista: o eu pode assumir o papel do outro, mas é capturado por esse papel, visão essa que é, muitas vezes, chamada de **meu país, para o bem ou para o mal**, ou **minha religião, esteja certa ou não** ou **lei e ordem**. Nesse estágio, a estrita adesão às regras é valorizada e, historicamente, algumas dessas regras foram aplicadas de modo bárbaro: cortando as mãos de um ladrão, por exemplo, ou apedrejando uma mulher por adultério. Quando indivíduos dessa fase se juntam em redes ambarinas criminosas e corruptas, elas tam-

1. Crescer: Os Mapas Ocultos de Desenvolvimento

bém costumam ter regras rígidas e códigos de comportamento, como o **código do silêncio** da Máfia, o qual exige que nenhuma informação seja revelada sobre a rede criminosa. *La Cosa Nostra* é como os membros da Máfia se referem ao sindicato; e isso literalmente significa **essa coisa nossa**; então, seus integrantes nunca dirão algo de um colega, como: *"Ele é parte da Máfia"*, mas dirão: *"Ele é parte desta coisa nossa"* ou *"Não diga a ninguém sobre esta coisa nossa"*— uma ênfase especial no pertencimento como característica desse nível. A quebra deste **nosso código** é em geral tratada com punição rápida e severa, com frequência morte, e com um tipo de assinatura que permita que todos saibam que isso foi especificamente realizado em represália, tal como um hábil tiro na parte de trás da cabeça.

O pensamento é muito concreto nesse estágio e, portanto, muitas vezes há o que é chamado de visão **mítico-literal** — mitos, tal como na Bíblia (Deus matou os filhos primogênitos de todos os egípcios, Elias subiu diretamente para o céu em sua carruagem ainda vivo), ou que Lao Tzu tinha 900 anos quando nasceu, e assim por diante, pois essas visões são consideradas concreta e literalmente, como absoluta verdade. (Clare Graves, um dos primeiros pioneiros do desenvolvimento, referiu-se a esse nível âmbar como o pensamento **absolutista**.) E, como veremos, crenças absolutistas ou completa e absolutamente *inquestionáveis* podem ser uma dica de que esse estágio está ativado. Você deve se recordar de que a primeira grande forma de religião, a narrativa, é frequentemente fundamentalista mítico-literal. Quando essa forma é a de uma **religião fundamentalista**, essa nasce, em particular, de um nível absolutista, ambarino-conformista 4; e esse fundamentalismo pode aplicar-se a qualquer crença fervorosa e absolutista, a qual acredita ser, de fato, literalmente verdadeira com ou sem evidências: então, isso poderia se aplicar ao Cristianismo fundamentalista, ao Marxismo fundamentalista, ao feminismo fundamentalista ou à ciência fundamentalista (o chamado **Cientificismo**), ou, ainda, em relação a famílias criminosas fundamentalistas etc. Como observamos, suas formas pouco saudáveis frequentemente estão por trás de redes criminosas de poder, redes de corrupção oligárquicas, famílias criminosas de *La Cosa Nostra*, ramos inteiros de governos corruptos, gangues de rua, governantes egoístas imperialistas e colonialistas (os quais sempre afirmam que estão fazendo isso **para o seu povo**) etc. Governos com essa identidade etnocêntrica, em especial se infestados de um desejo persistente por poder, são profundamente imperialistas e colonialistas, sempre procurando expandir seus impérios por todos os meios possíveis, usando de forças econômicas à guerra real e à invasão física.

Esse nível, muitas vezes, vê a verdade como encarnada em um único livro, que é considerado absoluto e, em última instância, verdadeiro — seja a Bíblia, o Alcorão, um sutra da Terra Pura ou o *Pequeno Livro Vermelho* de Mao. Da mesma forma, os governos com essa estrutura frequentemente depositam o poder em uma única pessoa todo-poderosa, um ditador onipotente, ou ocasionalmente num pequeno e seleto grupo de indivíduos que detém todo o poder e governam com autoridade totalitária. Isso foi verdade no nazismo, em muitos países dominados pelo comunismo durante a Guerra Fria, na antiga União das Repúblicas Socialistas Soviéticas durante a maior parte de sua história, no Irã e China, e entre muitos outros nos dias atuais.

Todos nós conhecemos indivíduos que se encontram essencialmente nesse estágio conformista ou absolutista de desenvolvimento, particularmente nas religiões fundamentalistas e no coração da política da Extrema Direita. Eles acreditam estritamente na lei e na ordem, e no que, muitas vezes, é chamado de **valores familiares** ou **valores de Deus**. São nacionalistas e muito patriotas, preocupados com a imigração e a redução dos valores familiares e da ética do trabalho. São contra qualquer tipo de controle de armas, pois sentem que precisam delas para se proteger daqueles que não compartilham de suas crenças fundamentalistas, sejam indivíduos ou governos. Eles são muitas vezes homofóbicos e sexistas em um elevado grau (tanto os homens como as mulheres — mulheres fundamentalistas também acreditam que devem obediência aos seus maridos, tal como a Bíblia ordena); creem que os Estados Unidos foram criados por Deus como uma nação excepcional, destinada a liderar e até mesmo

1. Crescer: Os Mapas Ocultos de Desenvolvimento

controlar o restante do mundo, de acordo com o plano de Deus. Outros, nessa fase, são mais silenciosos, sendo bons membros daquilo que se costumava ser chamado de a **maioria silenciosa**, crendo em Deus, no país e na família e tentando levar uma vida sóbria e diligente no maior país do mundo — o que todos acreditam ser a verdade absoluta, e isso não está sujeito a discussões.

Embora você possa não estar totalmente preso a essa fase, pode ter certas crenças nas quais acredita que são verdades absolutas e inquestionáveis, e pode até estar disposto a dar a sua vida por elas. E pode querer olhar para eles; para o que seriam convicções e coragem muito admiráveis, ou crenças mítico-literais absolutistas ocultas (voltaremos a falar sobre isso em breve).

Se tiver um pouco desse estágio conformista em você — talvez um desejo de se ajustar, de não se destacar ou ser diferente de alguma maneira óbvia, de ser apreciado e admirado — é provável que não verá isso como um estágio, mas simplesmente como a forma como as coisas são; e é provável que não quererá mudar isso. Se possuir crenças religiosas fundamentalistas, você com certeza não irá querer modificá-las (qualquer mudança poderia resultar em condenação eterna). Mas tudo o que será convidado a fazer nessas sessões de *mindfulness* é olhar diretamente para essas crenças — mantenha-as na consciência, perceba-as como um objeto e, então, veja o que acontece depois disso. Se elas são o resultado de valores duradouros e imutáveis, então permanecerão em sua consciência; se forem meramente o resultado da fixação num determinado estágio de desenvolvimento, esse estágio tenderá a extinguir-se e será substituído por um mais elevado, e você naturalmente perceberá seus valores mudando para níveis mais amplos e inclusivos, tudo isso bem diante de seus olhos. Nesse ponto, nada disso será indesejado ou assustador, mas será experimentado como uma abertura para modos ainda maiores e mais amplos de consciência, amor e compaixão.

Se você tiver uma quantidade razoável desse estágio de desenvolvimento como parte de seus mapas ocultos, governando muitas áreas de sua vida, e decidir fazer meditação, provavelmente — na medida em que estiver operando nesse estágio — você apreciará a estrutura, a rotina fixa, o padrão diário que ajuda a trazer maior ordem e estabilidade para sua vida, uma prática constante, estável e fixa, com um conjunto de regras, imutáveis em sua natureza e caminhos. Será muito meticuloso a respeito de não perder uma sessão e também sobre como executar as práticas exatamente de acordo com as regras, o que para você seria melhor se elas fossem apresentadas de uma forma honesta, sensata, com pouco espaço para o uso de algum tipo de discernimento pessoal. Estará menos focado em todos os detalhes de como funciona e mais interessado no que deve fazer e como fazê-lo. E, se essa prática realmente tiver algum impacto profundo sobre você, poderá até começar a pensar que essa abordagem da espiritualidade é a verdadeira, a única e somente única abordagem real da espiritualidade, tornando-se um tipo de **crente fundamentalista** *mindfulness*, julgando todas as religiões que não têm este tipo de prática como inadequadas, inferiores e certamente incapazes de proporcionar a verdadeira salvação ou o verdadeiro despertar.

Na verdade, muitos indivíduos em estágios consideravelmente mais elevados de desenvolvimento, quando assumem uma prática ou crença que tem um impacto profundo e surpreendente em suas vidas, acabam **regredindo** para esse nível absolutista e começam a se tornar um **verdadeiro crente**, de fato assumindo uma atitude fundamentalista em relação a essa nova crença ou prática. O treinamento em *mindfulness* não é imune a esse efeito; muitos dos seus professores são **fundamentalistas** de *mindfulness*, convencidos de que, dessa forma — e apenas dessa forma — é possível obter as respostas definitivas para todos os tipos de **preocupações últimas**. O mesmo acontece com muitos cientistas, que iniciam com uma visão muito racional e objetiva da ciência e depois, lentamente, transformam a ciência em sua **religião** — o que é, muitas vezes, chamado de **cientificismo** — passando, então, a introduzir todos os tipos de ideias que são realmente mitos (do estágio mítico-literal) em seus sistemas de crenças racionais, à medida que seus mapas ocultos regressam a esse nível. Na verdade, um vasto número de ideias que o cientista típico

1. Crescer: Os Mapas Ocultos de Desenvolvimento

acredita são, de fato, mitos, sem nenhuma evidência que as sustente; eles simplesmente creem que, como soam consistentes com a ciência, então é para eles uma realidade absoluta. Isso inclui coisas como: *"O universo é sem consciência ou criatividade"*, *"A vida é um processo estritamente aleatório, sem objetivo ou direção"* e *"Toda a realidade nada mais é que um arranjo de átomos materiais ou partículas subatômicas"* — porém, eles não possuem a menor prova para esse tipo de afirmação. Esquecem que não há nenhuma prova científica para a própria ciência; a ciência é apenas outra incrivelmente importante, verdadeira, mas **PARCIAL** abordagem da realidade, e precisa ser encarada dessa maneira.

Esse estágio mítico-absolutista ganhou destaque em torno de 4.000 a.C.; alcançou um pico de potência por volta de 1.000 a.C.; e continuou a dominar a civilização até o Renascimento e o Iluminismo, quando o próximo e mais elevado estágio — o Racional — começou a emergir. Hoje, esse estágio é comum nas crianças de 7 a 12 anos de idade; mas ideias absolutistas, inquestionáveis, em que uma e somente uma crença é verdadeira, são visões comuns na vida de muitos adultos, nos quais esse mapa oculto está presente.

E, se ainda houver algo desse estágio operando em você, como parte de seus mapas ocultos, governando algumas áreas importantes de sua vida? Mais uma vez, em primeiro lugar, tome consciência disso. Use esse mapa composto de desenvolvimento (um aspecto da Teoria Integral, mas suportado, como observamos, por dezenas de modelos de desenvolvimento), para perceber todas as áreas em que você tende a pensar de forma absolutista e fundamentalista, com apenas uma *única forma de verdade*. Concentre-se particularmente no sentimento de estar certo, absolutamente certo. Imagine a última vez que você anteviu um problema sobre o qual poderia dizer: *"Eu lhe disse! Eu disse isso!"* Concentre-se naquele sentimento radiante de estar certo e de todos saberem disso. Quão importante é esse sentimento para você? Você acha que está sempre certo? (Como a piada diz: *"A última vez que eu estava errado foi quando pensei que tinha cometido um erro".*)

Então, em segundo lugar, simplesmente tome consciência desse tipo de pensamento, atitude, sentimento — de **estar certo** — e segure-o com atenção em sua consciência. Olhe para ele por todos os ângulos: Qual o seu tamanho? Qual a sua cor? Onde você o percebe (em sua cabeça, seu coração, nos seus intestinos)? Como se sente quando pensa dessa maneira? Qual é a recompensa que espera? Não o julgue ou condene; apenas mantenha-se atento a isso — outra vez, exatamente como se estivesse explorando o interior de uma caverna onde encontrou um artefato raro, comece a fazer um videoteipe completo disso. Apenas obtenha uma imagem neutra dessa crença mental, dessa ideia, dessa atitude, conforme ela é, simplesmente como é, bem como um videoteipe faria. Procure mantê-la em sua consciência e veja isso claramente como um objeto, sem julgá-lo, condená-lo ou identificar-se com ele. Perceba as coisas que disparam as ações desse mapa oculto. Talvez uma discussão sobre religião ou política, o compartilhar de suas ideias com seu parceiro de relacionamento, ensinando ao seu filho algo que ache importante que ele entenda ou mesmo lendo um livro do qual você discorda.

De maneira similar, pense numa situação em que você foi acusado de estar errado, especialmente se isso aconteceu em um grupo — todos olhando para você, sabendo que estava **errado**. Tal como no sentimento de estar **certo**, deixe aflorar a sensação de estar **errado** direta e claramente; videoteipe-a. Observe o mapa **devo-estar-certo** entrando em ação — perceba suas reações mentais, as ideias que começam a agitá-lo enquanto defende seus argumentos para si mesmo ou para os outros, que palavras costuma usar, as emoções que acompanham esse mapa oculto, essa estrutura de valor submersa de sempre querer estar certo e odiar estar errado, essas regras de gramática camufladas que governam seu comportamento. Simples, fácil e silenciosamente, observe essas crenças e mapas ocultos, transformando esses sujeitos ocultos em objetos, isto é, mudando a sua forma de observar o mundo: não **através de** mas, sim, **olhar para**. Agora, a fim de mostrar como isso é feito, vamos tomar outra característica desse nível e aplicar a *Mindfulness* Integral a isso tam-

1. Crescer: Os Mapas Ocultos de Desenvolvimento

bém. Observamos anteriormente que um dos nomes desse nível é **adesão-mítica** — a parte **mítica** se aplica à natureza absolutista do pensamento nesse estágio, e a parte da **adesão** se refere à natureza conformista de grande parte dele. Discutimos o fato de que você pode usar *mindfulness* em qualquer uma das características que o mapa composto integral mostra, pois elas são parte de um determinado nível. Ao fazê-lo, você também encontrará um tipo interessante de **encaixe** dessas características, como se elas funcionassem juntas, de alguma forma — e, de fato, elas o fazem, como características ou qualidades que, embora possam existir em praticamente todo lugar, estão particular e conjuntamente presentes nesse estágio — como **absolutista** e **pertencimento-conformista**. Sentir tudo isso junto reforçará o processo de fazer desse sujeito um objeto e ajudará a libertá-lo disso de uma maneira muito mais rápida.

Então, vamos analisar uma segunda grande característica desse nível âmbar: o frequente sentimento conformista de pertencimento, o sentimento de ser um **nós**. Esse nível, como vimos, acrescenta uma capacidade de perspectiva de 2ª pessoa e, assim, permite que a consciência se expanda de uma identidade egocêntrica **eu** para uma identidade grupal etnocêntrica ou **nós**. Vamos nos concentrar nesse sentimento de **nós**. Embora todos os seres sencientes o tenham, vejamos como ele aparece nos seres humanos.

E para refrescar sua memória sobre o significado desses termos, a **1ª pessoa** é a que está falando — **eu** ou **mim**; a **2ª pessoa** é com quem se fala — **você** ou **tu**; e a **3ª pessoa** é a pessoa ou coisa sobre o que/quem se fala — **ele** ou **ela** ou **isto/istos**[3]. Quando combinamos uma 1ª pessoa **eu** e uma 2ª pessoa **você**, temos um **nós** [**eu** + **você** = **nós**]. Embora **nós** seja, segundo a regra gramatical, a 1ª pessoa do plural, na Teoria Integral frequentemente nos referimos a **você** e **nós** como **2ª pessoa**.

---

[3] Nós criamos o istos como o plural de isto, embora, é claro, Eles e Lhes são usos comuns para a 3ª pessoa do plural.

Meditação Integral

Assim, um rápido resumo da 1ª, 2ª e 3ª pessoas é **eu**, **nós** e **isto**. Continuaremos a ver quão importantes são essas diferentes perspectivas — mais uma vez, nós, seres humanos, não possuímos a capacidade para todas essas perspectivas ao nascer; elas são algo que emerge, cresce e se desenvolve durante o nosso Crescer. Estamos agora no ponto em que uma perspectiva de 2ª pessoa está apenas começando a emergir, com a adesão-mítica ou estágio âmbar conformista.

Portanto, observe que todos os grupos humanos de que você pode ter conhecimento e do qual é membro — talvez sua família, seus colegas de trabalho, seus compatriotas e seus amigos — têm no seu interior uma série de valores, significados, linguagem, entendimentos, história, compartilhados etc. Todos eles, em outras palavras, compartilham um senso de **nós**, uma identidade grupal, e é isso que os mantém unidos por dentro (assim como seus sistemas ou estruturas de rede é o que os mantém unidos por fora). Então, perceba o que você sente quando, por exemplo, está com os componentes da sua família, talvez numa reunião num feriado, no Dia de Ação de Graças ou no Natal. Concentre-se na sensação de **nós** da família. Você claramente se sente diferente quando está com essas pessoas em especial: o que é esse sentimento de **identidade grupal (nós)**? Se for difícil detectar esse sentimento particular, é porque você está muito íntima e subjetivamente identificado com ele; e por isso é ainda mais importante tornar-se capaz de vê-lo como um objeto. Perceba isso, veja como se parece, como o sente; qual a cor (apenas observe tudo o que vem à sua mente quando você se fizer essas perguntas), que forma tem, como cheira (novamente, apenas observe o que vem à tona), onde está localizado (cabeça, coração, intestinos, em outros lugares)? Traga o *laser* de *mindfulness* para esse sentimento de ser um **nós**. Então, imagine-se indo ao trabalho e observe como o seu senso de identidade de grupo muda consideravelmente quando entra no prédio onde você e seus colegas de trabalho estão empregados e como começa a pensar sobre as várias pessoas que está prestes a encontrar. Você pode realmente gostar de alguns desses colegas de trabalho e não gostar de outros — se assim

1. Crescer: Os Mapas Ocultos de Desenvolvimento

for, vai dividi-los em dois grupos diferentes e sentir um **nós** muito diferente com cada um deles. Você vai gostar e desfrutar do **nós** experienciado com os colegas de que gosta e se sentirá desconfortável com o **nós** experienciado com o grupo dos que não gosta. Mas note, em todos os casos, esses grupos têm um exterior — como todos parecem a partir do exterior, uma visão interobjetiva de fora — e um interior — como todos sentem a partir de dentro, com um **nós** intersubjetivo, do qual você é membro. O **isto** exterior, você pode olhar; o interior **nós**, não será possível ver, embora possa sentir ou estar internamente consciente disso. Então, concentre-se nessa sensação de **nós**. Observe que é diferente de uma sensação de **eu**: é algo muito diferente, são muitos eus que se unem em um **nós**. Também é diferente de um **isto** ou a simples percepção de um objeto — aqui, você não está olhando para um **isto** como no caso de algo exterior ou visível, mas, sim, percebendo o grupo a partir de dentro, um tipo de mútua consciência e compreensão. Preste atenção a essa sensação de **nós**. Concentre-se nisso com muita atenção.

Agora, ao longo de sua vida, você irá pertencer a muitos e variados tipos de grupos ou **nós** — alguns sem escolha, outros involuntariamente e por necessidade. Observe os grupos aos quais você se une por escolha. Se estiver na escola e for, digamos, um *expert* em ciências, poderá pertencer ao clube de ciências da escola (ou mais especificamente, ao clube de física, de matemática, de ecologia, entre outros). Pense em um grupo ou **nós** ao qual você se juntou voluntariamente e observe qual foi a razão. Sem dúvida, é quase sempre algo em que você acredita e pelo que nutre fortes sentimentos. Você, muitas vezes, enfrentará problemas para se tornar um membro: pode ter que pagar uma taxa significativa de adesão ou ter que realizar um monte de favores. Em outras palavras, você é um bom candidato a quaisquer tipos de pensamentos, sentimentos, ou ideias que, mantidos suficientemente fortes, podem muito bem resultar em uma atitude absolutista e fundamentalista em relação ao grupo. Se você é um ultraconservador ou um liberal radical, poderá juntar-se ao partido conservador ou liberal local, voluntariando-se para muitas de suas tarefas, acreditando de forma absoluta que este é o único — e somente único — movimento político correto em qualquer lugar na Terra. Se você pertence a uma igreja local e a frequenta, digamos, religiosamente, é provável que tenha colocado sua total fé e crença nessa religião, de forma absoluta e fundamentalista. Veremos no próximo nível, o do empreendedor, que você pode desejar juntar-se ao muito seleto clube de campo local, como um indicador fundamental de que conseguiu, de que é um verdadeiro sucesso, e assim desejará pertencer a esse clube mais do que a qualquer outro, como uma prova de que você conseguiu, de acordo com os valores que esse clube representa esse sucesso. Em todos esses casos, sua associação e sua visão absolutista correm de mãos dadas.

Sinta a união íntima desses dois valores — você, na verdade, se juntou ou se tornou membro de um **nós absolutista**. Se assim for, novamente, faça deste forte sujeito um objeto — mantenha esses sentimentos separadamente e em conjunto (**absolutismo e pertencimento**). Focalize isso com a luz intensa da pura atenção plena, vendo isso por quase todos os ângulos imagináveis — como sente isso, como parece, como cheira; qual a cor, tamanho e forma. Em todos os casos, faça disso algo que você olha *para*, e não olha *através*; uma identidade subjetiva que você tornou objeto. E por que isso é importante? Prometi voltar a esse tema crucial de fazer do sujeito um objeto, e, assim, aqui está. Comecemos parafraseando o altamente respeitado pesquisador de desenvolvimento Robert Kegan, da *Harvard Graduate School of Education*:

> *"Eu sei que não há melhor maneira de descrever o desenvolvimento do que o sujeito de um estágio se tornar o objeto do sujeito do estágio seguinte".*

Parece um pouco abstrato no início, mas é muito simples. O que temos, de fato, visto até agora é o surgimento e o crescimento de 4 grandes estágios de desenvolvimento: o fisiológico arcaico (infravermelho), o mágico ou impulsivo (magenta), os Deuses de Poder ou oportunista

1. Crescer: Os Mapas Ocultos de Desenvolvimento

(vermelho) e o mítico-conformista ou fundamentalista (âmbar). Observe que, em cada um desses casos, o básico senso-de-si-mesmo começa identificado com um estágio em particular. Assim, no estágio arcaico 1, o eu é identificado com a simples dimensão sensório-motora ou fisiológica. Esse é seu sujeito, seu eu. Ele não pode ver esse estágio como um objeto; ele vê o mundo através desse estágio como um sujeito. Não pode olhar para ele, está olhando através dele. Mas à medida que o estágio seguinte surge, o mágico-impulsivo, o eu deixa sua identidade exclusiva com o estágio arcaico anterior e troca seu eu, seu sujeito, sua identidade, para essa nova etapa, o estágio mágico-impulsivo.

Portanto, agora o eu pode ver sua fase anterior como um objeto — um novo *self* ou um novo sujeito pode ver o velho sujeito (o estágio arcaico) como um objeto. Assim, o sujeito da etapa anterior tornou-se o objeto do novo sujeito desse estágio. E agora, o eu ou sujeito *não pode ver es*te **estágio mágico-impulsivo**, porque está identificado com ele, é um novo mapa oculto. O eu olha através dele para o mundo, não pode olhar para ele. Mas, no próximo estágio, o dos **Deuses de Poder** (vermelho), o eu irá se desidentificar do nível mágico e será capaz de vê-lo como um objeto de consciência. Irá identificar-se com esse novo estágio, o de poder e segurança. Em seguida, ele não será capaz de ver esse estágio como um objeto, porque este é agora o seu sujeito, o seu eu, a sua identidade. Agora verá o mundo através desta estrutura; ele não pode olhar *para* isso. Mais uma vez, o sujeito de um estágio tornou-se o objeto do sujeito do próximo nível. Jean Gebser, um pioneiro desenvolvimentista, teve a mesma percepção em toda a sua ideia geral de que

"o eu de um estágio se torna a ferramenta do próximo",

— uma identidade subjetiva torna-se uma ferramenta objetiva, algo que pode ser visto e usado na consciência.

Por que esse processo é tão importante? Quero dizer, isso realmente pode soar como um monte de tolice acadêmica, falando francamente. Mas esse processo é a maneira real pela qual cada estágio da evolução se torna mais consciente, aberto, inclusivo, livre e completo, portanto, mais abrangente, inteiro, evoluído. Ao se desidentificar de um eu inferior, mais estreito e restrito, vendo-o como um objeto e, ao mesmo tempo, mudando a identidade para um novo eu mais elevado, inclusivo, consciente e abrangente, então, apenas nesse grau, nos abrimos para níveis cada vez mais elevados, amplos e profundos de evolução, de desenvolvimento da consciência, de expansão da identidade. Já vimos a identidade expandir-se dos estágios *egocêntricos*, nos quais o eu é identificado apenas consigo mesmo, só com eu ou meu, aos estágios *etnocêntricos*, em que o eu se identifica com grupos inteiros — um clã, uma tribo, uma nação, uma religião — não apenas **eu**, mas **nós**. E, no próximo estágio, veremos que ele se expande mais uma vez de um **nós** etnocêntrico para um **todos nós** *mundicêntrico* — não apenas uma determinada tribo ou grupo, mas todos os grupos, todos os seres humanos, independentemente da etnia, cor, sexo ou credo. Uma identidade verdadeiramente cosmopolita, que atua em coisas como os direitos universais dos seres humanos, e não apenas nos direitos de um grupo especial, como foi durante a maior parte da história. E muitos de nós agora já sentimos algum grau dessa identidade mundicêntrica maior, nos sentimos parte de uma aldeia global, percebemos que todos os seres humanos devem ser tratados de forma justa, independentemente de suas etnias, cores, sexos, ou credos — mas, de novo, isso é uma ideia muito nova na história da humanidade e veio apenas com o surgimento desse estágio mais elevado no mundo, no qual percebemos que algo que acontece no outro lado do globo pode nos afetar diretamente, porque isso *é* o nós, em certo sentido (o aquecimento global, por exemplo, não é válido apenas para os hindus, mas para todos nós). E, a partir daí, a identidade pode se expandir novamente de mundicêntrica para *Kosmocêntrica*, uma identidade não apenas com todos os seres humanos, mas com todos os seres sencientes, com toda a vida, com Gaia, *Kosmos* e o Fundamento de Todo Ser. Esse desdobramento evolucionário extraordinário — do egocêntrico ao etnocêntrico ao mundicêntrico para o *Kosmocêntrico* — é possí-

1. Crescer: Os Mapas Ocultos de Desenvolvimento

vel precisamente porque existe esse espectro incrível de ser e consciência, e cada um dos 6 a 8 níveis nesse espectro é um processo de **transcendência-e-inclusão** — razão pela qual cada nível fica cada vez mais inteiro, mais inclusivo e mais abrangente.

Dizendo a mesma coisa de um ângulo ligeiramente diferente: como toda sequência evolutiva — átomos para moléculas para células para organismos, por exemplo — cada novo nível ou estágio **transcende e inclui** seus predecessores: moléculas incluem átomos, mas também transcendem ou vão além deles, abraçando-os na totalidade maior da molécula; e as células incluem moléculas, mas também transcendem ou vão além delas, envolvendo-as em uma totalidade ainda maior da célula; e organismos incluem células, mas também vão além deles, envolvendo-os na maior plenitude do próprio organismo. O desenvolvimento é envolvimento (como Plotinus sustentou) e, portanto, torna-se mais e mais inclusivo, abrangente, integral. Cada um desses estágios, como qualquer outro estágio da evolução, transcende e inclui seus predecessores e, assim, também se torna cada vez mais e mais inteiro.

Note que isso é verdade também para a evolução humana: começando com cada ser humano, cuja identidade — sua identidade — pode, então, se expandir para incluir o conjunto maior de grupos e, em seguida, crescer novamente para abranger o conjunto ainda maior de todos os grupos, todos os humanos e, em seguida, expandir (ou **transcender e incluir**) ainda mais para abraçar, literalmente, a totalidade de todas as coisas. E tudo isso é possível porque a identidade humana é infinitamente plástica: pode passar da menor identidade imaginável com um elemento (egocêntrica) a uma Total-identidade (*Kosmocêntrica*); e, cada vez, você se sente quase que de maneira literal maior e maior, e maior, incluindo mais e mais elementos em sua própria consciência e em seu próprio eu, até que o seu eu e o universo inteiro sejam um e o mesmo sentimento, e você tenha voltado para casa, para sua natureza original e verdadeira.

Parece inacreditável? Bem, tudo o que peço é que, mais uma vez, você suspenda qualquer tipo de julgamento e continue comigo enquanto atravessamos isso passo a passo, para em seguida, verificar por sua própria experiência, e, então, decidir por si mesmo.

Porque, se isso é verdade e se *mindfulness* pode ajudar a fazer aquilo para a qual foi originalmente concebida — ou seja, mostrar a totalidade infinita de sua própria consciência —, então, você estará a caminho de uma das mais chocantes realizações de sua vida, eu lhe prometo.

Nível 5 — (Laranja) Racional Moderno

Estávamos no ponto em que o estágio âmbar mítico-conformista, nível 4, tinha surgido, e a identidade mudara de egocêntrica para etnocêntrica. Em outras palavras, esse nível foi marcado pelo surgimento de uma perspectiva de 2ª pessoa (e, portanto, a capacidade inicial de assumir o papel de outra pessoa) e, assim, a identidade poderia mudar de **egocêntrica** para **etnocêntrica**. (Para repetir brevemente, a 1ª pessoa é **eu**, a pessoa que está falando, a 2ª pessoa é **você**, a pessoa com quem se fala, que também pode formar um **nós** quando combinado com um **eu**; 3ª pessoa é **ele**, **ela** ou **isto**, a pessoa ou coisa sobre a qual objetivamente está se falando. Nós já vimos a 1ª pessoa emergir até o nível de poder vermelho; em seguida, a 2ª pessoa emergir com o nível âmbar conformista). E no próximo estágio mais elevado, o nível 5 (laranja), ocorre o surgimento da próxima perspectiva mais elevada, uma **perspectiva de terceira pessoa**, que é a capacidade de tomar uma perspectiva objetiva, científica e universal; assim, ocorre uma mudança de identidade, de etnocêntrica local para uma identidade **mundicêntrica** universal ou global — uma mudança de **nós** para **todos nós**. Essa consciência expansiva mais universal, global, ocorre porque a consciência se move do que é chamado de modo operacional concreto para um modo operacional formal. A expressão **operações formais** significa que o pensamento pode operar não apenas no mundo material concreto, mas também no próprio pensamento, em si mesmo. O pensamento pode realmente estar ciente de si mesmo, e assim uma identidade introspectiva, consciente, autorreflexiva, universal — uma identidade cosmopolita — pode tornar-se possível. O filósofo prussiano Kant sugeriu

1. Crescer: Os Mapas Ocultos de Desenvolvimento

uma definição de consciência cosmopolita quando escreveu no ensaio *Paz Perpétua: Um Esboço Filosófico*, no qual

> *"uma violação de direitos em qualquer lugar é sentida em todos os lugares".*

Em outras palavras, há uma solidariedade profundamente sentida com toda a humanidade, e a questão dos direitos universais dos seres humanos vem à tona pela primeira vez no nível 5 (como ocorreu pela primeira vez na história, com o Iluminismo). Não os direitos de apenas um clã, tribo, clube, religião, nação ou grupo de indivíduos, mas todos os grupos, todos os seres humanos, todas as nações — nas palavras do famoso ditado: *"Eu sou um ser humano, e nada de humano é estranho para mim"*, à medida em que minha consciência se expande mais uma vez, continuando sua marcha evolutiva para níveis cada vez mais profundos, amplos, elevados e avançados de ser, de totalidade, de consciência e de identidade. Como observamos brevemente, esse grande salto para um novo e mais elevado nível de consciência e cultura marcou particularmente, por exemplo, o que hoje chamamos de **Iluminismo Ocidental** (que, assim como em todos os estágios, também teve suas desvantagens, como veremos).

Porque esse estágio, nível 5, é marcado por uma consciência operacional formal — pensamento operando sobre o pensamento — e é, muitas vezes, referido por nomes como razão, racionalidade, operacional formal, consciencioso, realização, excelência e autoestima (e é dada a cor laranja). As necessidades de autoestima emergem nesse nível, porque uma perspectiva de 3ª pessoa significa que o indivíduo pode se afastar de si mesmo, por assim dizer, e formar uma opinião objetiva sobre si próprio — e naturalmente esses indivíduos querem que seja uma opinião tão positiva quanto possível, daí a necessidade de autoestima. Assim, a **hierarquia de necessidades** de Maslow vai das necessidades fisiológicas (níveis 1 e 2), às de segurança, autoproteção e poder (nível 3), às de pertencimento conformista (nível 4), às de autoestima (este nível 5), e, então, para dois níveis mais elevados, que nós veremos em breve.

Assim, embora a identidade desses indivíduos se expanda para uma capacidade global ou mundicêntrica, o nível 5 também marca o surgimento de uma **individualidade** real, uma vez que a autorreflexão emerge a partir do conformismo coletivista do estágio anterior. O **indivíduo centrado no mundo** emerge do **etnocêntrico conformista** e dentro de um *background* mundicêntrico, o eu quer seu próprio autorreconhecimento, autoidentidade, autoestima e autorrealização. Assim, esse estágio também é marcado pelo surgimento do impulso para a excelência, realização, mérito e progresso.

Uma perspectiva de 3ª pessoa permite que os indivíduos fiquem fora do momento presente e estejam conscientes do tempo histórico, o que possibilita a eles comparem o presente com o passado e um futuro imaginado. E, assim, atuar para melhorar o presente tanto quanto possível a partir dessa comparação. Daí o impulso em direção à excelência, realização, mérito e progresso. Esse desdobramento do tempo histórico (logo dando origem a uma consciência da própria evolução) foi dramaticamente diferente do tempo mítico anterior, o qual, sendo concreto e ligado à natureza, era simples e infinitamente circular — da primavera para o verão, para o outono e depois o inverno e de volta à primavera novamente, indefinidamente repetindo-se, chegando em absoluto a lugar nenhum. Mas, com o advento impressionante de uma perspectiva de 3ª pessoa, emergiu o próprio tempo histórico e, com ele, toda uma noção de **sentir-se capaz** de melhorar as coisas, não mais o simples e infinito círculo do *status quo*, mas, sim, trabalhando dramaticamente de forma a melhorar as condições, por meio de um conjunto de impulsos de mérito, realização, excelência e progresso. Esse é um impulso muito perceptível nos indivíduos (e culturas), e é facilmente detectado, pois é muito diferente dos impulsos por comida, sexo (emocional-sexual), poder e amor (e pertencimento) dos quatro estágios anteriores — todos eles apenas circulando com a natureza, repetidamente voltando.

1. Crescer: Os Mapas Ocultos de Desenvolvimento

Acabamos de notar que esse estágio, esse salto evolutivo para um nível mais elevado de consciência e cultura, marcou o Iluminismo Ocidental, que os famosos historiadores Will e Ariel Durant chamaram de Idade da Razão e da Revolução. A **razão** (que permite pensar **como se** e **se**) possibilitou conceber realidades alternativas — alternativas para a escravidão (e se a abolíssemos?), para a monarquia (e se tivéssemos a democracia representativa?), para o patriarcado (e se as mulheres tivessem igualdade?), para a religião mítica fundamentalista (e se a ciência oferecesse mais verdade?) — e, então, as **revoluções** trouxeram isso à existência, quer politicamente com as revoluções francesa e americana; ou a proibição legal revolucionária da escravidão em cada grande país industrial-racional em todo o mundo (cada estágio anterior tinha alguma forma de escravidão, por isso nesse estágio foi a primeira vez em toda a história humana que a escravidão foi proibida!); quer com as ciências modernas verdadeiramente revolucionárias, da física à química, da biologia evolucionária à sociologia. Tudo isso são os resultados desse importante nível de consciência (racional laranja 5). Como dissemos, todo nível vertical de crescimento realmente traz consigo um mundo novo e diferente de muitas maneiras, e em nenhum lugar isso é mais óbvio do que a mudança de um mundo mítico tradicional âmbar para o racional moderno laranja.

O surgimento desse nível de desenvolvimento laranja foi, de fato, a Era da Razão e da Revolução. E, praticamente, todas as crianças de hoje passam por uma turbulência interna semelhante de **razão e revolução**, à medida que atingem a idade da adolescência e a racionalidade laranja, em que as necessidades de autoestima começam a emergir — e, de repente, em vez do estágio conformista prévio e seu forte desejo de se encaixar, para ser o mesmo, há agora esse estágio radicalmente individualista e seu forte desejo de se destacar, de ser diferente. Assim entre esses dois níveis, em qual você está na maior parte do tempo? Quer se encaixar ou se destacar? Conformar-se ou decidir por si mesmo? Pertencer ou ser um indivíduo? Você é intensamente patriótico ou se sente mais como parte de uma aldeia global? Nacional ou cosmopolita? Mito ou razão?

Voltaremos a esse assunto, mas seja qual for o estágio que você decidir que está (ou talvez esteja inteiramente em outro estágio, inclusive os mais elevados que ainda abordaremos), isso determinará fortemente a razão e a maneira como você praticará a *Mindfulness* Integral. E isso não é uma questão de um estado ser o certo e o outro errado; como disse Hegel,

> "*cada estágio é adequado, cada estágio superior é mais adequado*".

Então, talvez você esteja menos adequado, ou em um nível inferior (e, em alguns aspectos, estamos todos **menos adequados**, porque há sempre níveis mais elevados disponíveis, a evolução é essencialmente infinita). Mas o ponto é, por **menos adequado** que você esteja, a *Mindfulness* Integral irá ajudá-lo a mover-se para níveis cada vez mais elevados, adequados, inteiros e conscientes, trataremos disso em breve. Mas, por enquanto, note que, enquanto aprendemos sobre esses mapas ocultos que direcionam tanto do nosso comportamento, hoje o mundo está em uma séria batalha entre esses dois estágios particulares — estágio 4 âmbar (mítico fundamentalista e conformista, muitas vezes chamado de **valores tradicionais**) e estágio 5 laranja (empreendedor, racional e progressista, muitas vezes chamado de **valores modernos**). A maior parte das grandes civilizações e impérios do passado da humanidade — da Mesopotâmia para a Grécia e de Roma à civilização otomana, até a Índia e a China — foram impulsionadas pelo estágio mítico de pertencimento, o estágio 4. Começou, em suas primeiras formas, há aproximadamente 6.000 ou 7.000 anos, e dominou até o surgimento da modernidade no Ocidente há meros 400 anos. Desde então, esses dois grandes sistemas de valores — o tradicional e o moderno — têm estado praticamente um na garganta do outro quase que o tempo todo, com seus governos conflitantes de controle e coerção de cima para baixo (monarquia, fascismo e comunismo âmbar) e a democracia de baixo para cima (nível laranja).

1. Crescer: Os Mapas Ocultos de Desenvolvimento

Você pode ver essa batalha entre o nível 4 coletivista e o nível 5 individualista em qualquer lugar. A ordem política mundial em si, neste momento, se defronta — não com uma ordem nova, mundicêntrica, como se esperava — e sim com uma profusão de impulsos e regimes etnocêntricos anteriores; em alguns casos, uma verdadeira **regressão** dos modos mundicêntricos aos etnocêntricos. Em vez da abertura a novas ideias, sistemas econômicos, valores universais e acordos internacionais, os elementos centrais são os laços étnicos, o sangue e o solo, os territórios geopolíticos, os impulsos imperialistas e os movimentos que beneficiam apenas a etnia, o sangue, o solo, o território de um determinado grupo. Alguns exemplos mais recentes são a crise ucraniana e as revoltas árabes. Existe a etnia russa no leste e no sul da Ucrânia, ameaçando dividir o país (com a agitação direta de Putin). A Primavera Árabe não produziu uma série de novas democracias, como se esperava, mas uma explosão de *segmentos etnocêntricos*: a guerra religiosa na Síria; caos na Líbia e tumulto no Iêmen; renovada ditadura no Egito; e o fracasso da Tunísia, vista por alguns como o único sucesso da Primavera Árabe, para controlar as suas fronteiras ao sul com a Argélia e a Líbia. Trípoli é agora o painel central para tribos étnicas em guerra, gangues e milícias, todas em disputa por território. Damasco é o centro, não da Síria, mas apenas do mais forte chefe da guerra da Síria, Bashar al-Assad. Bagdá é a capital de um domínio tribal Sunita dominado em grande parte por um pressionado Irã, com uma região virtualmente *Kirdish* independente do norte e um *Sunnistan jihadist* a seu oeste, lar de literalmente centenas de clãs da guerra que se estendem ao Mediterrâneo. O Irã é uma monarquia Xiita etnocêntrica medieval que ocupa grande parte da Península Arábica, em uma série contínua de guerras por procuração com a Arábia Saudita. Em suma, o Oriente Médio tem se transformado em inúmeros fragmentos anárquicos e etnocêntricos controlados por guerreiros.

E o próprio Islã está bastante fraturado entre o seu segmento do estágio 4 altamente fundamentalista — tudo no Alcorão é de maneira literal verdadeiro, com crenças deveras arraigadas na *Sharia*, ou na lei islâmica (frequentemente estágio 4 mítico) e a *jihad* (guerra santa) — e o segmento 5 moderno, que visa trazer o Islã para a comunidade global do mundo moderno.

No Pacífico, os estados desolados pela Guerra Fria, da China, Singapura, Vietnã, Malásia, Coreia do Sul e Japão têm virtualmente todos se beneficiado de muitos anos de capitalismo economicamente produtivo (um produto do estágio 5), mas o resultado líquido de muitas maneiras é um aumento do territorialismo etnocêntrico, de modo que a participação da Ásia nas importações de produtos militares do total mundial aumentou de 15% na década de 1990 para um escalonamento de 40% do total de hoje, quase tudo destinado para as disputas territoriais entre todos eles, por áreas no sul da China e mares da China Oriental. O nacionalismo etnocêntrico — baseado na raça e etnia, alimentado pelo territorialismo imperialista — está florescendo na Ásia. Índia e China, mantidas por um longo tempo separadas pacificamente pelos Himalaias, têm crescentemente entrado em conflito à medida que a tecnologia acabou com a distância. As classes médias cresceram significativamente na África subsaariana, mas as realidades geopolíticas levaram a muitos conflitos etnocêntricos, tribais e religiosos, como o que ocorre entre a República Centro-Africana e o Sudão do Sul.

A União Europeia, por outro lado, é um exemplo encorajador de indivíduos que se deslocam de um país etnocêntrico (apenas eu e minha nação contra todas as outras nações) para uma união mais mundicêntrica (eu, minha nação e também muitas outras nações), no qual todas as nações estão reunidas sob um guarda-chuva unificador e integrador. Esse é o resultado de uma verdadeira evolução para um nível mais elevado de consciência e cultura — uma mudança do estágio 4 para o 5 (e até mesmo estágios mais elevados) de desenvolvimento.

Então, nós vimos como uma abordagem à meditação **mindfulness** seria, se você estivesse partindo predominantemente do estágio de tradição e pertencimento, o estágio 4. E, se você estiver mais para um estágio 5, moderno, com uma mentalidade racional de em-

1. Crescer: Os Mapas Ocultos de Desenvolvimento

preendedor? Nesse caso, com impulsos para a realização e excelência, poderá praticar a *mindfulness* com a intenção de fazer grandes melhorias em algumas áreas muito importantes para você, a fim de obter realizações reais e notável progresso nessas áreas. Pode até se tornar um pouco competitivo com os outros que estão seguindo uma prática semelhante, querendo vencê-los, sendo o melhor meditador da classe. Especialmente se estiver fazendo isso por razões de negócios (e muitas pessoas de negócios praticam *mindfulness*), você pode imaginar que vai ganhar muitas novas habilidades que vão ajudá-lo a liquidar com a concorrência no seu negócio, colocando-a para fora do jogo e ganhando a *guerra* de mercado com maiores lucros. A meditação vai auxiliá-lo a ser o super-homem que você sempre quis ser em sua profissão, tornando-se alguém com uma habilidade ímpar, realizada como se estivesse num treinamento atlético, empurrando-o para um maior sucesso e realização, colocando para fora qualquer *concorrente* que também esteja fazendo isso. A meditação pode até vir a cair em uma lista de outras técnicas de autoaperfeiçoamento que você já está utilizando para se tornar melhor, maior, mais bem-sucedido e realizado. O mundo está dividido em vencedores e perdedores, e você, com certeza, será um vencedor. Então, a meditação está aqui para ajudar a realizar isso. É claro que todos esses exemplos são colocados em suas formas extremas; você pode ter qualquer um deles em menor grau e ainda partir basicamente desse estágio empreendedor.

E, então, o que fazer com isso? Estamos começando a ver o modo geral de como praticar a *Mindfulness* Integral (muito embora continuaremos adicionando mais alguns elementos à medida que avançarmos). Mas essa apresentação inclui, pelo menos, os passos básicos de desenterrar, observar, fazer um videoteipe e deixar ir.

Desenterrar. Primeiro desenterramos esse mapa oculto, que anteriormente nem percebíamos que tínhamos, ou que isso controlava tanto do nosso comportamento e de nossa vida. Usando o mapa global ou integral, **diagnosticamos** nossa configuração psicológica atual — nesse caso, procuramos o principal estágio básico de desenvolvimento em que nos encontramos, procuramos nossa **altitude** básica no desenvolvimento geral — é magenta, vermelho, âmbar, laranja... Ou talvez um dos 3 ou 4 estágios mais elevados que abordaremos em breve?

Observar. Fazemos isso prestando atenção às características gerais de cada estágio e comparando nossas crenças e comportamentos com essas características, decidindo qual estágio ou nível mais se aplica a nós mesmos em relação às principais áreas da nossa vida. E fique atento: diferentes áreas da nossa vida podem evocar estágios distintos; podemos operar em um nível no trabalho — digamos, o nível de realização do estágio 5 — e em um nível diferente com a nossa família, em que podemos reverter para uma atitude de pertencimento mais estreita do estágio 4, identificando-nos não mais globalmente, mas apenas com nossos familiares, nesses tipos de situações. E você, provavelmente, perceberá, quando olhar para níveis ainda mais elevados, áreas que se destacam também. Mas basta observar suas respostas básicas de estágio no trabalho, nos relacionamentos, nas suas crenças religiosas (se houver) e no lazer.

Videoteipe. Uma vez que você identificou seu estágio básico, seu mapa oculto básico, então mantenha-o em mente — pense nele, sinta-o ou veja-o — e aplique *mindfulness*. Ou seja, sente-se numa posição confortável (você pode livremente cruzar as pernas, usar uma posição padrão de lótus ou sentar-se numa cadeira confortável, com as palmas das mãos uma sobre a outra no colo ou uma mão em cada joelho). Em seguida, concentre-se no mapa particular que você tem mantido oculto em sua consciência, as regras fundamentais de gramática que estão governando grande parte de sua vida. Se é a realização laranja, mantenha o foco no que você faz quando quer realmente conseguir algo, ganhar algo, pegar algo. Sinta esse apego direta, imediata e cuidadosamente — videoteipe-o. Veja por todos os ângulos — De que cor é esse desejo de conquista? Qual o tamanho? Onde está localizado (cabeça, coração, intestinos, algum outro lugar, alguma combinação de lugares)? Como isso se parece, como sente, como cheira? O que tende a provocar o seu apego ou o desejo por

1. Crescer: Os Mapas Ocultos de Desenvolvimento

perfeição? Concentre-se nesse sentimento de perfeição, de realmente possuí-lo, de ser banhado por ele, e olhe para ele por todos os ângulos. Agora, cada estágio terá algum tipo de apego ou desejo. No nível magenta, o desejo é pela satisfação imediata do impulso; no vermelho, o desejo é pelo poder; no âmbar, o desejo é pelo amor de Deus ou de pertencer a uma comunidade absoluta; e assim por diante. Mas, no estágio laranja, o foco fundamental está no apego pela perfeição, pela própria realização, o sentimento de querer algo grande, melhor, maior e o mais admirado. Concentre-se nesse desejo, na conquista, no apego ou na busca de algo maior e melhor — sinta-o o mais intensamente possível. Veja-se atingindo um de seus objetivos e, de certa maneira, muito além de suas maiores expectativas. Como se sente alcançando precisamente esse estado triunfante? Deixe isso permear seu ser, permita-se flutuar nisso completamente e, ao mesmo tempo, traga consciência para isso.

Note que, enquanto está consciente de qualquer elemento ou objeto em particular, não precisa fazer nada com isso. Você não está praticando a percepção consciente ou *mindfulness* com a ideia de que outra coisa aconteça, mas, sim, pondo em prática a percepção consciente apenas pela própria percepção consciente. Basta estar consciente do objeto; simplesmente segure o objeto na percepção-consciência e videoteipe-o. **Esse simples "segurar" é todo o ponto**; para essa sessão, é toda a meta — consciência simples e presente, nada mais, nada menos.

Agora, o efeito dessa prática, eventualmente, será afrouxar sua identidade com esse sujeito oculto, permitindo a consciência se desidentificar dele, e assim criar uma abertura ou espaço na própria consciência para que um próximo nível mais elevado de identidade e seus mapas possam emergir. Essa será uma mudança profunda em sua identidade, no que você valoriza e deseja, no que o motiva, o impulsiona. Você vai começar a notar isso de todas as maneiras, especialmente se continuar a revisar os mapas integrais de desenvolvimento que descrevem esses estágios. E, aí você poderá aplicar a *Mindfulness* Integral neste novo eu, neste novo sujeito, ajudando a torná-lo um objeto — e assim abrindo a porta mais uma vez para um crescimento maior e mais elevado. Mas nenhuma dessas ideias precisa estar em sua mente enquanto estiver praticando uma sessão de *Mindfulness* Integral, na qual — pelo menos para aquela sessão — tudo o que você quer é manter em mente o objeto de sua prática de *mindfulness* — apenas isso, nada mais.

Há um desenho animado de Gahan Wilson mostrando um mestre Zen envelhecido com uma expressão aborrecida sentado em sua esteira de meditação ao lado de um jovem aluno, também sentado em uma esteira. E o ancião diz: *"Nada acontece a seguir. É isso"*. Bem, em qualquer sessão, é isso. Nada deve acontecer a seguir. Portanto, basta descansar nessa presente percepção-consciência. E isso mesmo é o que se espera, pois aquela mesma consciência *é* aquilo que você está procurando. Simplesmente mantenha em mente o sujeito oculto — suas características, qualidades ou traços — tornando, assim, esse sujeito em objeto, e isso é tudo o que você está buscando, com essa parte particular da prática. Não precisa fazer absolutamente mais nada nesse ponto, por isso não complique a prática.

Em suma, faça desse mapa oculto subjetivo um objeto de percepção consciente. Veja-o diretamente, em vez de usá-lo como algo com o qual e pelo qual você vê o seu eu, seu mundo e sua vida. Olhe para ele, em vez de por intermédio dele. Faça desse sujeito um objeto. E, ao fazê-lo, basta descansar na consciência resultante — uma consciência que será aberta, clara, relaxada, muitas vezes silenciosa e em grande parte livre de pensamento. Sua percepção-consciência estará **consciente** do pensamento e, portanto, **livre em si mesma** de pensamentos; mas, se o pensamento surgir, tudo bem. Basta deixá-lo ir, trazer sua mente de volta para o objeto da atenção plena e repousar lá.

Desapegar. Durante esse processo, em muitos casos, o que, de fato, pode acontecer — e isso é um pouco do que ocorre em seguida e que pode ser bastante poderoso, embora seja mais provável que ocorra durante sua prática quanto menos você pensar nisso como um objetivo e apenas se mantiver focado em fazê-la — é que você começará a sentir um vasto oceano de Liberdade e Libertação, por-

1. Crescer: Os Mapas Ocultos de Desenvolvimento

que está se tornando livre de uma identidade restrita com este mapa oculto e suas limitações. Esse vasto senso de Abertura, Amplitude e Liberdade é a parte desidentificadora e **transcendente** do **deixar ir** da *Mindfulness* Integral. Você está vendo este sujeito oculto, com o qual foi identificado, como um objeto de sua consciência (você está fazendo um videoteipe de todos os detalhes), e, portanto, isso não está mais oculto ou como um sujeito — é um objeto de consciência. Você rompeu sua identidade com ele e agora simplesmente mantenha isso na sua consciência da forma que faria com a imagem de uma rocha, de uma árvore ou de uma casa — algo que vê, não algo que você é. (E este deixar ir vai criar um espaço aberto e desobstruído em sua consciência, no qual o seguinte nível mais elevado de desenvolvimento pode — e irá — espontaneamente emergir.)

Veremos, em um momento, que essa atenção consciente está, de fato, colocando você em contato com o seu Eu Real, o seu Verdadeiro Eu, o Eu Observador, a pura Consciência Testemunha, e iremos ver exatamente o que isso significa. Até lá, simplesmente continue a colocar sua atenção consciente sobre a situação atual, seja ela qual for. Ou, se você descobriu seu mapa atual oculto, então, use o *laser* de *mindfulness* diretamente nesse mapa, por 20 a 30 minutos ou mais, uma ou duas vezes por dia. E, em qualquer caso, simplesmente descanse nessa Consciência Testemunha (ao mesmo tempo que se torna mais e mais Livre)!

Na verdade, é uma boa ideia começar a alternar essa prática de *mindfulness* do mapa oculto com curtos períodos de *mindfulness* num elemento de ancoragem — e eu recomendo fortemente que este seja a pura, ilimitada e infinita Consciência. Assim, nesse caso particular envolvendo o estágio laranja 5, depois de levar consciência aos vários aspectos de seus impulsos de realização por certo tempo (que discutirei em um momento), solte isso e mude a atenção para a pura Testemunha, a pura Consciência Ilimitada (e não a qualquer conteúdo da Consciência em si), mas apenas à sua própria, presente e autêntica consciência EU SOU. Simplesmente descanse nessa pura consciência EU SOU — não nascida, imortal, ilimitada, infinita. Apenas descanse nesse Espaço vasto, aberto, claro, vazio, transparente, seu puro Ser e deleite-se nessa infinita Plenitude — sua verdadeira Condição. Faça isso por 5 minutos ou mais, então volte para a prática de *mindfulness* do mapa por 5 minutos ou mais, após o que retorne à pura e ilimitada Consciência EU SOU (5 minutos); em seguida, mapa (5 minutos), e assim por diante enquanto a sessão durar.

Um dos objetivos desse exercício é tornar-se cada vez mais familiarizado com a sua pura Consciência Testemunha, a sua pura e infinita consciência EU SOU — e, em especial, passar a ver com clareza a diferença entre este estado final (seu Verdadeiro Eu) e os mapas limitados com os quais tem erroneamente se identificado (seu eu convencional, finito, o eu separado). Isso potencializará o processo de desidentificação de seu pequeno eu abrindo-o cada vez mais para o seu Verdadeiro Eu, sua Face Original, seu Imortal e Não Nascido Eu, tal como ele é. Comece a alternar entre a consciência do seu pequeno e finito eu e a consciência do seu Eu Supremo. Assim você não só fortalece sua identidade com o seu Verdadeiro Eu, como também acelera o processo de abandono de seu pequeno e falso eu. *Você deve fazer isso com todos os exercícios daqui para a frente* (e, quando voltar a rever as práticas anteriores, **poderá introduzir essa maneira de praticar com elas também**, alternando entre, por exemplo, vermelho e EU SOU, âmbar e EU SOU, e assim por diante).

Quanto tempo e quantas vezes isso deve ser feito? Recomendo iniciar suavemente e expandir a partir daí. Assim, 20 minutos uma vez por dia — com duas porções de mapa de 5 minutos e duas porções de EU SOU de 5 minutos — começando com uma porção de EU SOU. Você pode, assim que obtiver proficiência nessa prática, expandi-la para duas sessões, uma pela manhã, e outra no fim da tarde ou à noite. A partir daí, poderá expandir a duração de cada sessão, aumentando para até 30 minutos cada sessão, e depois 40 minutos, para até uma hora se desejar. Você também pode expandir o tempo e fazer apenas uma única sessão diária.

Mas devo enfatizar: não é quanto tempo você medita, mas a regularidade de fazê-lo, que é o mais importante. Se você iniciar com

1. Crescer: Os Mapas Ocultos de Desenvolvimento

sessões diárias de 20 minutos e lentamente começar a pular sessões, ou especialmente se passar a temer as próximas sessões, então, encurte o tempo — faça apenas 10 minutos uma vez por dia, mas pratique todos os dias. Não perca um dia! — a não ser que você tenha decidido meditar 6 dias por semana e, então, como o Senhor, descansar no sétimo, o que é bom. Mas, se você encurtar suas sessões para 10 minutos e ainda estiver saltando ou temendo-as, literalmente reduza para 3 ou 4 minutos. Você pode sempre utilizar esse tempo para sentar-se em silêncio no lugar que escolheu para praticar regularmente. Então, relaxe em sua consciência presente por alguns minutos. Não há nenhuma desculpa imaginável para que não possa fazer isso por alguns minutos diários. Basta tomar a sessão como o tempo que reservou para honrar seu ser. E, ao fazê-lo, ele se tornará um hábito. Isso é o mais importante nesses estágios iniciais. Estabeleça esse hábito e lentamente expanda-o até que comece a pular ou temer as sessões. Aí retorne. Em algum momento, encontrará o tempo ideal para você. E isso vale para qualquer prática de meditação que esteja fazendo — não importa em que nível ou estado com o qual esteja trabalhando.

* * *

Agora, em um momento, examinaremos mais cuidadosamente **esses espaços sem pensamentos** na consciência que começam a ocorrer quando você testemunha seus mapas ocultos, transformando sujeitos em objetos, e, assim, se desidentificando e deixando ir o mapa de nível inferior. Como mencionei anteriormente, o que você verá é que esses espaços em sua consciência, de fato, representam o objetivo final e central de todos os sistemas de meditação — é uma abertura real para o seu Eu Superior, seu Verdadeiro Eu, seu Ser Supremo, que é puro Espírito, puro EU SOU, um Espírito genuíno que está olhando para fora de seus próprios olhos, ouvindo com seus próprios ouvidos, tocando com seus próprios sentidos. Isto é o que o Zen, talvez o sistema de meditação mais conhecido do mundo, chama de sua **Face Original**, que é a sua Natureza Verdadeira, o seu derradeiro Ser Iluminado e

Desperto. Este puro EU SOU ou Face Original lembra as palavras de Cristo, em João, 8:58:

"Antes que Abraão fosse, EU SOU".

E isso está exatamente correto; cada indivíduo pode verdadeiramente dizer isso. Estaremos experimentalmente explorando essa consciência de EU SOU em detalhes muito em breve.

Se esse tipo de consciência parece estar além do seu alcance, deixe-me mencionar que, depois de percorrer os 8 principais níveis do Crescer, que é o que estamos fazendo agora, iremos para os estágios do Despertar e daremos alguns exercícios que evocarão diretamente em você tanto o estado da pura Testemunha, o Verdadeiro Eu, sua Face Original, quanto o estado ainda mais elevado — o estado último — da Consciência não dual ou unidade, em que a Testemunha desaparece em uma unidade com tudo que é testemunhado, o Vidente e o que é visto tornam-se um Único Sabor, e a realidade última não dual — a Essência ou o Assim deste e de cada momento — torna-se dramaticamente óbvio. Então, experimente estes exercícios e veja o que você pensa sobre tudo isso.

Historicamente, estávamos no ponto em que o estágio laranja 5, o nível racional moderno, tinha acabado de emergir, e onde ele emerge hoje nos indivíduos que estão começando a despertar para o estágio da **razão e da revolução** — e em que você pode estar, se ainda tiver uma quantidade razoável deste estágio funcionando em você. E essa é uma das coisas surpreendentes que os desenvolvimentistas aprenderam sobre esses estágios ou níveis de desenvolvimento: uma vez que um estágio emerge na consciência humana, ele permanece em existência, pronto para se desdobrar em todos os seres humanos subsequentes, na mesma sequência ou ordem em que originalmente surgiu e foi sedimentado. Trata-se de uma espécie de sedimentação arqueológica de camada após camada de material evolutiva, emergente e totalmente presente em seu próprio ser e pronto para emergir. Portanto, seu próprio ser agora contém

1. Crescer: Os Mapas Ocultos de Desenvolvimento

plenamente todos os níveis de desenvolvimento importantes que a evolução já produziu, voltando não apenas aos primeiros estágios humanos (você contém as camadas arcaica, mágica, mítica, racional e outras mais elevadas); mesmo no arcaico, o próprio organismo humano já continha toda a **Árvore da Vida**, desde o *Big Bang*. Como já observado, o organismo humano contém de maneira completa (e ainda contém totalmente) quarks e partículas subatômicas e átomos e moléculas e células e elementos de todos os organismos, incluindo a bioquímica básica das plantas, o cordão neural de peixes e anfíbios, o tronco reptiliano dos répteis, o sistema límbico dos primeiros mamíferos, o córtex dos primatas e o neocórtex coroando a emergência humana. Tudo isso está agora total e completamente contido *em você*, totalmente envolvido e incluído em seu próprio ser. Você não é apenas a vanguarda da evolução à medida que prossegue em frente; você é um ponto de exclamação para tudo o que a evolução já produziu até hoje. Você é o *hólon* mais significativo em todo o *Kosmos*!

Então, hoje, essa arqueologia em camadas se manifesta no desenvolvimento humano atual, começando com os primeiros estágios especificamente humanos (os quais transcendem e incluem todos os níveis anteriores do universo). Assim, embora boa parte da população norte-americana tenha alcançado uma capacidade para a racionalidade moderna do estágio 5, todos nascem no nível 1, o arcaico sensório-motor (no qual ficam no primeiro ano). A partir daí eles passam para o magenta, nível 2, o mágico-impulsivo, geralmente durante entre 1 a 3 ou 4 anos (e que é a essência da **crise dos dois anos**). Então, o próximo estágio principal começa a emergir, o nível 3, o estágio de poder e segurança vermelho (**Deuses de Poder**), que dura até a idade de 6 ou 7 anos, quando inicia o estágio conformista mítico âmbar, nível 4, e vai até a adolescência (e impulsiona toda a fase de **pressão dos pares**, com suas intensas necessidades conformistas e de pertencimento). Durante a adolescência, o estágio laranja, nível 5, a era da razão e da revolução pode emergir, na qual toda a revolta e o individualismo adolescente acontecem. E, historicamente, vimos que os seres humanos em geral não atingiram esse estágio até há cerca de 300 ou 400 anos, com o período do Iluminismo no mundo ocidental que trouxe o fim da escravidão, a substituição da monarquia pela democracia representativa, o início dos direitos civis e o feminismo, a ascensão dos movimentos ambientalistas (compensando uma das desvantagens do Iluminismo, a poluição industrial desenfreada). Mais sobre isso em um momento. Por agora, simplesmente note o surgimento do estágio racional laranja, nível 5, um dos mais significativos e importantes níveis de consciência que emergiu em toda a história da humanidade e em cuja sombra o mundo inteiro de hoje está agora — para o bem ou para o mal.

Nível 6 (Verde) — Pluralista Pós-moderno

Mas ainda havia mais um grande estágio ou nível de consciência e cultura por emergir — nível 6 — e isso foi anunciado com as revoluções estudantis dos anos 1960 (começando em maio de 1968 na cidade de Paris), que logo se espalharam pelo mundo e, eventualmente, expandiram os movimentos que mal haviam começado com o Iluminismo, incluindo o importante movimento de direitos civis nos Estados Unidos, a maciça mobilização ambientalista em todo o mundo, o feminismo em nível pessoal e profissional e o multiculturalismo em geral — ou seja, o surgimento do... **pós-modernismo**. O **pós** no **pós-modernismo** significa que o próximo nível mais elevado, como todos os estágios sucessivamente mais altos, trouxe uma nova e maior perspectiva para o ser: na qual a modernidade racional laranja introduziu uma perspectiva de 3ª pessoa, esta nova fase — conhecida como pluralista, pós-moderna, relativista, sensível, individualista, multicultural (a qual é dada a cor verde) — veio com a emergência de uma **perspectiva de 4ª pessoa**: a capacidade de refletir e criticar as perspectivas de 3ª pessoa, incluindo a ciência, levando a uma multiplicidade de visões diferentes ou pluralistas. (E o **pluralismo** — a crença em muitas abordagens diferentes, mas igualmente importantes da realidade — pode ter sido levado ao

1. Crescer: Os Mapas Ocultos de Desenvolvimento

seu limite, quando se tornou **relativismo**: a crença de que existem **apenas** abordagens múltiplas, sem nenhuma abordagem universal ou globalmente unificada em absoluto, sem *Big Pictures* [Grandes Cenários] que sejam verdadeiros para todos, apenas crenças locais construídas culturalmente. Alguns desenvolvimentistas, como Clare Graves, chamaram este estágio não de pluralista, mas de **relativista**, enfatizando essa característica comum em grande parte desse estágio.) Esse **pluralismo/relativismo** levou, entre outras coisas, a todo um movimento imensamente influente denominado **desconstrução**, no qual uma perspectiva mais elevada de 4ª pessoa refletiu sobre — nem sempre com os motivos mais saudáveis — os níveis anteriores e começou a criticá-los e a desconstruí-los (especialmente suas reivindicações **universais**), apontando suas principais limitações e parcialidades. (Ou seja, de acordo com esse ponto de vista, não existem verdades universais reais, mas, sim, apenas **conhecimento local**. Então, essas afirmações **universais** que alegam conhecer a verdade para todos são simplesmente maneiras de impor suas próprias crenças e valores sobre os outros, uma verdadeira tentativa de oprimir e dominar.) Assim, o pós-modernismo tornou-se especialmente identificado com críticas agressivas de quaisquer "ismos" ou Grandes Cenários de todo tipo, como críticas ao capitalismo, ao Marxismo, ao fundamentalismo, ao racismo, ao sexismo, ao patriarcalismo, ao antissocialismo, ao especismo, entre outros — e essa era a base de tudo, desde o movimento dos direitos civis até as vagas de estacionamento para deficientes físicos e a legislação sobre crimes de ódio.

Em muitos casos, havia uma boa dose de verdade em suas críticas (todos os níveis anteriores eram, afinal, mais estreitos em alcance do que este último nível mais elevado), mas o pós-modernismo em geral tendia a ser levado aos extremos, por isso acabava por se contradizer. Ele sustentava que todas as verdades são construídas culturalmente; não há verdades universais; não há Grandes Cenários ou metanarrativas (como a que eu estou fazendo agora); todo conhecimento está ligado ao contexto, e os contextos são ilimitados e, portanto, dependem de interpretação. O problema é que o pós-modernismo (cuja pretensão central é que todo conhecimento é culturalmente construído) afirma que **todos** os itens que acabei de enumerar **não** são meras construções culturais ou uma interpretação pluralista simples, mas são absolutamente verdades para todas as pessoas, em todas as culturas, em todos os lugares, em todos os momentos. Em suma, eles alegam que é universalmente verdade que não existem verdades universais; e que sua visão é superior, mas eles também dizem que não há visões superiores em qualquer lugar. *Ops*. Portanto, essa tendência à autocontradição deve ser observada em qualquer movimento ou ideia pós-moderna — inclusive se ela aparecer em você, como veremos.

A maioria das organizações de direitos humanos no Ocidente está nesse estágio pluralista e multicultural verde, ou nível 6. Elas acreditam que todas as pessoas são absolutamente iguais — uma visão conhecida como **igualitarismo** — e que nenhuma cultura é superior a outra cultura. A maioria das organizações não governamentais (ONGs) está nesse estágio verde de valores também. Aí a comum autocontradição pós-moderna pode entrar em cena, com resultados infelizes. A ONG padrão, com seus valores relativistas pós-modernos, acredita que nenhuma cultura é superior ou melhor do que outra. Ainda assim vai para os países onde está funcionando e assume que seus próprios valores são, em alguns aspectos, melhores ou superiores aos da cultura que está ajudando — de outra forma, por que ela consideraria o que está fazendo como **ajuda** se não tivesse algo mais valioso para oferecer do que aqueles que receberam a **ajuda** atualmente têm? Assim, muitas ONGs (com seus valores de nível 6) trabalharão em um país em desenvolvimento cujos principais valores ainda estão no poder tribal vermelho (nível 3) ou no fundamentalismo mítico tradicional (nível 4) e tentam impor seus valores pluralistas do nível 6 à cultura e a população, e todo o empreendimento fracassa. (Por exemplo, a imposição de estruturas democráticas verdes a essas sociedades resulta simplesmente na "eleição livre" do próximo ditador militar). Novamente, uma das importantes descobertas da pesquisa desenvolvimentista é que os estágios/níveis

1. Crescer: Os Mapas Ocultos de Desenvolvimento

de desenvolvimento podem ser acelerados, mas não pulados ou ignorados e, portanto, é literalmente impossível para uma entidade de nível 3 ou 4 mover-se diretamente para uma entidade de nível 6. Em vez disso, é preciso propor e pôr em prática uma série de sistemas sociais e culturais, provenientes do ambiente orgânico do próprio país em desenvolvimento e não sugerir algo de fora, para que assim haja **estações de vida** (organizações, instituições, empregos e vocações, sistemas educacionais, ramos governamentais etc.), cada um oferecendo versões saudáveis e funcionais de cada um dos principais estágios de consciência e cultura. Com poucas exceções, uma cultura precisa ser cultivada organicamente, camada por camada, como os anéis de uma árvore, a fim de formar uma raiz saudável.

Nos Estados Unidos, aproximadamente 40% da população está em valores mítico-religiosos tradicionais âmbar; cerca de 50%, nos valores racionais científicos modernos laranja; e aproximadamente 25%, em valores pluralistas pós-modernos verde. (Que não somam 100% por causa de muita sobreposição.) Mas note que esses três grandes conjuntos de valores são exatamente o que está por trás das chamadas Guerras Culturais (esses três conjuntos de valores são, na verdade, os três últimos níveis de desenvolvimento a surgir na história da humanidade e cada um ainda luta pelo domínio).

É amplamente aceito que as Guerras Culturais são uma batalha entre valores religiosos tradicionais, científicos modernos e multiculturais pós-modernos — exatamente os estágios 4, 5 e 6. E enquanto esses três conjuntos de valores são os principais estágios aos quais os norte-americanos têm acesso, então, essas guerras continuarão inabaláveis. A razão é que cada um desses valores é um mapa oculto **— e você não pode mudar os mapas ocultos de uma pessoa com argumentos, dados ou provas, porque o que o próprio mapa aceitará como dados ou prova varia de mapa para mapa** (negrito do tradutor). Os fundamentalistas religiosos não aceitam provas científicas (da evolução, por exemplo); eles aceitam a verdade de Deus como revelada na Bíblia. E os cientistas não aceitam as verdades da religião, que veem como mitos infantis. E os pós-modernistas não aceitam ambos, considerando-os meras construções sociais de igual irrealidade. As Guerras Culturais são uma das maneiras mais fáceis de ver a realidade desses estágios-níveis de desenvolvimento e sua influência incrivelmente poderosa em todas as áreas da vida. E nunca haverá harmonia em uma cultura que tenha esses estágios lutando entre si (a menos que haja estágios ainda mais elevados que, de alguma forma, ofereçam ainda maior totalidade, e uma saída — uma possibilidade muito real que examinaremos em apenas um momento).

Por enquanto, vamos olhar para o pluralismo verde ou relativismo (e começar a rastreá-lo para ver se, em algum momento, isso se aplica a você). Primeiramente, ele acredita que não há nada superior em qualquer lugar do mundo; o que é verdadeiro para uma pessoa em particular é verdadeiro para essa pessoa: você não pode entrar e impor suas crenças a alguém, alegando que está certo e eles estão errados. Você tem a sua verdade, eles têm a deles, e é isso. Da mesma forma, todo tipo de *ranking* e todas as hierarquias são estritamente tabus. O que é necessário são sociedades de parceria, nas quais todas as pessoas — e especialmente todos os homens e todas as mulheres — sejam vistos igualmente. Até mesmo a excelência e a conquista — as características do estágio moderno anterior — são percebidas com desconfiança pelo pós-modernismo verde, porque isso significa que você está julgando alguém por ser melhor ou mais alto ou mais realizado do que outra pessoa, e isso não é nada além de opressão. Reuniões são tidas como um sucesso, não se qualquer conclusão é alcançada, mas, sim, se todo mundo tem a chance de compartilhar seus sentimentos; isso tende a se alongar para sempre, e poucas ações são levadas a cabo. Todas as abordagens anteriores a um tópico são consideradas essencialmente erradas, impulsionadas pela opressão ou patriarcado, sexismo, racismo, colonialismo ou imperialismo, e o pluralismo verde vai refazer tudo isso e da forma correta, baseando-se na pura igualdade, nas parcerias e na ausência de classificação ou hierarquia de julgamento.

E essa nova abordagem não se firma na racionalidade ou lógica abstrata, mas, sim, em sentimentos que vêm diretamente do coração,

1. Crescer: Os Mapas Ocultos de Desenvolvimento

não da cabeça. O pensar está em baixa, e o sentir, em alta. O coração é a base de toda a verdade real e deve ser **encarnado** — ancorado nos sentimentos, não nos pensamentos. Todas as abordagens anteriores são **o antigo paradigma**, e esta nova abordagem é **o novo paradigma**. O antigo paradigma é racional, analítico, divisivo, Newtoniano--Cartesiano, egocêntrico, que odeia e nega a Terra, sexista, racista, colonialista, e é construído sobre o comercialismo desenfreado e o lucro/ganância; considera que o novo paradigma é congruente com a **nova** física (isto é, a física quântica, que agora já tem um século de idade), é *ecocêntrico* em vez de egocêntrico; é edificado sobre parceria, carinho e bondade amorosa, é holístico e orgânico (não fragmentado e mecanicista); é congruente com a teoria dos sistemas; é feminista, focado em Gaia, centrado na Terra, e "glocal" orientado (o que significa global e local).

Agora, a primeira coisa que você vai querer fazer, se tiver uma boa dose dessa fase em si, é prestar especial atenção nas suas próprias formas de autocontradição. Na verdade, cometer essas contradições é algo que tem sido fortemente atacado pelos filósofos sociais e isso é chamado de **contradição performativa**: uma expressão grande que significa simplesmente que você está, de fato, fazendo, com suas próprias atitudes, o que você afirma que não deve ser feito de forma alguma ou que é algo totalmente imoral de se praticar. Então, você mesmo está fazendo o que diz que não pode ou não deve ser feito. Mencionamos anteriormente que esse pluralismo ou relativismo (o relativismo sendo uma versão mais intensa do pluralismo) sustenta que todo conhecimento é uma construção social e é alicerçado na interpretação; que a ciência não é mais real do que a poesia, porque ambas são interpretações e são construídas socialmente; que todo significado está ligado ao contexto, o que significa que não há verdades universais, apenas verdades locais e culturalmente situadas, socialmente construídas. Mas esse pluralismo acredita que cada uma dessas afirmações não é uma mera interpretação ou construção social, mas é verdade para todas as pessoas em todas as épocas em todas as culturas (alegando assim que é universalmente verdade que não existem verdades universais — bem como escrever 10 volumes argumentando que a escrita não existe). E embora esse pluralismo afirme que não há pontos de vista superiores e que ninguém tem o direito de dizer a outra pessoa o que é verdadeiro ou não, ele acredita claramente que **sua** visão é verdadeira e que todos que discordam dela estão errados; sua visão é superior em um mundo onde nada é supostamente superior.

Assim você pode prestar atenção em si mesmo quando julga as pessoas por julgarem alguém; ou em como você rebaixa aqueles que se envolvem em vários tipos de esquemas de classificação; ou em como se sente desconfortável perto de alguém que acredita que possui a verdade, mas os outros, não. Você verá nesses casos que está fazendo exatamente aquilo que condena nos outros. Está julgando-os por julgar; está classificando-os por classificar; sente que tem a verdade, não eles, quando eles afirmam que a detêm. Você pode dizer coisas como: *"O que é verdadeiro para você é verdadeiro para você; eu não sonharia em me impor a você"*, mas discorda fortemente dessas pessoas que têm sentimentos destoantes da **sua** crença: de fato, gostaria de impor sua visão sobre a visão deles, que se impõem aos outros. Em suma, você quer tratar todas as pessoas igualmente, mas explícita ou implicitamente detesta as pessoas que não compartilham *essa* visão. Então, você mesmo está fazendo exatamente o que diz que não deveria ser feito. E o fato é que o verde diz que trata todas as pessoas de forma justa e as vê como iguais, mas detesta todos os valores laranja (particularmente o capitalismo, os negócios, o lucro, a realização e o reconhecimento da excelência) e detesta todos os valores âmbar, os valores integrais etc.

Para começar, observe as maneiras pelas quais você julga, quando julga pessoas por fazerem julgamentos. Você geralmente se sentirá livre de julgamentos desagradáveis, mas todas essas outras pessoas lhe parecerão massivamente culpadas por esses julgamentos — enquanto que essa crença em si é um julgamento, uma classificação, uma hierarquia. Então, comece suas sessões de *mindfulness* — depois de se centrar no puro EU SOU — mantendo em sua consciência precisamente o ato do julgamento negativo. Escolha um exemplo

1. Crescer: Os Mapas Ocultos de Desenvolvimento

particular de julgar alguém negativamente e mantenha essa situação — de seu julgamento sobre essa pessoa — com firmeza na mente. Por exemplo, como é quando você julga alguém negativamente por ser racista? Agora, observe que esse julgamento pode, de fato, ser verdadeiro e universalmente válido (o que acredito que seja), mas, se aceitar que os julgamentos morais universalmente válidos sejam possíveis, então não está se contradizendo — e você também não será um pluralista pós-moderno, que condena todos os julgamentos universais. Assim, pode estar totalmente correto ou envolvido em uma contradição performativa, dependendo daquilo que você realmente pensa sobre julgamentos universais. Mas porque o estágio pluralista está envolvido em muitos dos julgamentos que rotineiramente fazemos — correta ou contraditoriamente — nós queremos estar conscientes desses julgamentos em qualquer caso: eles são os sujeitos que queremos tornar objetos.

Então, vamos prosseguir focando a *Mindfulness* Integral nessa área — fazer julgamentos. Comece com julgamentos negativos: julgar alguém por ser intolerante, racista, sexista, e por aí vai. Escolha um, e vamos prosseguir...

O que exatamente sente quando faz um julgamento negativo? O que o faz olhar para alguém como se essa pessoa fosse inferior? Como isso cheira? Que cor tem? Onde está localizado (cabeça, coração, intestino, em outro lugar)? Quais são as características dessa pessoa que você julga de forma especialmente negativa? O que nessas características desencadeiam em você esse juízo oculto? Não precisa fazer nada a respeito desses julgamentos — apenas segure-os no espaço da percepção-consciência e veja-os claramente como objetos. Lembre-se de alternar as sessões de perceber atentamente o julgamento com as sessões de repousar no puro e presente EU SOU.

Agora, mude um pouco a natureza do julgamento. Olhe para as coisas que você julga — uma vez que reconheça o quão generalizados são seus julgamentos — e veja se há áreas em que o julgamento poderia realmente ser considerado algo **bom** ou fundamentado em razões verdadeiramente legítimas. (Isso é especialmente importante

Meditação Integral

se você realmente está vindo desse estágio — assim estará olhando para os julgamentos que podem ser universalmente corretos, apesar de que, estando neste estágio, você duvide que tais coisas existam. Então, se duvida, definitivamente continue...) De acordo com o pós-modernismo verde, não há nenhum — todos os julgamentos de classificação são ruins. Mas, novamente, isso também é um julgamento de classificação — ele entende a não classificação como algo mais elevado e melhor do que a classificação — e isso é uma forma maior de classificar. Então, quando você vê que classificar é inevitável — e é por isso que estava fazendo muito disso, mesmo quando afirmava que não —, veja quais podem ser os fundamentos de algumas boas diretrizes para a classificação.

Agora, isso é complicado, porque cada nível terá algumas respostas bastante diferentes. Portanto, vamos continuar com os principais valores desse nível — o pluralismo pós-moderno, nível 6 — e veja em que casos a classificação seria realmente não só boa, mas recomendada, algo a ser encorajado, de acordo com os próprios valores desse nível.

O estágio verde valoriza a igualdade acima de quase todo o resto. Então, vamos apenas notar que nem todos os níveis compartilham esse ponto de vista. Na verdade, nenhum deles o faz. O poder vermelho divide o mundo em predadores e presas, e protege as coisas que só ajudam a si mesmo, e a ninguém mais; absolutamente zero de igualdade aqui. O fundamentalismo ambarino divide o mundo entre os salvos e os condenados, santos e pecadores, e valoriza apenas aqueles que aceitam o correto salvador; todos os outros são infiéis, obrigados a queimar eternamente no inferno; somente os verdadeiros crentes são iguais. Já o laranja divide o mundo em vencedores e perdedores, e valoriza a realização, o mérito e a excelência acima de todos os outros — nada dessa coisa de igualdade. Apenas o verde valoriza a igualdade e vê todas as pessoas como essencialmente semelhantes ou igualitárias.

Portanto, vamos notar ainda que esse nível é apenas isso — um nível de desenvolvimento. É o 6º estágio num esquema geral

1. Crescer: Os Mapas Ocultos de Desenvolvimento

de desenvolvimento. Assim, o primeiro julgamento que você pode fazer com base nesses valores é que o desenvolvimento vertical — do arcaico ao mágico, ao poder, ao mítico, ao racional, ao pluralista — é muito melhor do que não ter esse desenvolvimento. Em outras palavras, esses níveis inferiores podem ser classificados e julgados como menos valiosos do que esse estágio, nível 6, porque somente ele acredita na igualdade, e que para alcançar esse nível é necessário desenvolvimento. E a razão é que, como vimos, cada nível de desenvolvimento é caracterizado por um aumento da totalidade — cada nível tem uma identidade cada vez maior, mais e mais inclusiva — e você tratará moralmente as pessoas apenas se você se identificar com elas. Assim, o poder vermelho trata apenas a si próprio moralmente; o etnocêntrico ambarino trata todos os seus irmãos religiosos moralmente, mas não todos os infiéis. O laranja moderno expande os direitos de todos os seres humanos e começa a considerá-los de forma justa e moral, mas percebe que algumas pessoas compartilham esta visão e outras, não. Por isso, começa a julgar as pessoas a respeito de quão tolerante elas são ou não. E o pluralismo verde leva isso até seu limite final, no qual ele se excede e simplesmente trata todas as pessoas igualmente, estejam elas procedendo assim ou não; enquanto *deveriam* dizer, com base em seus próprios valores, que qualquer coisa que ajude uma pessoa a chegar a esse estágio, no qual podem desejar tratar as pessoas igualmente, é bom; não alcançar este estágio de totalidade, e, portanto, comportar-se de forma justa é ruim, é errado, é menos bom. E essa é uma verdade que se mantém em todo o espectro do desenvolvimento, ou seja, cada nível é adequado e bom para suas circunstâncias, mas cada nível superior é **mais adequado** e, portanto, em alguns aspectos **melhor** — cada vez mais inclusivo, abrangente, compassivo, moral e amoroso.

Então, pegue os estágios de desenvolvimento moral feminino de Carol Gilligan. Gilligan tornou-se famosa por propor, em seu livro *In a Different Voice*, que homens e mulheres raciocinam de maneira diferente — homens com ênfase na hierarquia e autonomia, e mulheres, na relação e no pertencimento. As feministas, que acreditavam que todas as hierarquias eram ruins, criticavam fortemente o argumento de Gilligan de que os homens — e não as mulheres — pensavam hierarquicamente, e o usavam para culpar os homens (e o patriarcado) pela maior parte dos males da humanidade. Mas essas feministas, e os pós-modernistas em geral, ignoraram cuidadosamente um segundo ponto que Gilligan expôs nesse livro, ou seja, que tanto homens como mulheres desenvolvem-se nos mesmos 4 estágios *hierárquicos* básicos (termo que ela usa). Nas mulheres, Gilligan chamou esses níveis hierárquicos da seguinte forma: fase 1, ou *egoísta* — a mulher só se preocupa com ela mesma (esse é o nosso *egocêntrico*); estágio 2, ou *cuidado* — a mulher estende o cuidado consigo mesma aos grupos (nosso *etnocêntrico*); estágio 3, ou *cuidado universal* — a mulher estende o cuidado para todos os seres humanos, independentemente de etnia, cor, sexo ou credo (nosso *mundicêntrico*); e o estágio 4, que ela chamou de *integrado* — no qual mulheres e homens integram a atitude do outro sexo (nosso *integral*). Assim, as mulheres podem, de fato, tender a pensar de forma não hierárquica, mas o próprio pensamento *não hierárquico* delas se desenvolve por meio de 4 estágios hierárquicos. Esse simples fato as feministas (e pós-modernistas) ainda não compreenderam.

E isso significa que elas também perderam outro fato importante: que não podemos simplesmente dizer que o que as culturas ocidentais sob o patriarcado precisam são valores mais femininos — o que é bastante comum hoje em dia — porque claramente não necessitamos das duas primeiras etapas dos valores femininos. Nós *não* queremos um pensamento mais egoísta/narcisista e sexista/racista — que são os dois primeiros (e o maior conjunto) de valores femininos descritos por Gilligan. Mesmo de acordo com esses teóricos pós-modernos — incluindo as feministas — esses valores estão nos matando. Os estágios superiores de desenvolvimento (estágios 3 e 4 de Gilligan) não são **igualmente bons**; eles são melhores — eles têm mais integridade, são mais inclusivos e, portanto, são mais

1. Crescer: Os Mapas Ocultos de Desenvolvimento

morais, cuidadosos, amorosos, valiosos (e menos opressivos, menos dominantes). Carecemos dos valores femininos dos estágios superiores — do mundicêntrico e integral (assim como também os valores masculinos dos mesmos estágios superiores, como deve-se notar). Esse é um julgamento que é verdadeiro e bom, e mais pessoas **devem** começar a pensar dessa forma, porque quanto mais elas o fizerem, melhores os seres humanos serão tratados.

Portanto, tenha cuidado quando você pensa que não está julgando, quando, na verdade, você está. E, em seguida, olhe para os tipos de julgamentos que faz e tente baseá-los nestes fatos já bem testados pelas pesquisas de desenvolvimento. Em resumo, podemos dizer que cada nível de desenvolvimento é bom, mas cada nível superior é **melhor** — mais inclusivo, integral, consciente, moral, cuidadoso (e a pesquisa mostra consistentemente exatamente isso). E, se houver níveis superiores ao nível 6, então eles seriam ainda **melhores**, mais valiosos — e há.

Antes de chegarmos a esses níveis, observe que tudo isso aponta para mais um fato importante que é quase sempre ignorado pelo pluralismo pós-moderno: existem dois tipos de hierarquias, não apenas um. Há hierarquias *dominadoras* e as de *crescimento*. As hierarquias dominadoras são, na verdade, desagradáveis (opressivas e dominantes) — como o sistema de castas, ou hierarquias em organizações criminosas (em que, quanto maior o nível em que você está, mais pessoas você pode dominar e oprimir). Mas as hierarquias de crescimento são exatamente o oposto — quanto maior o seu nível, mais inclusivo, atencioso, amoroso e abrangente (menos dominador e menos opressor) você é. Todos os modelos de desenvolvimento que estamos falando aqui (incluindo o de 6 a 8 estágios de crescimento em geral) são hierarquias de crescimento, assim como os de Carol Gilligan. Na verdade, a maioria das hierarquias na natureza são de crescimento — como de átomos para moléculas e de células para organismos. Cada um desses níveis **transcende e inclui** o seu antecessor, tornando-se cada vez mais inteiro, inclusivo, abrangente. E os níveis mais elevados não oprimem os níveis inferiores, eles os abraçam, os amam. As moléculas não odeiam, oprimem nem dominam átomos — eles os incluem, os abraçam, ou seja, elas os amam. Portanto, tenha isso em mente sobre as hierarquias de crescimento que estamos discutindo. Isso será particularmente difícil se você estiver no estágio 6 pluralista, porque este, de maneira inerente, odeia todas as hierarquias, sem, de fato, perceber o que está fazendo. É parte de sua **contradição performativa**: coloca a hierarquia no nível mais baixo de **sua** hierarquia.

Então, se, ao usar esta Visão Integral, você identificar em si mesmo o mapa oculto do estágio 6, coloque-o sob a luz brilhante de *mindfulness*, e conscientemente veja e reveja isso até a exaustão. O que você quer estar consciente, para aplicar *mindfulness*, é a simples atitude de *julgamento* — pode ser um julgamento negativo ou positivo. O ponto é meramente flagrar o próprio ato, o próprio sentimento, de *julgar*, pensar ou sentir que *isso* é melhor do que *aquilo*. Agora, o ponto que acabamos de ver é que, em alguns casos, pelo menos no relativo mundo manifesto, às vezes uma coisa *é* melhor do que outra, e isso é bom. Mas o que queremos fazer aqui, com essa sessão de *mindfulness*, é **transcender e incluir** todo o julgamento — então, isso significa que, para a parte transcender, queremos deixar ir o próprio ato de julgar (e **incluir** por só estarmos diretamente conscientes disso). Porém, não se identificando com isso, condenando isso, sendo um com isso, negando isso, ou tolerando isso — apenas faça um videoteipe disso e aplique percepção-consciência a esta extraordinária atividade de *julgar*. Isso é MELHOR do que aquilo... E exatamente O QUE isso significa? Onde está localizado o sentimento de julgamento? Qual é a cor, qual a forma, como parece, como cheira, qual é a sensação? Mantenha essa atitude de julgar firmemente na consciência e, em seguida, somente reveja-a, muitas vezes, total, completa e cuidadosamente. O efeito líquido disso será conseguir *realmente* aquilo que o pluralismo somente afirma fazer: deixar de julgar por completo.

A essa altura, pode ter começado a se tornar óbvio que, assim como em cada estágio anterior, em que de modo geral aplicamos

1. Crescer: Os Mapas Ocultos de Desenvolvimento

diretamente a percepção-consciência a uma qualidade, caráter, característica, valor ou elemento, a prática de *mindfulness*, com certeza, ajudará a tornar esse sujeito um objeto. Ou seja, se, de fato, estivermos previamente identificados com aquele elemento — se este elemento tem sido parte de nosso sujeito, nosso eu real —, então *mindfulness* nos ajudará a se desidentificar disso, a abandoná-lo, a transcendê-lo e nos abrirá para o próximo mais elevado, inteiro, inclusivo, completo estágio, seja qual for. O ponto é, qualquer que seja o novo elemento, o seu sistema já o conhece; ele está presente, aguardando para emergir, esperando que você deixe de lado a sua identidade atual e se abra para a próxima e mais elevada identidade. Quando essa abertura, essa transcendência, esse deixar ir estiver em ação, a natureza tomará seu curso, por assim dizer. O próximo item mais elevado, seja qual for, emergirá, natural e espontaneamente, e você se identificará com essa nova característica (embora você não a veja como um objeto — bem, ainda não) — *aquilo* então se tornará parte de seu novo sujeito, seu novo eu, seu eu mais inclusivo, amoroso e consciente.

E o mesmo é definitivamente verdade para o ato de julgar. Então, se você acha que todo julgamento é ruim, ou mantém vários itens sob forte julgamento, em certo sentido, realmente não importa. Ao tornar seu sujeito um objeto — seja qual for — o novo sujeito mais próximo, inclusivo e consciente irá naturalmente emergir. Se seus julgamentos atuais são de alguma forma verdadeiros, universais e genuinamente bons, eles não irão a lugar nenhum; você vai se tornar mais consciente deles, mas fundamentalmente não vai mudá-los. Se, no entanto, houver julgamentos mais elevados, tipos mais elevados de julgamentos ou melhores julgamentos ou julgamentos mais amorosos e conscientes, disponíveis em qualquer lugar em seu sistema (estabelecidos em toda a espécie humana por milhões de anos de evolução), então você começará a identificar-se com eles — eles se tornarão parte de seu novo, mais elevado, inclusivo, inteiro e consciente eu.

E adivinha? Isso continua diretamente até Deus.

Nível 7 — (Turquesa) Integral

Eu disse anteriormente que o nível de consciência pós-moderno verde, ou nível 6, era o último nível principal a emergir na história ou na evolução humana até hoje. E, em qualquer tipo de grande escala, isso é verdade. Mas, há algumas décadas, os desenvolvimentistas começaram a perceber o raro surgimento de um tipo de estágio ou nível completamente diferente, que era fundamental e significativamente diferente de tudo o que havia emergido até agora em toda a história. Todos os níveis anteriores — incluindo o pluralismo pós-moderno verde — acreditam que sua verdade e valores são a única verdade e valores no mundo; que todos os outros estão equivocados, confusos, infantis ou simplesmente errados. Mas esse novo nível emergente acreditou que havia algum significado em cada nível precedente, sem nenhuma exceção. No mínimo, todos eles são os passos de um crescimento e desenvolvimento geral, e, sem esses passos, primeiramente, não haveria crescimento e desenvolvimento. Assim como você não pode ir diretamente de átomos para organismos, ignorando moléculas e células, então cada estágio do desenvolvimento é crucial — eles são todos incrivelmente importantes e significativos, e este novo estágio parecia, intuitivamente, entender isso. Clare Graves chamou o surgimento desse nível de um *"salto monumental"*, no qual *"um abismo de inacreditável profundidade de significado é atravessado"*, e apontou que nada como isso, nem mesmo vagamente, já havia existido antes na história humana.

E isso realmente parece ser uma emergência histórica monumental e, de fato, ocorreu apenas recentemente, mas promete ser a transformação mais importante e mais profunda em toda a história humana. Vamos dar uma breve olhada nisso, pois pode provavelmente **significar** o seu próprio e mais elevado futuro.

Para enfatizar a profunda diferença entre esse novo nível e os anteriores, os primeiros 6 níveis (infravermelho arcaico, magenta impulsivo, vermelho poder, âmbar conformista, laranja racional e verde pluralista) foram todos chamados de **1ª camada**, e esses novos níveis (parece haver alguns subestágios aqui) foram chamados

1. Crescer: Os Mapas Ocultos de Desenvolvimento

de 2ª **camada**. Essa é a mesma distinção que Maslow chamou de "Necessidades Deficitárias" (1ª camada) e "Necessidades do Ser" (2ª camada). Os níveis da 1ª camada são parciais, estreitos, exclusivos, separatistas e motivados por *carências*; os níveis de 2ª camada são inclusivos, abrangentes, compreensivos, integrais e impulsionados pela abundância — e esta foi a primeira vez na história que qualquer tipo de nível de consciência como esse já emergiu em um grau significativo. E isso ainda é bastante raro, pois, hoje, apenas cerca de 5% da população mundial está em níveis integrais de desenvolvimento. Eles são os que "mudam o jogo". Essas pessoas literalmente transformam nossas visões sobre praticamente tudo o que elas abordam. A Teoria Integral em si é impulsionada por esses níveis, ou tenta ser. Esse nível geral, global e integral, nível 7 (para o qual é dada a cor turquesa), é referido também como integrado, holístico, estrategista, sistêmico; enfim, todos os nomes indicando sua natureza abrangente. Integral é o mais inclusivo, o mais sofisticado, o mais complexo, o mais consciente, o mais abrangente e inclui o maior número de perspectivas, de quaisquer níveis a emergir em toda a história, e marca verdadeiramente **um importante salto de significado**. É o primeiro nível em toda a evolução humana que acredita que todos os demais têm alguma importância, enquanto os próprios níveis acreditam que só eles são importantes. Isso é verdadeiramente integral, inclusivo, compreensivo e abrangente.

Se você tem uma quantidade razoável desse nível geral integral em você, antes de mais nada será conduzido pela totalidade. Tenderá a procurar *Big Pictures* [Grandes Cenários] e *Big Data* [Grandes Dados]. Você irá querer saber como as coisas se encaixam, qual o lugar de cada coisa neste maravilhoso *Kosmos*. Em qualquer discussão, tenderá a pensar que um lado não está totalmente certo e o outro não está totalmente errado, mas que ambos têm alguma parte importante da verdade e que uma visão mais ampla, que envolva ambos os lados, poderia ser encontrada. Você verá conexões em toda a parte, acreditando que tudo está relacionado e entrelaçado com tudo mais, de alguma profunda forma. O conhecimento não está dividido em dezenas e dúzias de disciplinas separadas, fragmentadas e isoladas, mas de alguma forma está entrelaçado em uma tapeçaria holística e uma malha dinâmica. Os relacionamentos substituirão coisas isoladas, e as interconexões começarão a aparecer em todos os lugares. Você verá o mundo povoado não por centenas de etnias separadas, mas por uma humanidade gloriosa, abrangente e universal, embora com muitas diferenças individuais e culturais. Mas há uma unidade-na-diversidade que fala diretamente a você.

Pessoalmente, nesse nível, as necessidades de autoestima dão lugar às de autorrealização (*à la* Maslow): a necessidade de uma maior Essência individual, emergindo com todos os seus potenciais extraordinários, de maior criatividade, consciência, inclusividade, amor e cuidado, e mais capacidades fenomenais em geral, compreendendo ser pelo menos 10 vezes mais eficiente do que qualquer indivíduo de algum nível de 1ª camada. Dez vezes! Você pode participar de inúmeras oficinas de transformação, seminários, sessões de treinamento em fins de semana (você vai encontrar a maioria deles dominado pelo verde, mas provavelmente vai continuar procurando); você pode praticar meditação, *yoga, t'ai chi*. Pode desenvolver um interesse em *cyber* tecnologia e *design* de *software*, atraído pela capacidade da Internet para formar conexões quase infinitas de totalidades crescentes. Se você entrar no setor de negócios e alcançar uma posição de liderança, será porque vê a empresa como um todo, e esse é o seu maior trunfo, e assim procurará ajudar todos os empregados (e todas as partes interessadas) a usar o trabalho como um meio de autorrealização e autoplenitude, não apenas uma maneira de ganhar dinheiro. Assim que perceber quaisquer hierarquias de crescimento — como essa de oito estágios —, elas lhe farão sentido imediato, e você vai arquivá-las na memória, livremente, pronto para *atuar* sobre elas quando necessário. Se estiver em um caminho espiritual (não religioso) — que discutiremos adiante — e tiver um parceiro(a), vai querer que ele(ela) siga o caminho com você, para que ambos possam compartilhar plenamente os muitos desafios e recompensas, as almas gêmeas que procuram uma Iluminação con-

1. Crescer: Os Mapas Ocultos de Desenvolvimento

junta — *"Eu sou o Buda que nós somos"*. Se você está criando filhos, irá realmente querer que eles se sintam especiais, porém os ajudando a aprender como conectar esse sentimento de ser especial, por meio de verdadeiras realizações no mundo, e não apenas dizendo-lhes que são especiais sem nenhum tipo de razão (o que é basicamente apenas uma forma de mentir para eles). Você vai ficar muito cansado e até mesmo entediado com o sistema de dois partidos, achando que é uma visão completamente estreita e parcial, procurando, em vez disso, abordagens que incluam os melhores e mais brilhantes aspectos de ambas as partes, e os candidatos que encarnem uma visão holística. O pensamento e o sentimento serão importantes para você, não apenas o sentimento (como para um pluralista) e não apenas o pensamento (como para um racional). Pensamento e sentimento são, na verdade, pela primeira vez desenvolvidos, reunidos e fortemente integrados nessa fase, de modo que tanto a cabeça como o coração se tornam igualmente importantes (como a pesquisa do psicólogo John Broughton descobriu, nessa fase *"mente e corpo são ambos experiências de um eu integrado"*)[4]. Você terá um interesse natural em todas as coisas globais, incluindo problemas difíceis e complexos como o aquecimento global, mas (ao contrário do pós-modernismo), em vez de absolutizar a biosfera, você a verá como parte de uma rede ainda maior que acrescenta noções como a noosfera ou o reino das ideias, integrado com a biosfera, o domínio da vida, e a pneumosfera, ou domínio do Espírito.

Se você tiver uma boa dose dessa fase em você, valorizará a totalidade acima de praticamente todas as outras qualidades. Assim, na parte *mindfulness*, simplesmente concentre a consciência sobre este sentimento ou noção de totalidade. Onde você vê essa totalidade? Em si mesmo, em sua cultura, no próprio mundo, em Gaia ou no ecossistema planetário, no sistema solar, na galáxia, no universo

---

[4] John M. Broughton, *The Development of Natural Epistemology in Adolescence and Early Adulthood*, dissertação de doutorado não publicada (Cambridge: Harvard University, 1975).

inteiro? Como se sente em todas as várias áreas que você vê como uma totalidade? Concentre-se no *próprio sentimento de totalidade*, onde quer que apareça. Mais uma vez, como isso parece, como sente, como cheira; que tamanho tem, qual é a forma dele, qual a cor; onde está localizado? Videoteipe a sensação, a ideia, o sentimento de totalidade de todos os ângulos imagináveis. Realmente traga-o para a consciência como um objeto, tirando-o de sua identidade subjetiva e abrindo sua consciência para níveis emergentes ainda mais elevados. Você sempre terá acesso a essa consciência da totalidade — visto que apenas não estará mais exclusivamente identificado com esse sentimento. Você irá transcendê-lo e incluí-lo em qualquer nível superior que venha a habitar.

Enquanto isso, o Nível Integral é visto e entendido como a própria vanguarda da evolução. (Porque a evolução é incessante, haverá sempre níveis futuros, ainda maiores de totalidade e consciência e inclusividade — e mencionaremos alguns possíveis num momento — mas para todos os propósitos práticos, o Turquesa Integral é o nível mais elevado que um ser humano pode razoavelmente esperar alcançar; é o pináculo pragmático da evolução até hoje. Aqui estamos tratando todos os subestágios desse nível como parte de um nível global geral, o Integral ou **2ª camada**). Os níveis mais elevados representam menos do que 1/10 de 1% da população. Nós vamos mencioná-los adiante, simplesmente porque, se você está no Integral, estará aberto a mover-se para um nível ainda mais elevado — o que, de modo geral, nós chamamos de **Superintegral** ou **3ª camada**. Enquanto isso, como cada nível de desenvolvimento é **mais inteiro** ou **mais integral** do que o seu antecessor — e até hoje, turquesa geralmente é o nível mais elevado esperado — então usualmente ele próprio é chamado de **O** Nível Integral.

Outra maneira de dizer que esse é essencialmente o estágio mais avançado da evolução até hoje é afirmar que nele há os hólons com maior profundidade em todo o *Kosmos* — isto é, são os mais *significativos*. (**Extensão** significa o número de hólons em um nível particular, **profundidade** representa o número de níveis em um hó-

1. Crescer: Os Mapas Ocultos de Desenvolvimento

lon particular. Cada estágio em evolução produz maior profundidade, menor extensão. Assim, as moléculas têm maior profundidade do que os átomos — por um lado, elas *incluem* átomos, então, é claro que elas têm maior profundidade; mas há, e sempre haverá, menos moléculas — menos extensão — que átomos. O mesmo com moléculas e células, células e organismos etc.) Assim, quanto mais *fundamental* é um hólon — quanto menor for a holarquia — então, quanto maior extensão tiver, menor a profundidade. Quanto mais *significativo* é um hólon — o mais elevado em uma holarquia —, menor é a extensão e maior a profundidade. Assim, para dizê-lo novamente a partir de um ângulo ligeiramente diferente, átomos têm pouca profundidade; dependendo do que você considera como um **nível de ser**, um átomo tem apenas alguns níveis: talvez cordas, quarks e partículas subatômicas. Mas os átomos têm uma extensão enorme — há muitos mais átomos do que moléculas ou células ou organismos, porque cada um desses estágios contém inúmeros átomos. Assim, cada nível mais elevado em uma holarquia tem sempre menos hólons do que seu antecessor. Por isso, haverá sempre menos moléculas do que átomos; sempre menos células que moléculas; sempre menos organismos do que células — não há exceções a isso em qualquer lugar; é fisicamente impossível. Conforme a profundidade aumenta, as moléculas têm maior profundidade, mais níveis dentro delas do que átomos (no mínimo, elas incluem átomos e assim adicionam mais um nível de profundidade do que os átomos têm); e as células têm maior profundidade, mais níveis, do que moléculas — há menos extensão, uma vez que sempre haverá menos células do que moléculas, e assim por diante. Em geral, como observado, a evolução produz maior profundidade, menor extensão.

    E assim, quando chegamos a um hólon humano no Nível Integral turquesa, temos um hólon com a maior profundidade (e a menor extensão) do que qualquer outro hólon em qualquer lugar do *Kosmos*. Lembre-se, como observamos antes, no momento em que um ser humano aparece na evolução (e com a evolução comparativamente medida em um ano, os humanos aparecem no último minuto do último dia), porque até agora eles são um ponto de exclamação para a evolução. Um ser humano, na verdade, e literalmente, contém em si hólons de cada principal nível de evolução até hoje. Vimos que um ser humano literalmente contém ou envolve quarks, partículas subatômicas, átomos, moléculas, células procarióticas, células eucarióticas, sistemas de órgãos que incluem os fundamentos da bioquímica fotossintética, as redes neurais dos animais primitivos, a medula espinhal dos peixes e dos anfíbios, o tronco cerebral dos répteis, o sistema límbico dos paleo mamíferos (por exemplo, os cavalos), o córtex dos primatas, e coroado pelo seu próprio neocórtex. Enfim, ele **transcende e inclui** todo hólon importante já produzido pela evolução em sua história de 14 bilhões de anos. E, então, os próprios seres humanos começam a evoluir — e seus estágios de evolução ou desenvolvimento são igualmente hólons — com cada estágio transcendendo-e-incluindo seu antecessor, de modo que esses estágios se tornam *inerentemente* mais e mais inteiros, cada vez mais inclusivos, conscientes, amorosos, e com maior senso moral. E quando chegamos ao turquesa integral, temos um estágio que transcendeu e incluiu cada nível produzido pela evolução em toda a história do *Kosmos* inteiro. Os seres humanos neste estágio turquesa são, em outras palavras, hólons com a maior profundidade que já apareceu no curso de todo o mundo manifesto em toda a sua história de 14 bilhões de anos.

E essa vanguarda da evolução está começando, nos humanos, a reconstruir e a refazer cada área, evento e elemento que toca. Totalidade, inclusão real, abraço real, plenitude genuína, alcance total estão aparecendo em todas as principais atividades humanas em todas as grandes áreas do mundo todo. Está na vanguarda da ciência e da medicina; na vanguarda das artes e das humanidades; na vanguarda da política e dos sistemas de governo; na vanguarda dos negócios e da economia; na vanguarda do crescimento espiritual e do crescimento em geral. É realmente um inacreditável e monumental salto por um abismo de significado; e isso nunca mais deixará o mundo o mesmo como fora uma vez.

1. Crescer: Os Mapas Ocultos de Desenvolvimento

E como você leu até aqui, é muito provável que você — *você mesmo!* — também esteja na vanguarda.

Se assim for, nós observamos, você terá fome particularmente de totalidade. Vai querer ver como tudo está conectado a tudo mais; vai querer encontrar e ver os padrões que se conectam; anseia por descobrir sua vida inerentemente unida com a própria Vida, unida com o *Kosmos* em geral, unificada e unida em seu próprio ser. Deixe esse desejo de totalidade chegar plenamente à consciência; olhe para ele, sinta, veja, esteja ciente disso. Permita que esse desejo de totalidade — e a própria sensação de totalidade — preencha, inunde sua consciência. Videoteipe a totalidade, de trás para a frente, de um lado a outro, de cima para baixo. E, ao tornar o presente estado de totalidade um objeto, você estará simplesmente criando uma abertura ou uma clareira para formas ainda mais elevadas de totalidade emergirem em cascata através de seu ser. Ao tornar um objeto a presente totalidade, estará simplesmente se abrindo para formas ainda maiores de totalidade que estão em seu futuro.

O que nos leva ao próximo possível estágio do Crescer.

Nível 8 — (Branco) 3ª camada Superintegral

Agora, embora o Nível Integral seja essencialmente a vanguarda do desenvolvimento e da evolução de hoje, na verdade ainda há mais níveis a caminho — pela simples razão de que não há sinais de que a evolução pare, ou que venha a parar um dia.. Os cálculos variam sobre quantos níveis verdadeiramente mais elevados podem existir e exatamente quais são suas características. Mas, dada a natureza da evolução — ou seja, é um assunto sem fim, constantemente indo além do que foi antes —, certamente esperamos ver a evolução continuar no futuro. E esperamos que os níveis futuros de evolução ainda sejam marcados por muitas das mesmas características que definiram cada nível de evolução até agora — isto é, cada estágio superior transcende e inclui seu antecessor, e, portanto, é mais integral, mais inclusivo, consciente, com uma identidade mais ampla, e assim mais cuidadoso, amoroso e envolvente. Esses possíveis níveis mais elevados são genericamente referidos como o de 3ª camada ou Superintegral (coletivamente, nível 8, cor **clara luz** ou **branco**).

A evidência de que esses níveis mais elevados existem é forte; exatamente o que eles são é menos óbvio. E lembre-se, não recebemos muita ajuda das Tradições[5], porque elas geralmente não tinham consciência de estruturas e estágios de estrutura — pois se concentravam no Despertar, e não nos estágios superiores do Crescer que, novamente, foram apenas descobertos há um século e, portanto, tendiam a rastrear todos os seus estágios superiores em termos de **estados**. Mas, com base em evidências de visionários como Sri Aurobindo — que foi treinado em modos ocidentais de pensamento evolutivo e tinha, pelo menos, alguma percepção de estágios de estrutura —, bem como vários tipos recentes de pesquisa, creio que podemos postular até 4 grandes estágios principais de 3ª camada, que eu chamo de índigo *Para-Mente*, violeta *Meta-Mente*, ultravioleta *Sobre-Mente* e branco *Super-Mente*. Gostaria de enfatizar que a soma total de indivíduos em qualquer um desses estágios de estrutura de 3ª camada é hoje — eu estimaria — consideravelmente menos de 1/10 de 1%. Se você estiver no estágio integral, estará pragmaticamente na vanguarda; e, é claro, como tal, estará aberto para o surgimento de níveis de 3ª camada à medida que continuar seu crescimento e desenvolvimento. Se quiser rastrear alguns desses detalhes, por favor leia meu próximo livro, *The Religion of Tomorrow*. Mas pragmaticamente você terá tudo de que precisa para seu próprio crescimento e desenvolvimento, prestando atenção aos estágios que apresentamos até agora. E o que vou dizer sobre os estágios Superintegrais é o suficiente para orientá-lo em relação ao que você poderá procurar se estiver hoje "montado" na vanguarda do desenvolvimento. Lembre-se, se esses

---

[5] Pelo termo "tradições" ou as "grandes tradições", quero dizer, principalmente, as conhecidas como as religiões do mundo, bem como suas formas esotéricas — como o Judaísmo e a Cabala; Cristianismo e seu misticismo; Islã e Sufismo; Hinduísmo, Vedanta, Shaivismo de Caxemira e *Yoga*; várias escolas do Budismo; Taoísmo; Neoconfucionismo, e assim por diante.

1. Crescer: Os Mapas Ocultos de Desenvolvimento

estágios mais elevados estiverem realmente presentes, eles saberão o que fazer quando for o momento de começarem a emergir em você, porque eles irão se manifestar de forma natural e espontânea. A questão inteira sobre os estágios é que eles são verdadeiros níveis de realidade, não apenas uma ideia que alguém em algum lugar sonhou. Assim, nos limites do turquesa integral, simplesmente pratique a *Mindfulness* Integral e mantenha-se aberto a qualquer e todo desenvolvimento futuro, o qual certamente ocorrerá exatamente como se supõe... E isso será acelerado pela prática dos estados do Despertar, que vamos ver no próximo capítulo.

E assim, se você está agora em um Nível Integral de desenvolvimento, então se encontra, para todos os propósitos reais, nos limites da própria evolução, e seus pensamentos, sentimentos e ações estarão realmente cocriando os níveis futuros gerais em que os seres humanos virão a habitar. Assim, bem-vindo ao seu lugar na história! (Veremos em breve que isso tem um significado real em termos evolucionários.)

Todo esse processo de estabelecer novos níveis de ser e de consciência faz parte da natureza geral da evolução ou do próprio desenvolvimento. Por alguma razão, no universo que conhecemos — pelo menos como o compreendemos até agora — cada momento inerentemente transcende e inclui seu antecessor. Para o filósofo britânico Alfred North Whitehead, por exemplo, cada momento passa a ser um **sujeito de experiência** ou uma **gota de experiência**. E à medida que o novo sujeito vem a ser, ele **preende** (termo seu, que basicamente significa **toca** ou **sente**) o sujeito anterior, tornando-o um objeto. A preensão ou toque do momento anterior pelo presente constitui a influência do passado sobre o presente. Obviamente, se você tocar e abraçar um objeto, ele o afetará — e é isso que acontece quando cada momento toca e abraça (preende) o momento anterior (que por si só já havia tocado e abraçado seu momento anterior e assim por diante indefinidamente). Este é o momento **causativo** ou **determinante** do passado no presente. Se isso fosse tudo o que houvesse, esse seria um universo puramente determinista e mecanicista, sem criatividade, novidade ou inovação (exceto por **mutações** ou aberrações).

111

Mas, de acordo com Whitehead (e eu concordo), cada momento, além de preender o anterior, acrescenta sua própria porção de novidade ou criatividade. Ele não só inclui o passado, mas também o transcende. Ele não só preende o sujeito anterior (tornando-o objeto do novo sujeito), mas adiciona um pouco de novidade emergente ao novo sujeito, introduzindo assim um tanto de liberdade e novidade na sequência. Agora, se os hólons que assim se desdobram têm pouquíssima profundidade (como átomos), então o grau de novidade que podem adicionar é muito pequeno, e seu desdobramento temporal parecerá muito determinista, ou governado por estrita causa e efeito. Mas Whitehead acrescenta, **pouca novidade** não é o mesmo que **nenhuma novidade**. Afinal, os átomos eventualmente foram capazes de dar origem a moléculas, um avanço muito criativo. E moléculas conseguiram um surpreendente salto de criatividade — em um ponto, dezenas de moléculas muito complexas se encontraram na mesma vizinhança; elas se juntaram, uma parede celular emergiu ao redor delas e, manifestando seu próprio e inerente impulso criativo, a vida apareceu! Uma célula viva real além das moléculas! O ponto é que a novidade criativa está embutida no próprio tecido do universo — e a novidade criativa é o que, em última instância, impulsiona a evolução (esse impulso criativo é conhecido como **auto-organização** ou **Eros** ou **Amor**, ou ainda, o **Espírito em Ação**). É por isso que a evolução já estava operando, começando com o próprio *Big Bang* e, seguindo em frente, não precisou esperar pelo surgimento de vida, da sexualidade, dos ácidos nucleicos, das mutações aleatórias e da seleção natural para começar. Essas eram apenas algumas etapas particulares dessa transcendência e inclusão contínua, ou **autotranscendência por meio da auto-organização**, que estava no cerne da própria evolução desde os primeiros momentos do *Big Bang*. (E é por isso que algumas pessoas pensam na evolução como o **Espírito em ação**, o que acho uma boa ideia. Em qualquer caso, Eros ou criatividade ou evolução estavam operando no universo desde o início, ou nunca teria aparecido nada de novo.)

1. Crescer: Os Mapas Ocultos de Desenvolvimento

Mas repare nessa evolução que revela a noção crucial que vemos novamente: o sujeito deste momento torna-se objeto do sujeito do próximo momento. Essa é a própria forma de transcender-e-incluir que vemos em tudo, desde os átomos até os estágios do desenvolvimento humano. E é por isso que um impulso para aumentar a totalidade, a inclusão, a consciência, o amor e cuidado e preocupação e envolvimento, está *intrinsecamente* constituído no universo como o conhecemos. *É a única maneira que um momento pode se ajustar com o próximo*. Nenhum outro arranjo funcionaria; e assim, em cada área do universo que olhamos, encontramos a evolução **transcendendo e incluindo** com os seus sempre emergentes elementos.

E isso significa que, à medida que você mesmo pratica a *Mindfulness* Integral — que transcende e inclui cada momento, e o faz a cada momento — você está alinhando-se com o próprio impulso, força e processo da própria evolução. E, se quiser ver a evolução como o **Espírito em Ação**, então você estará se alinhando com o próprio Espírito, com a vontade de Deus, estará agindo como Deus está agindo neste universo manifesto momento a momento.

Mas o que quer que você possa pensar disso, um dos aspectos mais fascinantes da evolução e desenvolvimento é a real forma ou padrão dos hólons que são criados pela evolução. Porque, apesar da bravura da ciência natural que afirma entender perfeitamente tudo isso, a ciência realmente não tem ideia de como a **morfogênese** (a criação da forma ou o próprio desenvolvimento) ocorre. Por exemplo, quando pela primeira vez há uma tentativa de sintetizar uma proteína nova e de cadeia longa, mesmo que vários laboratórios em todo o mundo estejam trabalhando nela, pode levar algum tempo. Mas quando um laboratório consegue fazê-lo, em um período curto, todos os outros laboratórios tendem também a conseguir a mesma coisa, de forma independente. E o que é mais espantoso, mesmo que essa proteína possa se dobrar literalmente em milhares de maneiras — e não há absolutamente nada contido em qualquer parte da própria proteína para indicar por qual caminho ela deva se dobrar — uma vez que se dobrou em uma forma particular, as proteínas que estão sendo sintetizadas em qualquer outro lugar no mundo vão se dobrar de forma idêntica ou no mesmo padrão. Essa **forma** está sendo armazenada em algum lugar que é muito real, mas que não está em parte alguma na própria proteína. Onde está isso?

A ciência não tem respostas. Algumas das antigas tradições fornecem pelo menos hipóteses credíveis, a maioria delas centradas na noção do que o Sutra Budista Mahayana Lankavatara chama de **consciência armazém**, o repositório de todas as formas já ocorridas em qualquer lugar do universo (um pouco como os **registros akáshicos** da teosofia). Embora as sequências de desenvolvimento em todos os lugares tenham esses padrões ou formas, ninguém sabe como ou onde são armazenados, mas eles aparecem em toda parte. Em embriologia, por exemplo, se você tem um girino em crescimento e remove uma parte das células que estão crescendo na cauda e na cabeça, e as altera, então, notavelmente, as células da seção da cauda colocada na posição da cabeça se desenvolverão normalmente em uma cabeça; e as células da seção da cabeça crescerão normalmente em uma cauda. Não há nada em nenhuma das células que governe perfeitamente isso. Em vez disso, há alguma **forma global** armazenada em algum lugar que está governando a própria forma daquilo que está se desenvolvendo. (Este **em algum lugar** é muitas vezes chamado de **campo morfogenético** — **morfo** significando **forma**, e **genético** referindo-se ao **desenvolvimento**. O termo foi inventado pelo ilustre embriologista C. H. Waddington para ajudar a explicar este mistério — assim era um campo morfogenético que estava governando a forma de desenvolvimento.)

O mesmo vale para a forma destes estágios do Crescer. Tomemos, por exemplo, o estágio Mítico âmbar de desenvolvimento. Os seres humanos historicamente começaram a desenvolvê-lo porque o hólon humano não só preendia seus estágios anteriores como continuava acrescentando um pouco de novidade — até que, finalmente, um estágio totalmente novo subitamente veio à existência. Isso é tão incrível: pessoas ao redor do mundo, preparando-se para um novo estágio de desenvolvimento, e todos começaram a se desenvolver na

1. Crescer: Os Mapas Ocultos de Desenvolvimento

mesma forma do estágio Mítico. Essa **forma** havia sido armazenada em algum lugar — muito provavelmente, no mesmo lugar onde as formas de dobra da proteína de desenvolvimento do girino e onde todas as outras **formas morfogenéticas** são armazenados — e, onde quer que seja, é um lugar muito real, atual e influente, e isso continua determinando e orientando a forma de desenvolvimento dos hólons em todo o universo. E à medida que surgem novos hólons — em decorrência do processo de transcendência-e-inclusão — essas novas formas também são armazenadas naquela incrível caixa *Kósmica* de armazenamento de formas.

Seu lugar literal na história

Agora mesmo, o desenvolvimento da forma do estágio integral está no próprio processo de formação. E isso significa que as ações dos indivíduos nessa linha de vanguarda estão sendo guardadas na caixa *Kósmica* de armazenamento e ajudarão a moldar e a criar a própria forma do Nível Integral, como finalmente aparecerão para todos os seres humanos subsequentes — assim como a forma do estágio Mágico, estabelecida há cerca de 150 mil anos, ainda é a mesma forma que será experimentada hoje no estágio 2 pelas crianças recém-nascidas em todo o mundo, sem exceção.

E assim, para repetir um comentário que fiz em outro lugar:

Toda vez que você pensa um pensamento integral; cada vez que você concebe uma ideia integral; cada vez que seu pulso se acelera com o pensamento de um mundo mais bonito, mais verdadeiro e mais ético, amanhã; cada vez que você lê e estuda, ou cria e escreve, noções integrais; cada vez que você mesmo pergunta: *"O que posso fazer para provocar e acelerar isso?"*; cada vez que você sonha o sonho de um amanhã mais inclusivo, o sonho de um futuro mais harmônico, o sonho de uma Terra mais equilibrada e feliz, o sonho de uma Espiritualidade que toca Deus em cada ser vivo e dá a Deus um lar encarnado em seu próprio ser; cada vez que você se esforça para alcançar um futuro mesmo que um pouco mais Inteiro do que o de hoje; cada vez que você imagina qualquer atividade humana

— da educação à paternidade, à medicina, ao governo, à lei — redesenhada de forma mais inclusiva e integral; cada vez que você olha nos olhos de uma criança, talvez até a sua própria, e deseja-lhe um futuro de mais amor, compaixão, cuidado e atenção, e a vê sorrindo na luz radiante de um envolvente amanhã; cada vez que você pensa um momento com pouco mais de Totalidade do que o anterior, ou vê parcialidades reunidas nos padrões que se conectam ou alcançam um futuro no qual todos os filhos de Deus são julgados em termos *Kósmicos*, não em termos paroquiais ou preconceituosos; cada vez que fizer uma escolha favorável à melhoria da humanidade e de todos os seres vivos na sua totalidade; cada vez que você vê pedaços quebrados e fragmentos fraturados e seres humanos rasgados e torturados reunidos em um abraço mais unificado, inclusivo e atencioso; enfim, cada vez que você anseia por um amanhã, um pouco mais unificado, inclusivo e envolvente do que hoje — cada vez, cada única vez, que você faz qualquer uma dessas coisas, está direta, imediata e irrevogavelmente atuando na construção de objetos integrais que são instantaneamente armazenados naquela real caixa *kósmica* de armazenamento, acrescentando alguns centímetros ao tamanho do **tsunami de evolução** que está agora avançando em nossa direção[6].

E é por isso que, quando eu disse, seja bem-vindo ao seu lugar na história, quis dizer literalmente isso. Bem-vindo ao seu lugar na história! Você literalmente fará parte dos pensamentos e ações de cada ser humano nascido doravante, desde agora até o fim do mundo.

---

[6] Livro *The Fourth Turning: Imagining the Evolution of an Integral Buddhism* (Boston: Shambhala Publications, 2014).

2. Despertar: Os Passos para a Iluminação

Acabamos de fornecer uma visão geral dos 8 principais níveis de crescimento, desenvolvimento e evolução, reconhecidos pela maioria dos modelos de desenvolvimento do mundo. Você pode ver que cada nível ou estágio realmente habita seu próprio mundo, por assim dizer — vê diferentes fenômenos, tem impulsos e necessidades distintas, possui valores muito distintos, tem tipos muito diferentes de identidade, senso de moralidade ou do que é certo muito díspares, sendo cada qual detentor das suas próprias verdades, ou o que considera ser a realidade última. Você pode usar esta Visão Integral para ajudá-lo a identificar em qual nível ou estágio você está, na maior parte do tempo. Uma vez que tenha usado a Visão Integral para fazer isso, é possível, então, usar *mindfulness* para colocar esse nível em foco, tornando-se plenamente consciente dele, vendo-o como um objeto — para olhar para esse nível, e assim parar de usá-lo como algo pelo qual você olha o mundo. Olhe para ele, não através dele. Simplesmente mantenha isso em mente a partir de todos os pontos de vista possíveis: Qual é a aparência? Que tamanho tem? Qual é a cor? Onde está localizado no corpo? Como sente isso? Como parece olhando-se pelo lado, por trás, pela frente, por cima, por baixo? Que coisas você pode encontrar que particularmente o provocam? Por quanto tempo pode se lembrar de estar neste estágio? Quantas coisas em sua vida foram construídas por esse estágio em particular?

O objetivo geral, claro, é facilitar a transformação para níveis de consciência cada vez mais e mais elevados, até que você alcance a vanguarda evolutiva da atualidade — que, hoje, está em torno do nível 7, o turquesa integral. Esse é o nível mais elevado que você pode razoavelmente esperar alcançar (embora uma vez lá, estará natural e espontaneamente aberto aos níveis Superintegrais). Mas o Nível Integral é o estágio de consciência mais completo, inclusivo, abrangente, geralmente disponível no mundo de hoje. Alcançá-lo significa, em essência, que a pessoa que realizou isso está tão **amadurecida** quanto seja possível neste ponto de nossa evolução (e, é claro, os indivíduos podem estar em níveis distintos em cada uma de suas linhas ou inteligências múltiplas — como exploraremos em detalhes mais tarde — por isso, o crescimento em todas as linhas precisa ser mantido em mente, o Nível Integral é o mais elevado em quaisquer e em todas as linhas).

Mas há outro caminho de desenvolvimento que, ironicamente, é ignorado por quase todos os modelos modernos de desenvolvimento. É muito difícil encontrar um único deles se referindo a isso. Mas esse eixo de desenvolvimento — o do Despertar — é encontrado em todo o mundo pré-moderno e é, de longe, o mapa de desenvolvimento mais difundido nas culturas pré-modernas. Arthur Lovejoy, em suas brilhantes palestras reunidas em *The Great Chain of Being*, sustentou que esse mapa ou modelo foi mantido pelo maior número de mentes sensíveis (do Oriente e Ocidente, eu acrescento) ao longo da maior parte de nossa história. E isso formou o núcleo — frequentemente central, mas secreto ou esotérico (não compartilhado com o público em geral) — de quase todas as grandes religiões do mundo, mesmo aquelas mais conhecidas, em especial, por suas versões narrativas. Esses caminhos **esotéricos**, os caminhos do Despertar, ou os Caminhos da Grande Libertação, estavam presentes no Judaísmo como *Kabbalah* e Hassidismo; no Cristianismo com seus numerosos ramos contemplativos (e figuras bem conhecidas como São João da Cruz, Santa Teresa de Ávila, Meister Eckhart e os místicos da Renânia); no Islã como a extraordinária variedade de ordens sufis; e, claro, em todas as grandes tradições meditativas orientais, muitas das quais ainda são bastante ativas hoje, do Zen ao Budismo Tibetano, até o Vedanta e o Shaivismo de Caxemira (uma tradição tântrica hindu) ao Taoismo contemplativo, e ao Neoconfucionismo,

2. Despertar: Os Passos para a Iluminação

e a várias escolas de yoga. *Mindfulness* em si é parte destas grandes tradições de Sabedoria.

Mas os estágios traçados e mapeados por estas grandes tradições são bastante diferentes dos níveis dos modelos ocidentais modernos do Crescer. Estes mapeiam o que chamamos de **estruturas** de consciência, e o que marca todas as estruturas é que elas são mantidas em grande parte inconscientemente — são, de fato, mapas ocultos, porque, mesmo os utilizando, não temos ideia de que o fazemos. Novamente, eles são como regras de gramática ocultas, às quais obedecemos todos os dias, mas sem a menor ideia de que o estamos fazendo isso. E é por isso que esses mapas ocultos foram descobertos há apenas cerca de 100 anos, com o advento da moderna psicologia do desenvolvimento.

Então, por que os estágios do Despertar não estão incluídos nesses mapas do Crescer? Bem, como os estados do Crescer, os estados do Despertar também estão escondidos — mas estão ocultos por razões totalmente diferentes e de maneira totalmente diferente. Eles estão ocultos, não porque são quase impossíveis de serem vistos olhando-se para dentro (como no caso das estruturas), mas, sim, porque os meios para alcançá-los — os caminhos para atingi-los — são muito raros e, quando tomados, requerem uma quantidade considerável de tempo, esforço e energia para realizá-los. Mas, uma vez que você esteja seguindo um desses caminhos em particular e passar por um dos seus estágios (um dos estágios do Despertar), eles serão fácil e imediatamente detectados. Quando você está num desses estados, tem consciência plena disso. (Se tiver uma experiência de amor universal e sentir-se um com todo o universo, você claramente saberá disso!)

Esses estágios do Despertar são totalmente diferentes dos estágios do Crescer, nos quais você não precisa de um caminho especial para alcançá-los — basta continuar crescendo e de modo natural passará por todos esses 8 estágios, sem nenhum trabalho especial. Mas, mesmo quando você está num estágio do Crescer e usando-o inteiramente, não tem nenhuma ideia de que está fazendo isso.

Mas os estágios do Despertar — uma vez alcançados — são completamente óbvios. Eles são menos comuns, mas apenas porque os caminhos para atingi-los também são menos comuns. Isso porque são bastante difíceis, dão trabalho, requerem dedicação e esforço e, em geral, muitos anos para realizá-los. Assim, à medida que os pesquisadores ocidentais começaram a estudar vários estágios de desenvolvimento, raramente encontraram alguém num estágio mais avançado do Despertar, porque não são normalmente dados como parte do crescimento e do desenvolvimento típicos de um organismo humano, como no caso dos estágios do Crescer. Em vez disso, eles devem ser tomados como um passo voluntário, um degrau extra durante a vida, e, se você não os realizar intencionalmente e com propósito, é provável que nunca os alcançará. Eles normalmente apenas não acontecem, como os estágios do Crescer.

Por outro lado, os caminhos do Despertar — embora tenham sido desenvolvidos inúmeros e muito eficazes métodos para mover-se pelos estágios do Despertar — nenhum deles descobriu qualquer dos estágios do Crescer, apesar de estarem acontecendo por meio deles (como todos os seres humanos fazem), porque, mais uma vez, você não pode ver esses estágios apenas olhando para dentro. Você pode sentar-se em sua esteira zen por 20 anos, mas nunca verá pensamentos como estes: *"Este é um pensamento mítico no estágio 4"* ou *"Este é um pensamento moral no estágio 5"*, assim como você pode se sentar em sua esteira zen indefinidamente e nunca **ver** as regras de gramática que segue diariamente. Então, muito estranhamente, descobriu-se que nenhum dos modelos ocidentais de desenvolvimento tem estágios do Despertar e nenhum dos sistemas meditativos, do Oriente ou Ocidente possui estágios do Crescer. Essas duas correntes de desenvolvimento incrivelmente importantes e profundas nunca foram reunidas e praticadas jun-

2. Despertar: Os Passos para a Iluminação

tas até pouco tempo (quando abordagens como a Teoria Integral começaram a fazê-lo). É surpreendente que esses dois caminhos permaneçam separados e isolados por praticamente toda a história da humanidade. É escandaloso, na verdade. Pois isso significa que a humanidade nunca foi inteira. Tem sido uma humanidade fragmentada por, quase ou boa parte de sua história: ou seja, trata-se de uma história de fragmentação.

Mas aqui nós abordamos os dois caminhos juntos, dando a eles uma igual ênfase.

Estados de Consciência

Então, para reforçar, no Capítulo 1 fizemos uma breve turnê pelos 8 principais níveis do Crescer. Os mais importantes caminhos do Despertar, no entanto, tendem a se concentrar em 4 ou 5 grandes estados naturais de consciência, e esses **estados** naturais — quando acessados conscientemente — tornam-se os estágios gerais do caminho do Despertar; nós os chamamos de **estados-estágios** para distingui-los das **estruturas-estágios** do Crescer. Existem variações nesses estados-estágios em todo o mundo, mas em geral incluem a vigília, o sonho, o sono profundo sem sonhos, aquele que testemunha o vazio e o puro estado não dual ou de unidade. De modo particular, quando estes se tornam os estágios da meditação, são com frequência referidos, respectivamente, como o estado denso (ou como também é chamado de **grosseiro**), o sutil, o muito sutil ou causal, o *Turiya* ou da testemunha e *Turiyatita*, o estado não dual, de unidade ou Iluminado (para dar uma versão comum ao Hinduísmo Vedanta, ao Shaivismo de Caxemira, e ao Budismo Vajrayana, embora isso também seja encontrado em escolas ocidentais tais como o Neoplatonismo, o Sufismo e a *Kabbalah*).

Assim, Evelyn Underhill, em seu clássico estudo *Misticism*, sustentou que todos os místicos ocidentais percorrem essencialmente os mesmos 4 ou 5 estágios principais de desdobramento: em geral, após uma experiência preliminar de despertar, eles passam pela purificação grosseira, pela iluminação sutil, pela noite escura ou abismo infinito, até a consciência da unidade, ou seja, pelos estágios denso, sutil, causal, de unidade. No sistema oriental do Budismo *Mahamudra*, os estágios principais são, às vezes, referidos como: **identificar nosso estado grosseiro ou denso, então realizar esse estado diretamente; identificar nosso estado sutil, então realizar esse estado diretamente; identificar nosso estado muito sutil (ou causal), então realizar esse estado diretamente;** com o fundamento de todos eles sendo a sempre-presente Consciência Desperta não dual — novamente, grosseiro, sutil, causal, e a União não dual.

Daniel P. Brown, psicólogo de Harvard, que foi um dos meus coautores no livro *Transformações da Consciência*, começou seu estudo sobre os estágios de meditação observando 14 textos-raiz de uma escola do Budismo Tibetano. Depois de identificar 6 etapas principais em todos esses textos, ele as comparou com o sistema budista do Abhidharma, os *Yoga Sutras* de Patanjali e os escritos de várias escolas Chinesas e Ocidentais e encontrou um padrão essencialmente similar desses 6 principais estágios. Também em *Transformações da Consciência*, incluímos o estudo do teólogo de Harvard John Chirban, a respeito de uma meia dúzia dos primeiros santos do deserto do Cristianismo, e encontramos 5 ou 6 estágios contemplativos pelos quais todos eles passaram — e esses eram altamente semelhantes aos mapas gerais do Despertar de Brown (e Underhill e outros): todos variações sobre o grosseiro, sutil, causal, testemunha e a União não dual.

Como um exemplo final e rápido dos muitos que poderiam ser dados, o adepto norte-americano pós-moderno Adi Da sustenta:

> *"Para Realizar a Iluminação Divina Mais Perfeita, o ego deve ser transcendido através de três fases distintas — primeiro no nível físico [grosseiro] (o nível do dinheiro, comida e sexo), então no nível sutil (o das visões internas, audições e*

2. Despertar: Os Passos para a Iluminação

todos os tipos de experiência mística), e finalmente no nível causal (o nível raiz da existência consciente, em que o senso de eu e outro, ou a dicotomia sujeito-objeto, parece emergir na consciência)"[1].

A quarta fase de Adi Da é a Realização da **Verdade Sempre--Já**, o Objetivo sempre presente não dual, Fundamento, e Condição de toda existência, alto ou baixo, sagrado ou profano, manifesto ou imanifesto. Assim, grosseiro, sutil, causal (com a testemunha implicitamente enraizada) e não dual. Esses mesmos 4 ou 5 grandes estados de consciência continuam aparecendo em sistemas de meditação após sistemas de meditação, em todo o mundo e ao longo da história.

Parte da razão de existir tal similaridade entre esses caminhos do Despertar pode ter a ver com o fato de que muitos dos estados naturais de consciência que são acessados com pura consciência possuem raízes diretamente nos padrões biológicos de ondas cerebrais, e esses padrões são semelhantes onde quer que os seres humanos apareçam — todos os seres humanos, por exemplo, despertam, sonham e dormem, e esses padrões parecem ser universalmente semelhantes (tentar reivindicar, à moda do pós-modernismo radical, um **construtivismo cultural**, no qual apenas judeus e hindus teriam diferentes estados cerebrais de vigília, sonho e sono profundo, não *faz sentido*). Assim, ao entrar nesses estados com plena consciência, espera--se que isso produza resultados semelhantes para quem quer que o faça — ou seja, os transculturalmente semelhantes estados-estágios grosseiros, sutis e causais, dos caminhos do Despertar (e todos eles sustentam, é claro, que esses estados estão alicerçados no infundado Fundamento ou Ser Não Dual da sempre presente consciência da unidade, o que, portanto, também provavelmente seria semelhante,

---

[1] Ruchira Avatar Adi Da Samraj, *Real God Is the Indivisible Oneness of Unbroken Light* (Loch Lomond, CA: Dawn Horse Press, 1999), pp. 18-19.

em traços profundos, em todo o mundo, mesmo que todos fossem — e são — diferentes em suas características superficiais. Assim, por exemplo, as características profundas dos padrões de ondas cerebrais no estado de sonho são as mesmas para os seres humanos em toda parte, embora os conteúdos dos sonhos difiram de cultura para cultura e de indivíduo para indivíduo).

A Figura 2.1 é um simples diagrama que representa esses 5 principais estados ou estados-estágios do caminho geral do Despertar, como essencialmente aparecem transculturalmente[2]. Novamente, essas são as profundas características básicas dos aspectos gerais comuns desses estados. E perceba-se que suas características superficiais geralmente variam em algum grau significativo, de cultura para cultura e, muitas vezes, de indivíduo para indivíduo. Os 5 estados principais são grafados em negrito; as fases de **underhill** do misticismo ocidental são mostradas na área da esquerda (purificação grosseira, iluminação sutil, noite escura causal, unificação não dual); os estágios do Tantra do Yoga Superior, ou **Anuttara-Tantra** (típico das versões orientais), estão listados na área inferior direita (5 **skandhas** e 80 concepções mentais do estado denso, aparência branca e vermelho crescente do estado sutil e a quase realização negra [sem forma, sem sonhos] do causal). E as três **noites escuras** são listadas, representando as provações e turbulências do sistema-do-eu — o **Eu Total** ou a consciência como um todo — e de que modo ela continua a transcender e a incluir seus estados menores, desfazendo uma identidade exclusiva com um estado inferior e mudando sua identidade para o próximo estado mais elevado — com toda a felicidade, medo e tortura normalmente envolvidos.

---

[2] A Figura 2.1 é extraída do meu livro *Espiritualidade Integral*, no qual é a Figura 3.1, p. 82; é descrita como *"um resumo da progressão típica dos estados meditativos durante um curso completo de treinamento meditativo, que pode levar de 5 a 20 anos para se atingir a maestria. O que vemos é uma progressão geral para o Despertar, do grosseiro ao sutil ao causal até o não dual..."*

2. Despertar: Os Passos para a Iluminação

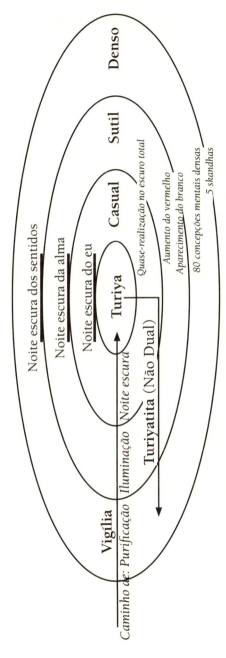

Figura 2.1. Principais estágios dos estados meditativos.

Mas, em geral, esse diagrama resume o segundo tipo de crescimento e desenvolvimento humano que todos temos à nossa disposição. Além do crescer por meio das estruturas de consciência (Crescer), nós temos disponível a possibilidade de crescer por intermédio dos estados de consciência (Despertar). E isso significa que temos dois tipos principais, mas muito diferentes, de crescimento e desenvolvimento espiritual: um crescimento por intermédio das estruturas-estágios (crescimento espiritual, o movimento de desenvolvimento na **linha** espiritual pelos de 6 a 8 principais estágios de desenvolvimento), e um crescimento por meio dos estados-estágios (um crescimento da consciência pelos 5 ou mais **estados** de consciência — grosseiro/vigília, sutil/sonho, causal/sono profundo, o vazio da testemunha e a pura **unidade** não dual) — tudo estabelecido pela iminente e implacável transcendência e inclusão da evolução. Todas essas características profundas são, muitas vezes, transculturalmente as mesmas onde quer que as encontremos, mas suas características superficiais variam de cultura para cultura, e com frequência de indivíduo para indivíduo.

Agora, o que vamos fazer aqui é nos concentrar particularmente nos dois estados mais elevados desta sequência geral — o vazio da Testemunha e a pura União não dual — simplesmente porque todos estão familiarizados com os três primeiros estágios: grosseiro/vigília, sutil/sonhos e causal/sono profundo. Mas mesmo que, em certo sentido especial (que veremos), esses dois estados mais elevados estejam sempre presentes, muitas pessoas não estão conscientes disso. No entanto, eles são, basicamente, os dois estados mais importantes, já que são responsáveis pelas várias formas de **Despertar** ou **Iluminação** — eles são as sequências finais de toda a série do Despertar.

Então, para começar, vou percorrer brevemente os três primeiros estados — apenas para ressaltar o que estamos falando aqui — e, então, vamos saltar para as duas últimas etapas, os dois estágios mais elevados da sequência, e definir uma série de experiências e exercícios para capturar um vislumbre direto de cada um desses estados, para que possamos ver o que está envolvido, e, também, como estes

2. Despertar: Os Passos para a Iluminação

diferem dramaticamente de qualquer um dos níveis do Crescer já discutidos. Os nomes dos estágios em ambas as sequências nem sequer parecem semelhantes: *arcaico*, *mágico*, *mítico*, *racional*, *pluralista* e *integral* em nada se parecem com *grosseiro*, *vigília*, *sutil sonho*, *causal sono profundo*, *testemunha* e *pura União não dual*. E não são semelhantes, mas, sim, sequências muito diferentes em reinos consideravelmente distintos, e você pode ser altamente desenvolvido em um deles e mal desenvolvido no outro. O objetivo ideal para a Abordagem Integral, claro, é estar plenamente desenvolvido em ambos, e é isso que a Consciência Integral visa ao mais elevado nível ou estrutura (no mundo de hoje, o Nível Integral) no estado mais elevado (União não dual) — ou ao melhor destes dois mundos possíveis.

Estados grosseiro, sutil e causal

Os reinos grosseiro, sutil e causal, como observamos, parecem universalmente semelhantes, pois, na maioria dos casos, os padrões cerebrais de cada um deles são similares nos seres humanos onde quer que apareçam. O estado de vigília, o de sonho e o de sono profundo sem sonhos são essencialmente parecidos em humanos em todo o mundo (o estado de sonho, por exemplo, é de 4-8 ciclos de ondas cerebrais em todos os lugares). Mas raramente as pessoas, de fato, experimentam todos esses estados com plena consciência e, portanto, os **segredos** mais profundos e ocultos desses estados permanecem apenas assim — ocultos. Mais uma vez, os primeiros pesquisadores de desenvolvimento encontraram poucas pessoas nesses estágios, porque poucas efetivamente haviam iniciado um treinamento que as exporia a esses estados de forma consciente. Porque, reitero, o que geralmente encontramos é que em qualquer sequência geral de meditação, à medida que esses principais **estados** naturais são introduzidos na consciência, eles se tornam efetivos **estágios** de todo o caminho meditativo (isto é, são **estados-estágios**).

A ideia geral é que a Consciência *per se*, ou o Despertar da Consciência, começa num ser humano identificado com o mundo físico grosseiro — no qual a consciência está identificada com o estado de vigília. E treinando-se a consciência, você poderá entrar sucessivamente no estado de sonho, no de sono profundo sem sonhos, no estado do vazio da Testemunha (ou o Verdadeiro Eu) e o estado final, de União não dual, de unidade — um completo **Despertar**. Entretanto, não só os estágios do Despertar, mas todos os estágios do Crescer, todos começam no domínio sensório-motor, físico ou fisiológico. A consciência está identificada com o estado de vigília, e isso é tudo o que ela pode diretamente reconhecer com plena consciência.

A maioria das grandes tradições identifica o estado grosseiro ou físico com a matéria insensível, isto é, com coisas que não estão vivas, como pedras e metal. (É claro que praticamente todas as tradições afirmam que mesmo a matéria **sem vida** é uma forma ou manifestação em si mesma da Vida, Mente ou Espírito — e assim a matéria não é algo sem o Espírito, é simplesmente o nível **mais baixo** do Espírito.) Mas, em qualquer caso, o reino grosseiro ou físico é o domínio da matéria sensório-motora — todos esses objetos materiais, elementos e processos que você facilmente vê com seus sentidos em toda parte ao seu redor. Você já está consciente desse reino, desse estado, em sua consciência comum de vigília. E o seu eu se tornou identificado com objetos desse reino — seu corpo físico, alimento físico, necessidades físicas e desejos (todos elementos do nível infravermelho Arcaico que já vimos).

Agora, os indivíduos sempre exibirão algum grau de elevação em ambas as sequências de desenvolvimento — algum grau do Crescer e algum grau do Despertar. Todo mundo inicia no degrau um em ambas as sequências — assim como um recém-nascido, sua identidade inicial é com o primeiro estágio do Crescer (o infravermelho Arcaico) e o **mais baixo** dos estágios do estado/reino do Despertar (o grosseiro/vigília). Chamamos essa situação de crescimento duplo do **centro dual de gravidade**, porque cada pessoa terá sempre um grau particular de crescimento em cada sequência (seus **centros duais**). Assim, terão um nível geral ou médio de desenvolvimento em termos de estrutura ou Crescer (isto é, o seu **centro de gravidade estrutural**) e terão um nível geral ou médio de desenvolvimento em

2. Despertar: Os Passos para a Iluminação

termos de estado ou Despertar (isto é, o seu **centro de gravidade de estado**). Assim, uma pessoa pode ser (magenta, grosseiro), ou (laranja, grosseiro), ou (âmbar, sutil), ou (integral, causal) ou (integral e união não dual), e assim por diante.

Agora, muitas pessoas, particularmente em culturas que têm pouca consciência dos caminhos do Despertar, podem permanecer em grande parte orientadas para o reino físico/grosseiro durante toda a sua vida (mesmo quando se deslocam para níveis cada vez maiores do Crescer). Outros, em especial em culturas como nas tradições pré-modernas ainda disponíveis, podem alcançar os mais altos **estados** de desenvolvimento disponíveis (despertaram para a **união** não dual) e ainda estarem, por exemplo, no estágio âmbar etnocêntrico em termos do Crescer (já falamos sobre alguns professores de meditação em altos níveis nos estados, mas ainda pouco desenvolvidos nas estruturas).

Mas o que acontecerá se você praticar meditação, estando atualmente identificado com um nível particular do Crescer, digamos, ainda permanecendo no estado grosseiro/físico — assim você pode ser (mítico, grosseiro) ou (racional, grosseiro) ou (pluralista, grosseiro) — o que basicamente significa que estará plenamente consciente apenas quando sua consciência estiver no estado de vigília (assim, novamente, seu centro dual de gravidade pode ser [âmbar, grosseiro] ou [laranja, grosseiro] ou [verde, grosseiro]) — então, o que vai acontecer é que, quando começar a tornar em objetos os fenômenos de sua consciência (como quando pratica algo como *mindfulness* e transforma sujeito em objeto), não só você pode começar a deslocar-se de seu atual nível ou estrutura de consciência (seu nível do Crescer), mas também definitivamente vai passar a se deslocar de seu estado de consciência com o qual atualmente se identifica — e portanto, irá desidentificar-se de seu eu-estrutura e de seu eu-estado, abrindo-se para o próximo estágio mais elevado em ambas as sequências.

(Agora esta é uma questão complexa, porque a única coisa **garantida** é que o centro de gravidade de um *estado* começará a mudar, porém se o centro de gravidade de uma estrutura também se modificará depende de muitos fatores, especialmente os culturais e sociais. Lembre-se: essas estruturas são **ocultas**, e tão simplesmente **olhar para dentro** não irá automaticamente torná-las objeto. Elas podem — e muitas vezes vão — simplesmente permanecer escondidas e inconscientes. Introspecção, como vimos, não faz esses mapas ocultos aparecerem de forma automática e se tornarem óbvios ou objetos, assim como nenhuma quantidade de meditação irá mostrar-lhe as regras da gramática que ainda está seguindo, mesmo que você alcance a Iluminação. Assim, tenha em mente que a única coisa que a meditação **garante** é que o centro de gravidade do seu estado começará a mudar para níveis mais e mais elevados de estados-estágios do Despertar, e o seu nível ou estrutura do Crescer pode permanecer exatamente onde estava quando você começou. É por isso que, com a Meditação Integral, nós estamos intencionalmente trazendo as estruturas-estágios para a consciência, de modo a torná-las definitivamente objetos de consciência, algo que a meditação sozinha não necessariamente fará. Ao fazer do sujeito um objeto, você tornará a estrutura-sujeito e o estado-sujeito em objetos de consciência, transcendendo ambos e se movendo para o próximo nível superior em ambas as sequências de desenvolvimento, algo que a meditação por si só não fará, e não o faz. Então, por favor, tenha isso em mente...)

Mas, estávamos dizendo, algo que quase certamente começará a acontecer quando você praticar algum tipo de meditação *mindfulness*, e estando atualmente identificado com, digamos, o estado de vigília, é que você começará a tornar-se lentamente consciente durante os estados de sonho também. Sua experiência de estar desperto mudará de apenas na vigília *para* o estado de sonho também. Você vai começar a tornar-se consciente do reino sutil e de todos os seus segredos.

Bem, isso pode ocorrer num grau relativamente pequeno e apenas de maneira ocasional; ou pode acontecer por grandes períodos, e você quase sempre iniciará com o sonho lúcido. Mas o ponto é que, em ambos os casos, seu centro de gravidade — seu centro de gra-

2. Despertar: Os Passos para a Iluminação

vidade do estado — estará se expandindo (seguindo esse aumento de transcendência-e-inclusão, mais integridade, mais inclusão, mais envolvimento). Você notará que, por exemplo, em seu estado de vigília, se identificou com muitos objetos, a maioria dos quais eram realmente grosseiros ou físicos — você se identificava com seu corpo físico, com suas posses (casa, carro, roupas), seus relacionamentos (em especial seus aspectos fisicamente visíveis — olhares, apelo sexual, altura etc.), seu dinheiro e finanças, seu trabalho, e assim por diante. No entanto, no estado de sonho, praticamente nenhum desses elementos está presente, e mesmo assim você percebe que ainda *você ainda é você*. Existe algum tipo de **percepção da existência do eu** que permanece igual, mesmo que quase tudo com o que geralmente o eu se identifica tenha desaparecido — no estado de sonho, todos os objetos grosseiros/físicos com os quais você normalmente se identifica não estão presentes, ou existem em formas muito diferentes. Mas você ainda é você, ou ainda sente que você é você, mesmo que sonhe que é **outra pessoa**. VOCÊ está sonhando, o mesmo VOCÊ que logo estará acordado e tomando o café da manhã.

Conforme você passar a perceber isso, e essa consciência se tornar mais e mais forte, a coisa toda começará a ficar mais e mais estranha. Você realmente sente que é o mesmo eu no estado de sonho e no de vigília, mas nada mais é semelhante. No entanto, há algum tipo de **consciência**, de consciência **desperta**, que permanece essencialmente inalterada, quer esteja **acordado** ou **dormindo** — em ambos os casos, você está realmente DESPERTO. Você é, de alguma forma, a mesma consciência, o *mesmo eu*, a mesma consciência que tem quando está acordado — há algo tão profundo em você que não importa se está tipicamente **acordado** ou **adormecido** — é um e o mesmo e imutável. E isso é um senso de si mesmo, isso é uma autoconsciência, que é bem diferente do padrão do estado de vigília, de identificação do ego com o corpo físico. Algo mais está acontecendo aqui. O que é isso?

O que isso significa é que você está se aproximando cada vez mais do seu Verdadeiro Eu, do seu Ser Real, do seu Rosto Original e de um eu que cada grande tradição sustenta como sendo um com o Espírito, com a **Identidade Suprema**. Conforme continuaremos a ver (e logo direta e pessoalmente por experiência), isso significa que seu Verdadeiro Eu é atemporal e eterno, é Não Nascido e Imutável; nem sequer entra no fluxo de tempo. Um *koan* Zen diz — e o sentido é absolutamente literal:

"*Mostre-me a sua Face Original, {seu Verdadeiro Eu}, o Rosto que você tinha antes que seus pais nascessem*".

Como eu disse, isso significa de maneira literal — você tinha este Eu Real mesmo antes que seus pais nascessem, antes que o universo nascesse, antes do próprio tempo — simplesmente porque ele não entra em absoluto no fluxo do tempo, mas é um Atemporal Agora, um Presente eterno, consciente — e como seu centro de gravidade do estado aproxima-se cada vez mais do vazio da Testemunha (ou Verdadeiro Eu) e da consciência de **União** não dual (a união desse Verdadeiro Eu com o próprio Espírito e todo o universo), então cada vez mais a atemporal eternidade torna-se óbvia. (E lembre-se: **eterno** ou **atemporal** não significa tempo eterno, mas, sim, um momento *sem tempo*, um presente Agora ou um presente Atemporal, como Wittgenstein escreveu:

> "*Se tomarmos a eternidade para significar não uma duração temporal para sempre, mas **atemporalidade** (negrito do tradutor), a vida eterna pertence àqueles que vivem no Presente*"[3].

E o Verdadeiro Eu é conectado diretamente a este Atemporal Agora, como logo veremos adiante.)

Você será capaz de experimentar isso e obter alguma evidência verdadeira, quando fizermos os exercícios que o colocarão em contato com ambos os estados mais elevados de consciência. Então, até lá — nossa próxima seção — por favor, fique comigo.

---

[3] *Tractatus Logico-Philosophicus* 6.4311.

2. Despertar: Os Passos para a Iluminação

À medida que sua prática de meditação se aprofundar e você passar de um estado sutil de sonho para o próximo estado-estágio mais elevado — aquele do puro reino causal, sem sonhos e sem forma — esse deslocamento em seu centro de gravidade continua, e quando entrar no profundo estado sem sonhos, uma consciência muito tácita tenderá, ainda assim, a estar presente, e você perceberá de uma forma muito delicada que, mais uma vez, embora praticamente nada esteja presente nesse estado — é um estado **sem sonhos, sem forma** — VOCÊ AINDA SERÁ VOCÊ. Ainda há um grau muito, muito sutil de consciência ou de uma Consciência-Desperta profunda ou pura consciência que está presente — e você ainda sente a si mesmo, exatamente o mesmo EU SOU que você era quando havia objetos presentes. (Os indivíduos que alcançam esse estado-estágio exibem um padrão distinto no EEG — profundas ondas cerebrais delta, características do sono profundo sem sonhos, mas com ondas alfa adicionadas, que são características do estado de vigília, sugerindo que ambos os estados estão simultaneamente presentes. Isto é, nestes indivíduos há um despertar no estado sem sonho.)

Esse estado sem forma e sem sonhos conduz a um senso do Eu que, de fato, não depende de estar identificado com qualquer objeto; que em vez disso é radicalmente Livre, Liberado, Emancipado — e estou usando um E maiúsculo em Eu para começar a enfatizar isso. Esse Eu está verdadeiramente muito próximo daquela Face Original que você teve desde antes de seus pais nascerem, antes do *Big Bang*, antes do próprio tempo — e é um Eu não vinculado ao sofrimento, à ansiedade, ao medo, ao desejo, à luxúria ou ao ódio, mas, sim, Aberto, Claro, Livre, Transparente, Espaçoso — realmente seu Verdadeiro Eu, um com o Espírito, um com o *Kosmos*, um com o Todo.

Agora, a razão pela qual estamos passando por uma breve descrição desses três primeiros estados, e indo em direção aos exercícios para experimentar os dois estados mais elevados, é que naqueles estados mais elevados, essa anterior, radical e última Suprema Identidade ou Verdadeiro Eu, está direta e imediatamente disponível e óbvia. Você verá que ela está, de fato, sempre presente — ela está, de fato, totalmente presente em você agora, e, neste momento, só precisamos apontá-la para que você possa reconhecer isso e vê-la sem desvios.

Sem dúvida, não há absolutamente nada de errado — e muito certo — sobre assumir uma prática de meditação formal e movimentar-se por todos esses grandes estados-estágios. E existem literalmente centenas de livros de primeira qualidade disponíveis sobre esse tema, em todas as grandes tradições. A maioria das cidades em todo o mundo possui agora centros de meditação e escolas de algum tipo de prática. (Mas devo adverti-lo que não encontrará nenhuma escola que esteja ciente de ambos, os estágios do Crescer anteriormente descritos e dos estágios do Despertar. Assim tenha muito cuidado com o que você aceita em relação aos ensinamentos que descobrir.) Mas agora estamos indo em linha reta para a conclusão de todo esse processo e vamos fazer alguns exercícios para perceber tanto o Verdadeiro Eu como a Consciência Última da Unidade — o resultado final de todo o processo do Despertar. (A maioria das pessoas já tem alguma percepção sobre os estados de vigília, sonho e sono profundo, mas pouquíssimas têm experienciado e percebido diretamente esses dois estados mais elevados, embora, de fato, estejam sempre presentes; e uma vez que, de fato, corporificam o ponto final de toda essa sequência de estados, nós vamos agora nos mover na direção deles.) E se você nunca foi exposto antes a algo assim, acho que posso dizer com segurança, esteja preparado para ficar chocado.

Turiya: A Suprema Testemunha

Vamos começar com a Testemunha, o quarto grande estado de consciência. (*Turiya* é a palavra sânscrita para **quarto**, e é, literalmente, o quarto estado principal após o grosseiro, sutil e causal, mas — reitero — essa referência geral é encontrada em todo o mundo, como **Consciência Crística** à *Nous* em Plotino e à *Purusha* na filosofia da Yoga.)

Então, sente-se, relaxe sua mente e agora torne-se consciente de que aquilo que você sente é o seu eu. Apenas muito simplesmente

2. Despertar: Os Passos para a Iluminação

esteja consciente do que chama de seu eu. Em seguida, descreva-o brevemente para si mesmo. Você pode pensar: *"Eu sou esta pessoa com tantos anos, peso tantos quilos, tenho essa altura, frequentei esta faculdade, tenho essa graduação, trabalho nesta empresa, estou numa relação com uma pessoa cujo nome é tal e tal, gosto de estar no computador, aprecio assistir a filmes e ouvir todos os tipos de música, na próxima semana é meu aniversário"*, e assim por diante. (Vá em frente e faça isso mesmo que brevemente. É importante que você consiga uma boa visão geral, **objetiva** e consciente do seu próprio eu, como você o vê e o sente agora mesmo. A introdução a seguir, para o seu Verdadeiro Eu, vai funcionar muito melhor quanto mais você fizer esse exercício preliminar, por isso tome, ao menos, alguns minutos e reflita sobre esta ideia de si mesmo...)

Mas, em seguida, perceba que esse processo envolve *dois eus*. Um deles é o eu do qual você está consciente como um objeto, aquilo que acabou de ver e descrever. Essas descrições eram todas objetos que você podia ver, elas são todas as coisas que são percebidas a respeito de si mesmo. Mas então há o Eu que está tendo esta visão, o Eu que está fazendo a descrição, o verdadeiro Vidente, o Eu Observador, a Testemunha. Este Eu pode ver, mas não pode ver a si mesmo — não mais do que um olho poderia ver-se a si mesmo ou uma língua poderia provar-se a si mesma. É um puro Sujeito ou puro Vidente, não um objeto ou algo visto. O mestre Zen do século XX Zenkai Shibayama chamou isso de **Subjetividade Absoluta**. Ramana Maharshi chamou de **Eu-Eu** — o grande **Eu** consciente do pequeno **eu**. Se você tentar encontrar esse Vidente e acabar vendo qualquer coisa, isso é apenas mais um objeto, não o Sujeito verdadeiro, o Vidente verdadeiro, o Verdadeiro Eu. O real Vidente, o Verdadeiro Eu, tem uma consciência que se parece muito mais com: *"Eu vejo a montanha, mas não sou a montanha. Tenho sensações, mas não sou essas sensações. Eu tenho sentimentos, mas eu não sou esses sentimentos. Tenho pensamentos, mas não sou esses pensamentos. Eu não sou nada que possa ser visto; Eu sou o puro Vidente"*.

Enquanto você descansa neste puro Vidente, nesta Testemunha, não verá quaisquer objetos em particular (quaisquer objetos que você veja, tudo bem); em vez disso, tudo o que começará a perceber é uma sensação de Liberdade, um senso de Abertura, um Espaço ou Clareira — você não está identificado com nenhum objeto; é a Testemunha deles. Como Testemunha deles, está Livre deles. Você tem sentimentos, está consciente dos sentimentos, mas não é esses sentimentos — está Livre deles. Tem pensamentos, está ciente dos pensamentos, mas não é esses pensamentos — está Livre deles. Durante todo este tempo você tem se identificado com alguns desses objetos que realmente pode ver, e os tem confundindo com o verdadeiro eu, mas eles não são um verdadeiro eu, não são um sujeito real; eles são objetos, algo visto, não o verdadeiro Vidente. Esse primeiro eu, que acabou de descrever para si mesmo, é realmente o que você não é — realmente não, verdadeira e profundamente. (Este está, de fato, conectado a um dos 7 ou 8 mapas ocultos, os níveis básicos do Crescer que já discutimos anteriormente. Em cada caso, eles são o pequeno, convencional e finito eu e seus mapas ocultos por meio dos quais a Testemunha está olhando para o mundo. Quando você usar *mindfulness* para fazer desse sujeito um objeto, então o próximo nível mais elevado do eu convencional e seu mapa oculto poderão emergir, e você se identificará com isso. A partir daí a Testemunha olhará para o mundo através desse mapa, vendo e interpretando-o a partir das características dele. E assim se segue até que todos os sujeitos, todos os mapas ocultos, tenham sido feitos objetos, tenham sido desidentificados, de tal forma que a única coisa que resta é o puro Vidente, o Verdadeiro Eu, a Testemunha, a Subjetividade Absoluta, o Vazio e a radical Abertura, a pura Liberdade — e, então, o passo final de seu movimento para a consciência da união não dual, que discutiremos a seguir.)

E é por isso que as tradições meditativas do mundo inteiro sustentam que somos vítimas de um caso enorme de identidade equivocada — identificamos o Vidente com algo que pode ser visto. (Patanjali, o grande codificador indiano dos ensinamentos de yoga,

2. Despertar: Os Passos para a Iluminação

disse em seus *Yoga Sutras* que a ignorância e a falta de esclarecimento do ego se deve à **identificação do Vidente com os instrumentos do vedor)**[4].

E enquanto o Vidente, a Testemunha, é infinito (e um com o Espírito), o eu visto, o pequeno ego, é finito, parcial, limitado, fragmentado e aterrorizado. A Testemunha não tem medo, ela é a Testemunha do medo. A Testemunha não é a vítima da vida, é a Testemunha da vida. Quando você muda sua identidade do pequeno eu visto, ou do eu objeto, para o verdadeiro Vidente ou o Eu Real, tudo que sente é uma vasta Liberdade e Desprendimento, um oceano de Abertura, um vasto e claro campo ou espaço no qual todos os objetos, dentro e fora, estão surgindo momento a momento. Você é este vasto e aberto Espaço vazio em que tudo está surgindo, momento a momento. Você é o que os Despertos chamaram de *neti, neti*, o que significa **nem isto, nem aquilo**[5]. Não sou este, nem aquele, nem qualquer objeto ou coisa que possa ser vista, mas, sim, a vasta e clara Abertura em que todos esses objetos ou coisas estão surgindo, agora e agora, e agora.

Essa vasta abertura é um contínuo senso de puro EU SOU. É uma consciência sempre presente, quer você perceba isso ou não (e está presente mesmo no sono profundo sem sonhos). EU SOU é a única experiência constante que você sempre tem: está sempre presente. Você provavelmente não consegue se lembrar do que estava fazendo neste dia há um mês, mas pode ter certeza de que EU SOU estava presente. Provavelmente não consegue se lembrar do que estava fazendo uma década atrás, mas EU SOU estava presente. É provável que você não consiga se lembrar do que estava fazendo há um século, um milênio atrás, mas EU SOU estava lá. E isso de maneira simples significa não que EU SOU é literalmente eterno, mas que é atemporal, vive no atemporal momento presente, o puro

---

[4] Cap. 2, sutra 6.

[5] Essa frase em sânscrito é um método Vedântico de investigação pelo qual se chega ao Eu por um processo de eliminação: *"nem isso, nem aquilo"*.

momento-Agora, e nunca entra no fluxo do tempo, assim, todo o tempo é o presente para ele. A Testemunha está consciente do tempo e, portanto, ela mesma está Livre do tempo — *neti, neti*. E vimos que o verdadeiro significado da "eternidade" não é um tempo eterno, mas um momento livre de tempo, o momento-agora atemporal ou o puro Presente. Citamos Wittgenstein:

> *"Se tomarmos a eternidade para significar não a eterna duração temporal, mas a atemporalidade, então a vida eterna pertence àqueles que vivem no presente".*

E uma vez que está sempre fundamentado no puro EU SOU, você *é* sempre, perceba isso ou não, vivendo na eternidade (sempre que repousar no puro EU SOU).

Como é que a Testemunha só está ciente do momento-Agora, sem fazer qualquer esforço para isso? Bem, pense em qualquer momento passado que desejar. Você acha que o passado é real, mas note que tudo que está **diretamente consciente** é apenas uma lembrança daquele passado, e essa memória está surgindo apenas no momento presente. Esse pensamento do passado está realmente acontecendo **Agora**. E quando esse momento passado estava **realmente** ocorrendo — quando era verdadeiro e real — era um presente momento-Agora também. De maneira semelhante, pense em qualquer evento futuro. Esse pensamento também é um pensamento presente, um momento-Agora, e quando esse futuro se torna real ou ocorrer, ele igualmente será um presente momento-agora. Como Erwin Schrödinger, cofundador da mecânica quântica moderna, disse:

> *"O presente é a única coisa que não tem fim"*[6].

---

[6] Erwin Schrödinger, My View of the World (Cambridge: Cambridge University Press, 2008), p. 22.

2. Despertar: Os Passos para a Iluminação

Só existe, na verdade, nada além do presente momento-Agora, se desdobrando agora, agora e agora — e este momento-Agora é a única coisa que está, de fato, acontecendo em sua consciência. A Testemunha é sempre e apenas consciente do momento-Agora, o que significa, como veremos, que a Testemunha está vivendo na eternidade. Algumas práticas espirituais propõem nos fazer praticar **viver o agora** ou **estar aqui agora**, centrando a nossa atenção apenas no momento presente e, deliberadamente, excluindo pensamentos do passado e do futuro. Mas isso nos dá apenas o presente estreito, o presente passageiro, separado do passado e do futuro; o verdadeiro e atemporal agora não é algo que você tem que trabalhar para alcançar, é algo que, de qualquer forma, não consegue evitar — é **tudo** aquilo de que você sempre está ciente — e inclui e envolve pensamentos do passado, do presente e do futuro, tudo em seu eterno, atemporal, Presente o tempo todo.

Lembre-se do *koan* Zen que diz:

*"Mostre-me sua Face Original, a face que você tinha **antes que seus pais nascessem**".*

Um Eu que você tinha *antes que seus pais nascessem*? Sim, e *Zen* significa séria e literalmente isso — não é uma metáfora ou um símbolo, mas um fato experiencial direto, se você olhar para ele de modo correto. Sua Face Original é o seu Verdadeiro Eu, a Testemunha, o Verdadeiro Vidente, e ele existe antes de seus pais nascerem simplesmente porque — repito — ele nunca entra no fluxo do tempo. Ele existe no eterno agora. Ele está consciente de que o tempo passa, mas não está no tempo. É atemporal, que é o verdadeiro significado do eterno. E isso é o que a Testemunha faz — está sempre perfeitamente Testemunhando todos os objetos e eventos e coisas que estão surgindo neste vasto, vazio e aberto espaço que é o Agora.

Cristo disse:

"Antes de Abraão, EU SOU".

E isso está exatamente correto. Deus disse:

"EU SOU O QUE EU SOU".

Bem na mosca! Esse EU SOU — o sentimento imediato e direto do puro EU SOU — não EU SOU isto ou EU SOU aquilo, mas apenas o sentimento imediato, direto, puro do EU SOU — é eterno, atemporal, a Face Original que você teve antes de seus pais nascerem, antes que o universo nascesse, antes que o próprio tempo nascesse — *Agora!* (Exatamente o EU SOU que você está sentindo neste preciso momento — está ciente disso? Assim como é, antes que seja qualquer outra coisa? É isso! É **sempre** isso! Sempre tem sido, sempre será...).

Então, enquanto você pratica *mindfulness* em relação a qualquer objeto, está realmente repousando a atenção em nada além da pura Testemunha e está testemunhando o presente e atemporal Agora, enquanto os eventos vêm e vão nesse momento, enquanto eles vêm e vão através de você, por meio da consciência Testemunha que você é. Essa consciência Testemunha é o Terreno espaçoso e infundado de tudo o que existe, e de tudo o que existiu, e de tudo o que existirá — tudo emergindo neste vasto, aberto e vazio Espaço — Presente atemporal, após Presente atemporal — ou seja, uma Presença atemporal contínua, como o Presente atemporal. E esse mesmo sentimento de puro Eu SOU — *este simples e imediato sentimento de Ser* — de novo, você está ciente disso agora, sim? Apenas este simples e presente sentimento de Ser? — este é o seu Verdadeiro Eu, seu Eu Real, além de qualquer ondulação temporal ou finita disso ou daquilo, mas também o Chão, a Fonte, a Testemunha de tudo isso.

Assim, repousar nesta pura percepção de consciência Testemunha, que não é nenhum objeto particular, levar essa percepção até o fim, absoluta e radicalmente deixar ir todos os objetos com os quais temos nos identificado e objetificado. Você não é, em sua verdadeira Essência, nenhum nível particular ou qualquer mapa oculto — zero, nenhum — você é verdadeiramente *neti, neti.* Cada única coisa,

2. Despertar: Os Passos para a Iluminação

evento e objeto de que você está consciente agora é simplesmente parte do limitado, manifesto, mundo objetivo — e você está Livre, radicalmente Livre, de tudo isso. Repouse nesse estado de infinita e pura Liberdade — sinta-a como uma espaçosa e radiante **Liberdade** (sem limites ou fronteiras de nenhum tipo) — que, não importa que objeto que surja, dentro ou fora, você imediatamente se desidentifica dele — eu não sou isso, não sou aquilo — simplesmente deixando-o surgir como ele desejar, na pura, clara, Mente Espelho que você é, sem resistência, sem apego, sem contração, apenas um Reflexo puro e simples de Tudo O Que É. Eu sou a pura Testemunha disso e daquilo, EU SOU o Puro Observador, o Verdadeiro Vidente, o vasto Espaço aberto no qual tudo isso surge e que não se identifica com nenhum desses objetos.

Com essa prática, você está tornando cada sujeito finito em um objeto de Infinita ou Absoluta Subjetividade (que está além de ambos, sujeitos e objetos, e que é a simples Clareira ou Espaço em que todos os objetos e sujeitos emergem). Mas tornar todos e quaisquer sujeitos em objetos do Verdadeiro Eu é ser livre, radical e totalmente livre, de todos eles.

> *Para sempre e verdadeiramente livre*
> *A simples testemunha de todas as coisas.*
> *Mas, se você se vê como separado,*
> *Então você está preso*[7].

E é isso o que temos feito — nos amarrando através de uma identificação de nosso Verdadeiro Eu ou o puro Vidente com algo que pode ser visto, arrastando nossa infinita Real Condição para baixo e para o limitado, parcial, fragmentado e sofredor reino finito; portanto, abrindo-nos ao sofrimento e ao desânimo infinito, com a vida terminando numa série infinita de insatisfações, de

---

[7] *Ashtavakra Gita* 1.7 (trans. Thomas Byrom), em *The Heart of Awareness* (Boston: Shambhala Publications, 1990), p. 2.

momentos dolorosos, incompletos. Como Thoreau (1817-1862) famosamente escreveu em *Walden*, uma multidão de homens e mulheres conduz *"vidas de silencioso desespero"* — e nas palavras de Oliver Wendell Holmes (1809-1894), *"morrem com todas as suas músicas ainda nelas"*. Mas estar livre desses pequenos e finitos objetos é ser Livre, ponto.

Isso é Liberdade radical, Liberdade de todos os objetos em qualquer lugar, Liberdade de todo o universo, Liberdade de toda manifestação em qualquer reino. É a Liberdade da sua Face Original, a liberdade total do Espírito, a Liberdade radical do EU SOU, que é puro EU SOU, antes que ele se identifique com qualquer coisa — **não** EU SOU esse tamanho, EU SOU esse peso, EU SOU esse trabalho, EU SOU esse nome, EU SOU esse corpo, e assim por diante — apenas o puro EU SOU antes que seja qualquer coisa, o **simples sentimento** do **próprio SER** antes que seja qualquer outra coisa, seu Verdadeiro Eu, não o seu eu objeto.

Mas o que acontece, em cada estágio do Crescer, é que você identificará seu pequeno, convencional, finito e subjetivo eu, com o nível particular ou mapa oculto desse estágio. E a Testemunha irá então olhar através daquele pequeno eu e seu mapa no mundo, usando aquele mapa para interpretar o que vê. Nem mesmo a Testemunha sabe o que é esse mapa oculto — lembre-se: você não pode ver nenhum deles olhando para dentro, simplesmente dando-lhes consciência ou Testemunhando-os. A Testemunha continuará a olhar e a interpretar o mundo a partir do mapa de qualquer nível em que estiver. Observe que quando a Testemunha está ciente de um determinado, pequeno e subjetivo eu, e o vê como um objeto, ela ainda não vê a forma oculta ou o mapa oculto desse pequeno eu. Ela só enxerga todas as palavras, sentenças, letras e parágrafos deste pequeno eu, mas não a gramática que mantém tudo isso — isso não pode ser visto apenas olhando ou Testemunhando. É por isso que o caminho do Despertar pode prosseguir, estado por estado, mas nunca estar consciente de qualquer dos níveis ou estágios do Crescer pelos quais está passando. Os mapas

2. Despertar: Os Passos para a Iluminação

escondidos permanecem ocultos mesmo para a Testemunha, para o Verdadeiro Eu. Ele nem mesmo sabe que está interpretando o mundo por meio de uma das 7 ou 8 maneiras diferentes de fazê-lo. Ele simplesmente o faz assim, já que é o que está aparecendo **agora na consciência**, e não está ciente do mapa oculto que está sendo inconscientemente usado.

É por essa razão que você pode praticar *mindfulness* o quanto quiser, e ainda assim não atingir um nível mais elevado do Crescer, porque o mapa oculto nunca se tornará um objeto de plena atenção, pois ele é real e completamente oculto — ele não se transformará num objeto de consciência mais do que as regras da gramática irão se tornar. Nenhum sistema de meditação em qualquer parte do mundo nos mostra as regras escondidas da gramática, e nenhum meditador em qualquer lugar as experiencia conscientemente. O mesmo se dá com os mapas escondidos. Ambos, os mapas ocultos e a gramática, permanecem inconscientes.

Mas essa **inconsciência** é diferente da forma típica e comum de inconsciência, na qual o eu reprime, rejeita, dissocia ou renega algo que o perturba banindo-o para o porão do inconsciente. Você não está inconsciente desses mapas ocultos porque os está reprimindo, evitando, não gosta deles, ou não quer possuí-los, mas simplesmente porque não sabe que eles estão lá. Se você aprender sobre eles, e souber que eles estão lá, e de maneira ativa os procurar, eles vão rápida e facilmente aparecer para sua consciência. Caso contrário, permanecerão desconhecidos, ocultos, inconscientes — embora eles estejam totalmente ativos e trabalhando para interpretar seu mundo.

A não ser que, para repetir o ponto central, você saiba especificamente procurá-los, que possua uma visão geral dos níveis de mapas ocultos em seu próprio sistema — a menos que tenha algo como a Teoria Integral para alertá-lo sobre esses mapas ocultos, de modo que você possa, de fato, torná-los intencionalmente um objeto de plena atenção, assim transformando esses sujeitos ocultos em objetos conscientes, e, portanto, se desidentificando deles, deixando-os ir. Isso então permitirá que o próximo nível mais elevado do Crescer emerja, como o seu próximo nível mais elevado do eu convencional e **seu** mapa oculto, pelo qual a Testemunha vai agora ver e interpretar o mundo.

Se você não souber nada desses mapas, então Testemunhará todo o mundo, mas nunca os verá. Eles permanecerão inconscientes, mas muito presentes e ativos, e sua Testemunha continuará a olhar para o mundo por intermédio desses mapas ocultos, mesmo que você se torne completamente desperto e iluminado para esta consciência Testemunha.

Mas se você sabe que o mapa está lá e conhece suas características básicas, então pode se concentrar nelas, tornando esses sujeitos ocultos em objetos e assim, mais uma vez, transcendendo-os, deixando-os ir e se movendo para o próximo nível mais elevado.

Isso é o que a *Mindfulness* Integral faz. Combinando o conhecimento dos níveis do Crescer com a prática dos estados do Despertar, pode nos levar a alcançar o nível mais elevado do Crescer e o maior estado do Despertar neste estágio da evolução, uma Iluminação completa, total e mais plena.

Isso revela que, à medida que a evolução prossegue, a Iluminação continuará a evoluir também — e isso é certo, ou meio certo. Usando uma das definições comuns e tradicionais de Iluminação como **a união consciente do Vazio e de toda Forma**, o Vazio em si não evolui — ele não tem partes móveis, não há manifestações finitas, nada para evoluir, mas é um Ser (metaforicamente falando) eterno e imutável. E assim a Liberdade que a Iluminação oferece é igualmente atemporal e imutável — mas o mundo da Forma em definitivo evolui como o mundo do vir a ser, com cada principal estágio de evolução transcendendo-e-incluindo seus predecessores, de quarks a átomos, moléculas, células até organismos — e assim cada.

Por isso cada nível de evolução se torna mais e mais Pleno, resultando em níveis do reino manifesto com mais e mais Forma, mais e mais Totalidade (isto é, as células transcendem e incluem moléculas e são mais plenas — são mais complexas e, portanto, têm

2. Despertar: Os Passos para a Iluminação

mais Forma e Totalidade, pois transcendem e incluem a Totalidade de uma molécula, e assim por diante).

Portanto, hoje, a Iluminação de um sábio não é mais Plena do que a Iluminação de um sábio há 2.000 anos, porque o mesmo Vazio imutável e atemporal resulta em iguais Plenitude e Liberdade. Mas o sábio de hoje, se totalmente Crescido, tem dois ou três **mais níveis** ou estruturas de realidade com as quais ele ou ela está em unidade. Em vez de ser, por exemplo, âmbar ou laranja, o sábio de hoje, para ser totalmente Iluminado, teria que estar pelo menos num Nível Integral turquesa da Forma, e por isso sua Iluminação seria mais Plena, pois tem mais Forma, e é mais Inclusiva que as dos sábios de 2.000 anos atrás, pois, à medida que a evolução continua seu interminável **avanço criativo em novidade**[8], que transcende e inclui seus antecessores, cria assim Todos maiores e maiores e maiores, com os quais o sábio de hoje deve ser um, a consciência da União não dual.

Dessa maneira, usando ambos o Crescer e o Despertar como métricas, nós redefinimos a Iluminação como **ser um com a mais elevada estrutura/nível *e* o mais elevado estado a emergir na evolução em qualquer dado momento**. Assim, a Iluminação durante o estágio âmbar era ser um com um mundo âmbar, a Iluminação durante o estágio laranja era ser um com um mundo laranja; a Iluminação durante o estágio verde era ser um com um mundo verde; e a Iluminação durante o estágio integral é ser um com um mundo integral, que é hoje a vanguarda da evolução e essencialmente o estágio mais elevado — e, portanto, a Forma mais Plena — em qualquer lugar do mundo. É claro, a consciência da unidade está disponível em todos os níveis juniores, mas cada estágio mais baixo é menos Completo, menos Inteiro de verdade do que seu sucessor sênior e, portanto, é **menos iluminado** do que a versão que o sucede. Mas era **inteiramente Iluminado** para *seu* tempo, quando

---

[8] Alfred North Whitehead, *Process and Reality: An Essay in Cosmology* (Nova York: Macmillan, 1929), p. 42.

não havia níveis mais elevados ainda introduzidos pela evolução. Assim, seu nível era o mais elevado, a maior Totalidade manifesta, a maior Forma manifesta, em todo o mundo naquele tempo, assim com o maior estado de união não dual, constituindo assim a Iluminação daquela época. Com a evolução, as Iluminações tornam-se assim mais Plenas, mas não mais Livres. (Pessoalmente, sempre gostei dessa fórmula, porque dá aos sábios antigos o que lhes é devido, mas também dá à evolução o que lhe é devida, sendo que ambos parecem importantes.)

Turiyatita: A derradeira Consciência da União não dual

Falando desse estado mais elevado de Despertar — nomeadamente, a consciência da União não dual — vamos apresentar também alguns exercícios para vislumbrá-lo diretamente.

A Liberdade última da pura Testemunha repousa sobre uma verdade ainda mais profunda — você não é nenhum daqueles objetos que estão surgindo momento a momento, porque em sua natureza mais profunda você é TODOS eles. Isso mesmo, você é todos os objetos, e sujeitos, e coisas e eventos que surgem em qualquer lugar e em toda parte. Você está realmente em um estado sempre presente de consciência da unidade, no qual a sua Verdadeira Testemunha é uma com tudo o que é Testemunhado, seja grosseiro, sutil ou causal. Então, vamos experienciar isso... Comece novamente por sentar-se confortavelmente, relaxe a mente e, então, escolha algo que surge na sua consciência agora — uma árvore, uma mesa, uma xícara, um computador, um edifício, qualquer coisa assim. Agora, assuma a posição da Testemunha. Isto é, olhe esse objeto a partir da posição do puro Vidente, do puro Eu Observador. E isso significa que você passa pelo processo de *neti, neti* — "*Tenho sensações, mas não sou essas sensações; tenho sentimentos, mas não sou esses sentimentos; eu tenho pensamentos, mas não sou esses pensamentos. Eu não sou nada disso. Eu sou a pura Testemunha, a pura Consciência Observadora*".

2. Despertar: Os Passos para a Iluminação

Agora, enquanto olha para o objeto, permita que o Eu Observador, o Vidente, se dissolva. Apenas deixe ir qualquer sensação de ser um *observador*, simplesmente se concentrando *inteiramente* no objeto. Permita que ele surja em sua consciência como se existisse por si mesmo; deixe a percepção do objeto expulsar qualquer sensação de um observador, por simplesmente existir por si só, como totalmente autoemergente e autoexistente. Você não o vê; você não existe. Há apenas o objeto emergindo no campo vazio e claro da consciência, sem um Observador — apenas o objeto aparecendo por si mesmo, como ele mesmo. O escritor inglês Douglas Harding chamou isso de estado *"sem cabeça"* em seu clássico espiritual **On Having No Head**[9]. Funciona assim: à medida que a consciência do objeto continua a aparecer, observe que ela está surgindo diretamente sobre seus ombros, exatamente onde você achava que sua cabeça estava. Isto é, você não pode, de fato, ver sua cabeça pousada ali sobre seus ombros; onde achou que sua cabeça estava, você só pode perceber o objeto repousando ali mesmo sobre seus ombros. Em termos de sua experiência direta — daquilo de que pode, de fato, estar consciente —, você não pode ver sua cabeça, há apenas duas bolhas carnudas surgindo um pouco à frente — seu nariz —, mas diretamente em sua consciência, sua cabeça é apenas um grande espaço vazio, uma abertura ou Clareira, uma pura Vacuidade. Contudo, olhe de perto e verá que o objeto está, na verdade, bem *ali* diretamente nesse Espaço vazio — ele está repousando ali mesmo naquele exato Espaço vazio onde você achou que sua cabeça estava. Isso é tudo o que você, de fato, pode estar diretamente consciente...

Não há um **dentro de seu rosto**, aqui e um **fora de seu rosto**, lá — tudo "lá fora" em realidade está surgindo aqui, dentro do seu rosto, em seus ombros, onde sua cabeça costumava estar. De fato, o

---

[9] Douglas Harding, *On Having No Head: Zen and the Re-discovery of the Obvious* (London: Buddhist Society, 1961).

mundo lá fora — o universo inteiro — está surgindo deste lado de sua face, está surgindo *dentro de você*, bem aqui onde sua cabeça costumava estar. Sua cabeça desaparece neste Espaço inteiro ou Abertura na qual todos os objetos estão surgindo agora, e agora, e agora. Você é um **com tudo** o que está aparecendo momento a momento. Você não vê o objeto, você é o objeto. Não vê a montanha, você é a montanha — que está aparecendo bem aqui, onde sua cabeça estava uma vez. Não sente a terra, você é a terra. Não vê as nuvens, você é as nuvens. Você é todo o mundo manifesto, emergindo momento a momento deste lado de seu rosto, surgindo **dentro de si**, exatamente onde sua cabeça esteve uma vez — e, portanto, a sensação de **você** se expande para TODO esse espaço, esse espaço enorme que uma vez foi "lá fora", mas agora é totalmente um com você — você É esse espaço, essa vastidão, essa ampla clareira. A sensação desse espaço — no qual tudo está surgindo — e o sentimento de ser você — que é essa sensação de vazio, abertura, sem cabeça — são uma e a mesma sensação, uma só e a mesma coisa. Esse espaço é você; você é esse espaço — e tudo existe nele, tudo está surgindo dentro dele, nesse espaço/você sem cabeça. Você não está nesta sala, esta sala está em você — na sua espaçosa consciência não dual, neste espaço aberto onde antes estava sua cabeça.

Chögyam Trungpa Rinpoche descreveu uma vez com o que a Iluminação se parecia (não a sua definição intelectual, mas o que realmente se **fazia sentir**). Ele disse:

> *"O céu se transforma em uma panqueca azul e cai sobre nossa cabeça"*[10].

É meio engraçado, mas é exatamente isso. O céu — que costumava estar "lá fora" e "separado" de você — se transformou em

---

[10] Veja Chögyam Trungpa, *Journey without Goal: The Tantric Wisdom of the Buddha* (Boston: Shambhala Publications, 1981), p. 136.

2. Despertar: Os Passos para a Iluminação

algo que "caiu" na sua cabeça — que agora está diretamente tocando você, diretamente um com você — está de fato existindo exatamente onde antes você pensou que sua cabeça estava. É uma grande extensão azul que existe sobre seus ombros sem cabeça, e você é **um com isso**.

Esse sentimento de unidade sem cabeça com tudo o que está emergindo é um vislumbre da verdadeira consciência da unidade. É uma união da Vacuidade da sua cabeça — a qual você realmente não pode ver em seu campo visual; sua cabeça é apenas um espaço claro e aberto — com a Forma de tudo que surge. Isso é a consciência da unidade. Nesse estado de unidade, você experimentará, ambas, perfeita Liberdade, porque não está identificado com nenhuma coisa ou evento que esteja surgindo, então, está livre de todos e cada um deles, mas também experimentará a Plenitude perfeita, porque, embora não esteja identificado com qualquer elemento sozinho, está identificado com **todos** eles; você sente que você É o universo inteiro surgindo deste lado do seu rosto, despontando **dentro** de você, onde sua cabeça costumava estar. Pode provar o céu, literalmente saborear o céu, está perto assim — pois não há separação entre o Vidente e o que é visto — eles literalmente se tocam, são um *Único Sabor*, bem aqui onde sua cabeça estava. Olhando para o Oceano Pacífico, você pode pegá-lo com os dedos apenas segurando-o entre eles, é assim fácil, assim perto, bem aqui.

E lembre-se, mesmo que você tenha essa consciência da unidade, você *ainda estará em um nível particular de desenvolvimento* — o vermelho mágico, o âmbar mítico, o laranja racional, o verde pluralista, o turquesa integral. E assim continuará interpretando os eventos à medida que eles se desdobram em termos do mapa oculto que você tem, no nível em que está. Experimentará plenamente esse estado de unidade, mas ele ainda será interpretado de uma forma mítica ou pluralista, integral etc. E você não vai se dar conta desse mapa oculto. A menos que saiba procurar por ele, estará completamente inconsciente desse nível, inconsciente a respeito daquilo que governa como você vê e interpreta essa experiência.

E você pode ter essa experiência de unidade **sem cabeça** em virtualmente qualquer nível — mágico, mítico, racional, pluralista, integral. E, de novo, não estará ciente do que está acontecendo. É por isso que cada um dos sistemas de meditação no mundo todo, embora estivessem perfeitamente conscientes desse estado de unidade, não tinham conhecimento de nenhum dos mapas ocultos e, portanto, não incluíram nenhum deles em seus mapas de meditação ou em suas teorias sobre a realidade.

Mas, se colocarmos ambos juntos — as estruturas do Crescer com os estados do Despertar —, obteremos algo como o que está descrito na Figura 2.2, que é conhecida como **A grade Wilber-Combs** (conforme concebida por mim e pelo Dr. Allan Combs, que, de forma independente, tivemos essencialmente a mesma ideia). Acima do eixo vertical existem as estruturas de consciência no caminho do Crescer, que podem ser extraídas de qualquer modelo de desenvolvimento respeitável que você desejar (com todas elas destacando, como observamos, os mesmos de 6 a 8 níveis básicos de desenvolvimento; nessa figura, o eixo vertical tem os 7 níveis básicos dados pela Teoria Integral que acabamos de retratar, que são descrições genéricas sumárias desse arco-íris de níveis de desenvolvimento). E, então, em toda a parte superior estão os principais 4 ou 5 estados de consciência, que, como vimos, todos os caminhos completos ou integrais do Despertar tendem a enfatizar na ordem dada, da esquerda para a direita. (Esses estados também podem convergir separadamente, para produzir: uma unidade total com o reino grosseiro, o misticismo da Natureza; uma unidade com o reino sutil, o misticismo da Deidade; uma unidade com o reino causal ou a Testemunha sem forma, o misticismo Sem Forma ou o Abismo Insondável; e uma unidade com o reino não dual último, ou o Misticismo Não Dual ou da pura Unidade. Esses também são listados com cada estado principal na linha superior.)

2. Despertar: Os Passos para a Iluminação

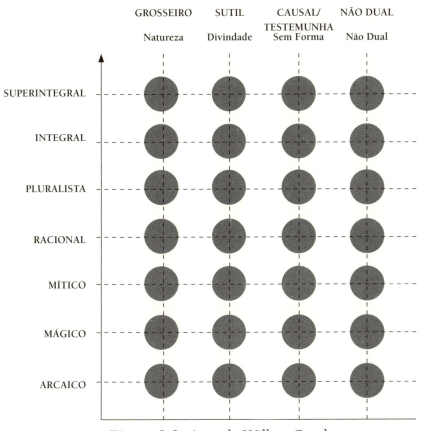

Figura 2.2. A grade Wilber-Combs

E o ponto que temos observado é realizar o mais elevado estado experienciado via a mais elevada estrutura que emergiu em um determinado momento da história. Hoje, isso é basicamente o estado não dual e a estrutura Integral (estando, então na proximidade do Superintegral). O que é tão crucial sobre ambas essas sequências — Crescer e Despertar — é que elas são reinos de *desenvolvimento* — crescem, se desenvolvem e evoluem, em geral, por meio de uma mundialmente reconhecida série de estágios, que podem ser praticados e exercitados. A pesquisa continua a indicar que, embora os estágios não possam ser ignorados ou contornados, podem ser acelerados. E uma das primeiras e mais básicas maneiras de se fazer isso é simplesmente aprender qualquer visão geral ou resumo dos estágios em cada um desses eixos de desenvolvimento. Pesquisas mostram que alguém que não faz nada além de aprender os fundamentos rudimentares de qualquer bom mapa ou modelo de desenvolvimento, por exemplo, se desenvolverá por meio dos 6 a 8 níveis básicos de uma maneira mais rápida e acelerada — esses mapas de desenvolvimento (incluindo AQAL — "todos os quadrantes, todos os níveis, todas as linhas, todos os estados, todos os tipos" — em especial, uma vez que abrangem todas as principais sequências de desenvolvimento para as quais os seres humanos já se abriram) são **psicoativos**. O mero ato de aprender esses mapas os põe em funcionamento, ativa seus vários níveis e reinos e acelera o desenvolvimento por meio deles. Em grande medida, podemos criar o futuro que nos é dado.

A Esteira Condutora da transformação da humanidade

Uma das coisas que a descoberta dos 6 a 8 principais estágios do Crescer — inclusive os do Crescer Espiritual — nos alertaram é o fato de que há inúmeros indivíduos em praticamente todos os estágios do desenvolvimento espiritual (isto é, inteligência espiritual) que existem. Isso é verdade em todas as grandes tradições religiosas; e aqui estamos falando sobre a Inteligência Espiritual na sequência do Crescer, não a Experiência Espiritual direta na sequência do Despertar. Como vimos, estes são os dois principais tipos de envolvimento espiritual que nós, humanos, temos à disposição, graças aos dois principais tipos de desenvolvimento (Crescer e Despertar).

Assim, há o crescimento espiritual, pelas de 6 a 8 principais estruturas de desenvolvimento, e há o despertar espiritual, por meio dos 4 ou 5 principais estados de desenvolvimento. Vamos explicá-los completamente a seguir, mas, podemos dizer, por enquanto, que vimos duas sequências de desenvolvimento: uma por meio das 6 a 8 principais estruturas de desenvolvimento, até integral e Superintegral, e uma pelos 4 ou 5 grandes estados de desenvolvimento, até a União não dual. E agora, simplesmente, perceba que pode haver um envolvimento espiritual em cada uma dessas sequências. A sequência do Despertar é bastante óbvia, já que é o núcleo das gran-

2. Despertar: Os Passos para a Iluminação

des tradições espirituais contemplativas e meditativas do mundo, mas pesquisas recentes demonstraram que alguém interpretará suas realizações espirituais por qualquer estrutura-estágio em que se encontre no processo do Crescer. Como veremos, isso acrescenta toda uma dimensão nova e profundamente importante ao envolvimento espiritual. Assim, na dimensão espiritual do Crescer por meio das 6 a 8 estruturas-estágios, temos pessoas em cada um desses grandes 6 a 8 estágios na linha de desenvolvimento espiritual: temos pessoas, por exemplo, no Cristianismo mágico, no Cristianismo mítico-literal, no Cristianismo racional, no Cristianismo pluralista e no Cristianismo Integral (assim como no Hinduísmo, no Budismo, no Taoísmo, no Islamismo, no Judaísmo etc., em cada uma daquelas estruturas-estágio).

O teólogo James W. Fowler conduziu uma pesquisa pioneira sobre os estágios da fé (isto é, as estruturas-estágios da inteligência espiritual). Ele descobriu em sua pesquisa sujeitos que passaram por cerca de 6 ou 7 etapas principais, as quais ele identificou e nomeou (e todas elas são variações diretas de arcaico, mágico, mágico-mítico, mítico, racional, pluralista e integral — na linha espiritual, naturalmente, o que esperávamos, uma vez que a inteligência espiritual, sendo uma das inteligências múltiplas, passa pelos mesmos de 6 a 8 principais níveis de desenvolvimento como todas as outras linhas o fazem, e a pesquisa de Fowler confirmou forte e exatamente essa conclusão). Dustin DiPerna, um dos atuais e mais talentosos teóricos do Modelo Integral AQAL, pretende fornecer evidências extras (e novas aplicações) para alguns dos princípios fundamentais da Espiritualidade Integral, incluindo os 4 principais vetores de desenvolvimento (estruturas e estruturas-estágios, ou Vistas, estados e estados-estágios, ou Pontos de Vista)[11]. Ele usa as Visões Mágica,

---

[11] Dustin DiPerna, *In Streams of Wisdom: An Advanced Guide to Integral Spiritual Development* (2014), e Dustin DiPerna e H. B. Augustine (eds.), *The Coming Waves: Evolution, Transformation, and Action in an Integral Age* (2014). Eu li as versões originais do manuscrito.

Mítica, Racional, Pluralista e Integral; e os reinos-estados grosseiros, sutis, causais, testemunha e o não dual (e seus Pontos de Vista); e dá exemplos que hoje, de fato, existem todos esses 5 estágios/níveis no Cristianismo, no Islamismo, no Hinduísmo e no Budismo.

O que isso significa, como mencionei pela primeira vez no livro *Espiritualidade Integral*[12], é que a religião, na verdade, está em posição de atuar como uma **Esteira Condutora** de transformação para toda a humanidade. É praticamente a única disciplina humana na qual existem adultos humanos em todos os principais de 6 a 8 níveis de desenvolvimento (em, pelo menos, algumas linhas). Nas ciências naturais, por exemplo, virtualmente todas elas são produções puramente racionais. A ciência não pode atrair as pessoas para a magia e ajudá-las a se transformar em míticas, depois em racionais e, em seguida, em estágios mais elevados — ela própria não cobre esse terreno em absoluto. Mas a religião o faz. E você pode encontrar expoentes de cada um desses grandes níveis (mágico, mítico, racional, pluralista e integral) em cada grande tradição religiosa em todo o mundo. O Cristianismo, por exemplo: seus elementos mágicos e míticos são bem conhecidos, e seus ramos fundamentalistas acreditam que esses mitos são absoluta e infalivelmente verdadeiros, a palavra literal de Deus. Durante o Iluminismo racional, os grandes cientistas pioneiros eram quase todos cristãos racionais ou deístas — tal como foi, por exemplo, o mais recente Seminário de Jesus do fim do século XX, de um grupo que estuda a autenticidade histórica de Jesus. Recentemente, temos os escritos do bispo episcopal aposentado John Selby Spong sobre a fase pós-moderna pluralista do Cristianismo. Outros escreveram lindamente sobre o Cristianismo Integral; veja, por exemplo, o livro de Paul Smith sobre esse título.

Assim, o que a pesquisa sobre essas duas formas básicas de desenvolvimento espiritual que estão disponíveis para os seres humanos — estados de consciência para o Despertar e estruturas de

---

[12] *Espiritualidade Integral — Uma Nova Função para a Religião Neste Início de Milênio* (Editora Aleph, 2007), cap. 9.

2. Despertar: Os Passos para a Iluminação

consciência para o Crescer — tem a nos dizer sobre tudo isso? Há, pelo menos, dois pontos importantes a considerar, se queremos algo próximo de uma postura inclusiva.

O primeiro ponto importante: Toda tradição, se já não as tiver, deve introduzir práticas — ou pelo menos torná-las disponíveis — a partir de suas próprias escolas de Despertar. Praticamente todas as tradições têm algumas dessas escolas **esotéricas** ou **internas** de ensino, que usam a meditação ou a contemplação para levar um indivíduo a uma conexão mais e mais profunda com o Divino, resultando em vários estados elevados e, em muitos casos, ao estado mais elevado em si mesmo, alguma versão da Suprema Identidade — uma realização direta e experiencial, pelo indivíduo, do fundamento último de todo o Ser, levando-o à sua própria Grande Libertação. (E nas raras ocasiões em que uma determinada escola religiosa não tem muito de um ramo contemplativo à sua disposição, ela pode pedir emprestado de outras escolas de sua tradição ou, se necessário, mesmo de outras tradições. Mas estar inteiramente sem uma dimensão do Despertar é simplesmente inaceitável — um julgamento difícil, mas totalmente justificado). De muitas maneiras, este é o principal ponto de qualquer forma de espiritualidade — servir como uma introdução direta ao terreno vivo, vital, consciente, ao infundado fundamento do Ser, a Real Natureza, o Verdadeiro Eu de cada ser sensível, uma Suprema Identidade que praticamente todas as grandes tradições do mundo consideram ser o *summum bonum* da condição humana — o **maior bem**.

Mas espere. Há uma Iluminação mágica, uma Iluminação mítica, uma Iluminação racional etc. E se usarmos, como exemplo, uma definição típica de Iluminação dada por uma das tradições orientais — **a realização da união do Vazio e da Forma** (ou da divindade sem forma e do indivíduo) — isso resulta que o Despertar da Iluminação pode ser experimentado em cada um dos 6 a 8 estágios do Crescer. E esse é o ponto: virtualmente qualquer estado-estágio do Despertar — incluindo seu estágio mais elevado, ou a Iluminação não dual — pode ser experimentado em praticamente qualquer estrutura-estágio do Crescer e essa experiência será interpretada de acordo com os termos da estrutura-estágio — mítico, racional, pluralista etc. — possuindo a experiência do estado-estágio — sutil, causal, não dual etc. Assim, a iluminação que ocorre em qualquer estrutura-estágio será, de fato, uma união do Vazio e da Forma; mas, embora o componente Vazio seja essencialmente o mesmo em todas as fases do Crescer (uma vez que é totalmente **sem forma e não qualificável**), o componente Forma (que sofre desenvolvimento e evolução) será bastante diferente de estágio a estágio. No estágio mítico, por exemplo, o indivíduo descobriria a união com todo o mundo da Forma da maneira como existe para essa pessoa no estágio âmbar. Mas o mundo dessa pessoa só inclui a Forma até o nível mítico. Todos os níveis do mundo racional, pluralista e integral — mundos reais, com estruturas reais e fenômenos reais que o indivíduo mítico não é — e não pode ser — um com, porque isso nem sequer existe em sua consciência; e dessa maneira você não pode ser um com o que não existe para você de forma alguma. Assim, a **consciência da unidade** do indivíduo mítico é realmente uma **unidade**, mas não é uma unidade completa e plena. É parcial, limitada, incompleta, fracionada.

Assim, o segundo ponto principal: certifique-se de que cada tradição (ou a sua tradição) está com seus próprios ensinamentos totalmente incluídos na **esteira condutora**, ajudando as pessoas não só a Despertar, mas também a Crescer ao longo de todo o caminho para os níveis integrados de sua espiritualidade, de modo que o seu Despertar para a consciência da unidade, se e quando ele ocorrer, será uma unidade real, verdadeira e plena, incluindo todos os mundos — isto é, todos os estágios da Forma — que emergiram e evoluíram até o momento. E isso também se aplica diretamente à criação e à existência de sociedades de fato — realmente — **inclusivas**, não apenas como um ideal declarado, mas como uma realidade humana direta e real. Como a pesquisa de desenvolvimento tem demonstrado fortemente, qualquer estágio de 1ª camada é, por sua própria natureza, incapaz de fazer uma verdadeira inclusão — ela (a primeira ca-

2. Despertar: Os Passos para a Iluminação

mada) simplesmente não pode reconhecer a complexidade requerida ou sua unificação. Mas os estágios integrais ou de 2ª camada — pela primeira vez na história — trazem a possibilidade real de uma inclusão genuína, e a plena capacidade mental para efetivamente colocá-la em prática. Os sistemas educacionais e políticos devem, pelo menos, levar em consideração esse real fato de desenvolvimento. Se o que se deseja são metas de desenvolvimento (como nas **Metas de Desenvolvimento Sustentável** das Nações Unidas), que tal começar com o desenvolvimento em si mesmo como uma meta?

E esse segundo ponto dá origem à nova e atualizada definição de Iluminação que temos usado: ser um com ambos, o mais elevado estado **e** a mais elevada estrutura evoluída, até aquele momento da história. Hoje, isso seria o estado não dual e a estrutura integral. Em 2000 a.C., teria sido o estado causal e a estrutura mítica. Mas uma pessoa que, naquela época, era uma com esse estado causal e estrutura mítica seria, de fato, um com todo o universo que havia emergido até esse ponto. Sua **consciência da unidade** não poderia ter sido mais unificada, e assim eles foram iluminados dentro das condições daquele ponto da evolução. Mas, hoje, a evolução (que alguns consideram como **Espírito em a**ção) tem realmente avançado, em seu implacável **avanço criativo em novidade**, e agora, para ser plenamente um e, de fato, inteiro, requer um estado não dual e uma estrutura integral (e, portanto, o mesmo acontece com a plena Iluminação).

Assim, de acordo com nosso segundo ponto principal, com a institucionalização de uma **esteira condutora**, as principais doutrinas de uma tradição particular são definidas na linguagem e nos termos de cada uma das principais estruturas-estágios de crescimento espiritual, de modo que alguém poderia começar sua juventude, de desenvolvimento espiritual na infância com uma apresentação mágica de sua religião; então, durante o ensino médio, passar para uma apresentação mítica; na adolescência, uma perspectiva racional; então — se continuarem a crescer — na idade adulta jovem, uma visão pluralista; e, finalmente, se o crescimento amadurecer plenamente, uma versão integral de sua tradição. Combinado com o caminho da

Tradição do Despertar, isso envolveria a espiritualidade mais completa, a mais inclusiva e penetrante que um ser humano poderia alcançar — o estado mais elevado e a estrutura mais elevada disponibilizada até hoje pela evolução, pelo Espírito em ação — e marcaria a total e mais brilhante realização que qualquer ser senciente pode alcançar.

Mais Inteiras e Mais Completas Formas de Consciência da Unidade

No que diz respeito ao nosso estado último de união não dual, a ideia, é claro, seria passar algum tempo familiarizando-se com isso, a sua Face Original, a Essência não dual ou a Quididade ou o É deste e de cada momento. É o seu próprio Primordial Ser/Vir a Ser, o infundado Fundamento e a Fonte Sem Fonte e a Meta Sem Meta da própria evolução, o *summum bonum* de um ser humano — ou qualquer ser senciente, em relação a esse assunto. Esse puro estado não dual ou de unidade — especialmente seu componente **Vazio** — pode em si mesmo incluir um número vasto, e até mesmo infinito de elementos — em particular no seu componente **Forma** — e isso inclui coisas como, por exemplo, as de 6 a 8 estruturas (ou formas) de consciência que já examinamos. E acrescentaremos alguns elementos que esta consciência da unidade pode incorporar, aumentando seu aspecto **Forma** ou **Plenitude**, e assim tornando-se uma unidade que é realmente mais e mais Inteira. Lembre-se, como acabamos de ver, você pode experimentar esse estado de unidade, essa unidade do Vazio e da Forma, em praticamente qualquer um dos 6 a 8 estágios de desenvolvimento. Mas, se eu experimentá-lo no estágio âmbar, realmente experimentarei uma unidade direta com todo o mundo de que estou consciente — o que significa tudo, desde o universo físico (átomos e moléculas e estrelas e galáxias etc.) ao universo biológico (plantas, répteis, mamíferos, Gaia etc.) ao universo mental (nesse caso, tudo do infravermelho arcaico ao âmbar mítico, que é o estágio mais elevado que alcancei nesse ponto).

Porém, como observamos, usando a **Iluminação mítica** como exemplo, no universo mental, se eu estiver realmente no mítico,

2. Despertar: Os Passos para a Iluminação

existem vários mundos que ainda estão "acima de minha cabeça" e que, portanto, não posso ser um com ele — não posso ser um com o mundo laranja racional, verde pluralista, ou turquesa integral, e assim por diante. Mas eu não vou experimentar diretamente isso como uma lacuna ou uma falta — não estarei, em absoluto, consciente disso. Tudo o que experimentarei é a pura unidade do meu mundo (sem nunca saber que **meu mundo** é realmente mais limitado e mais estreito do que poderia ser — que minha **experiência de unidade** poderia ser potencialmente mais profunda e Completa).

É por isso que queremos continuar a aprender sobre aspectos do mundo em evolução da Forma manifesta — porque quanto mais desse mundo estamos conscientes, então mais inteira (e, portanto, mais inclusiva, mais moral, mais abrangente, mais expansiva e com maior profundidade) nossa **consciência da unidade** se tornará, expandindo-se para mais e mais do mundo da Forma com uma Plenitude cada vez maior, e assim expandindo também a própria natureza da união do Vazio e da Forma — expandindo a própria Iluminação.

E assim, com esse espírito de maior expansividade, Totalidade e profundidade, introduziremos, nos capítulos seguintes, mais alguns elementos (chamados de **quadrantes** e **linhas**) que irão, com os já incluídos estados e estruturas, aumentar a expansividade, adicionando itens que não só são de grande interesse em si mesmos, mas também alimentam diretamente a nossa Consciência Primordial de Unidade, a nossa Face Original, nossa Verdadeira Natureza e Quididade, incluindo mais e mais do mundo da Forma e da Plenitude, os produtos do próprio Espírito em ação.

Whitehead costumava falar de dois aspectos fundamentais do Espírito: a **Natureza Primordial** do Espírito (atemporal e imutável: nosso **Vazio**) e a **Natureza Consequente** do Espírito (a soma total dos resultados ou produtos do Espírito em ação ou Eros ou evolução, que incessantemente, com novidade e criatividade, emerge no fluxo contínuo do Vir a Ser). Isso não é diferente da divisão oriental do Espírito em, por exemplo, *Nirguna Brahman* (Espírito puro além de todas as qualidades, equivalente ao **Vazio**) e *Saguna Brahman* (Espírito com qualidades ou características, como Ser-Consciência-Felicidade, ao qual alguns acrescentariam Amor, Criatividade, o Bom, o Verdadeiro, o Belo e outras qualidades). O ponto, mais uma vez, é que, embora a pura, inqualificável e radical Liberdade do Vazio Primordial não cresça e evolua ou se mova no tempo, as Formas manifestas do Espírito definitivamente crescem, se desenvolvem e evoluem, produzindo mais e mais Totalidade, momento a momento — e, quanto mais dessa Plenitude estamos conscientes, mais dela podemos nos unir, aprofundando nossa natural Unidade, camada por camada por camada, cada vez mais abrangente. Esse é um processo interminável, o que significa que os seres humanos estão no caminho de um sempre pleno presente, ainda que interminável, o caminho sempre crescente do desdobramento da Iluminação. Estamos num caminho sem meta, num destino sem data, numa busca sem fronteiras, com uma consciência sem limites, caminhando para um horizonte sempre retrocedente, de crescente Totalidade após Totalidade. Esta é a única vida que conheceremos, Completamente Agora, mas também Nunca Acabada...

Grande Perfeição e a Evasão Primordial

Então, quanto a esse puro e completo Único Sabor no atemporal Agora — descanse na vasta, aberta, vazia, clara e pura Consciência da Unidade, na qual tudo o que está surgindo em todo o universo está surgindo **dentro de você**, dentro desse espaço sem cabeça, impensado, silencioso, quieto, puro, de vasta Consciência. Se os pensamentos aparecerem, deixe-os simplesmente surgir, como parte desta total unidade ou Grande Perfeição. Se o seu ego ou o seu eu separado aparecerem, simplesmente deixe-o surgir, como parte desta total unidade ou Grande Perfeição. Se a dor ou o sofrimento derem as caras, simplesmente deixe-os surgir, como parte dessa total unidade ou Grande Perfeição. Se você acha que entende isso, então permita que o entendimento emerja, como parte dessa total unidade ou Grande Perfeição. Se há partes disso que você não entende, deixe que surjam também, como parte dessa total unidade ou Grande

2. Despertar: Os Passos para a Iluminação

Perfeição. Se você compreende isso ou não, ainda existe esse sempre presente, agora, Consciência não dual, infinita, emergindo por si mesma, espontaneamente abraçando o mundo inteiro. E então bem-vindo, bem-vindo ao lar. Tem sido sempre assim.

O mundo de que estamos conscientes — seja no estado puro da Testemunha, seja no estado último de União não dual — é um mundo onde cada coisa e evento que emerge é uma manifestação perfeita do Divino, do Espírito, da Grande Perfeição. É como uma vasta e enorme Pintura — A Pintura Total de Tudo O Que É. O mundo inteiro ao seu redor — e tudo o que está dentro de você — é parte integrante desta Pintura Total de Tudo O Que É. Como qualquer pintura, há áreas claras e áreas escuras, colinas e vales, altos e baixos, brilhantes e opacos, áreas que são convencionalmente julgadas "boas" e áreas que parecem "ruins" — prazer e dor, bem e mal, melhor e pior, mais alto e mais baixo, mas o ponto é: todas elas são necessárias para que a Pintura Total exista. Se nos livrássemos de todas as áreas escuras e das sombras, a Pintura simplesmente deixaria de existir — seriam apenas áreas de puro branco e total luminosidade, parecendo uma tempestade de neve no Ártico, sem nenhum traço discernível. Em vez disso, cada coisa e evento que está emergindo é uma parte intrínseca e necessária dessa grande e vasta Pintura Total de Tudo O Que É.

E o ponto crucial sobre essa Pintura Total é que ela é também exatamente a totalidade sobre a qual estamos permitindo que nossa consciência esteja plenamente consciente. Quer estejamos refletindo ou Testemunhando de forma neutra o Todo, ou quer estejamos juntos ou unidos ao Todo, a parte **Todo** é a chave. Nossa Consciência primordial é uma Consciência toda-envolvente, toda-abrangente e toda-penetrante como Tal, e não deixa de fora uma única coisa ou evento que surge em seu Campo de Consciência. Quer estejamos Testemunhando Tudo isso totalmente, ou quer sejamos totalmente um com tudo isso, em ambos os casos, **Tudo isso** (toda Pintura Total) é o que nossa Consciência deve abraçar, é sobre o que nós devemos estar conscientes de, é o que devemos preender, tocar.

E, se observarmos atentamente, veremos que, em muitos casos, há algo — grande ou pequeno, amplo ou quase insignificante, mas algo — do qual não queremos estar conscientes: algo que desviamos o olhar, que evitamos e, portanto, nos afastamos. Algum sentimento desagradável do corpo; algum pensamento desconfortável; alguma visão difícil em nosso entorno; algo que é um tanto desagradável, doloroso, ou muito deprimente, que gera muita ansiedade, algo muito próximo do sofrimento — e assim retiramos a Consciência disso, ainda que ligeiramente — desviamos o olhar, nos afastamos.

E nesse primeiro e único movimento está todo o sofrimento da humanidade. Passamos do céu para o inferno em um só passo. Transitamos da Plenitude total e da Liberdade total da Grande Perfeição da Pintura Total de Tudo O Que É, para uma identidade com uma consciência que é uma evasão (fuga), que é uma autocontração, uma contração em face ao infinito — um estreitamento, finito, pequeno, convencional, separado — uma autocontração que é a fonte de literalmente todo o nosso sofrimento. A vasta Consciência não dual é quebrada num sujeito finito *versus* alguma coleção de objetos finitos. Perdemos efetivamente a Plenitude, a Totalidade, a Pintura Total de Tudo O Que É, em que a Consciência deveria estar total e completamente relaxada. Deveríamos deixar a consciência surgir e unir-se com facilidade e imparcialidade a Tudo O Que É, sem fuga, sem retrações, sem contrações, sem tensão interior, sem mecanismos torturantes de escape — apenas a reflexão pura, ampla, aberta, vazia, clara e totalmente relaxada, totalmente abrangente, onipresente, não contraída (ou em união direta) da Pintura Total de Tudo O Que É: seu aspecto como um Todo, todo o universo manifesto em toda a sua glória deslumbrante, toda a sua luz e sombra, alto e baixo, prazer e dor. Esse Relaxamento Total — em Tudo O Que É — é a pura Testemunha e o Verdadeiro Eu, a sua Face Original, o seu próprio EU SOU (e, indo ainda mais longe, é a unidade deste Ser Testemunhal com toda a Pintura Total, uma Pintura que está surgindo exatamente onde você pensou que sua cabeça estava).

2. Despertar: Os Passos para a Iluminação

Mas a Evasão Primordial fratura essa cena, corta aquele Campo, divide-o e fragmenta-o, julga-o, separa-o no que é bom (digno de consciência) e o que é mau (digno de evitação/fuga). A partir desse Campo Total de eventos espontaneamente emergentes, que nossa Consciência deve estar refletindo de forma completa, fácil e envolventemente, nós nos afastamos um pouco, desviamos, de leve, um pouco o olhar, simplesmente contraímos um pouco em face de algum desagrado — há apenas algo que preferimos não ver — e essa Fuga Primordial golpeia o mundo com um Limite Primordial, dividindo o que está bem do que não está. Com isso, toda a cena cai, desmorona e colapsa em torno de nós, quebrando-se em um milhão de fragmentos que terão que ser lentamente remontados, pedaço por pequeno pedaço, por patético pedaço.

Todo o choque de opostos vai se estilhaçando na cena — bom *versus* mau, prazer *versus* dor, desejável *versus* repugnante, querido *versus* temido, apreendido contra reprimido, atraente contra abominável, "eu" *versus* "não eu". E nossa vida se torna um perseguir todos os lados positivos dos pares de opostos e evitar todos os lados negativos — queremos uma vida só de prazer e nenhuma dor, tudo o que é bom e nenhum mau, todo amor e nada de medo. Mas tentar alcançar uma vida que seja toda só prazer, toda só o bom, toda só o desejável, toda só o amor, é tão possível quanto uma vida de todas as direitas sem as esquerdas, todos os altos sem os baixos, tudo dentro e nada fora, todos os cumes sem qualquer depressão. Os opostos são dois lados da mesma moeda danada. Não é de se admirar que o Hinduísmo Vedanta defina a Iluminação como **liberto dos pares** — ou seja, *liberto dos pares de opostos* — dos *dois* opostos, não apenas o negativo, mas ambos juntos. Da mesma forma, os místicos cristãos se referem à Realidade Última como *coincidentia opositorium*, **a união dos opostos**. Porém, com a Evasão Primordial — que antes de mais nada desvia o olhar, vira-se, afasta-se —, começamos a nos mover, não no campo unificado de Tudo O Que É, mas em um campo fragmentado de inúmeros opostos temporais, buscando não sua unidade subjacente e sim sua separação última — uma vida de todo o bom e nada de mau, uma vida toda de riqueza e nenhuma pobreza, sempre bem-sucedida e nunca fracassada, toda gloriosa e nunca miserável, toda prazer e nunca dor. Assim condenados a uma busca do impossível, nossas vidas são uma série de decepções deprimentes com longos trechos de tédio total, interrompido por picos de terror abjeto.

E, juntamente com a Evasão Primordial, há também o nascimento do promotor da Fuga — a saber, o senso de ser um eu separado, a autocontração. Como dizem os Upanishads:

"Onde quer que haja o outro, há medo"[13].

Mas é isso que a autocontração sempre vê — um **sujeito** aqui, consciente de todos os tipos de objetos, de "outros", lá fora. E a esses outros que, ou freneticamente deseja, se apega e persegue, ou teme, evita e foge. Essa **é** a vida da autocontração. E essa vida é construída, não em *Consciência*, mas em *atenção*. A **Consciência** é aberta, livre, totalmente relaxada, inclusive em relação a Tudo o que surge, e vive no Atemporal Agora — Agora, Agora e Agora... A **atenção**, pelo contrário, é focalizada, contraída, nunca consciente da Pintura Total, mas sempre estreitamente dirigida a apenas uma característica particular dela, vivendo no presente temporal que se desloca do passado para o futuro, incapaz de se soltar e cair na Consciência do sempre-presente Agora, sempre constringindo a consciência à estreita fenda do presente existente entre o passado e o futuro, com foco em um elemento de cada vez, um elemento de cada vez, sucessivamente.

Idealmente, é claro, devemos ser capazes de ambas as coisas: a partir de um Campo de Consciência sempre presente e nunca abandonado, nós podemos concentrar a atenção em qualquer aspecto da Pintura Total de Tudo O Que É, sem perder o contato com Tudo O Que É ou a Consciência que o revela. Mas, com a Evasão Primordial, fraturamos esse Campo; rasgamos a Pintura Total nas seções que desejamos, gostamos e desejamos, e aquelas que não gostamos, detes-

---

[13] *Brihadaranyaka Upanishad* 1.4.2.

2. Despertar: Os Passos para a Iluminação

tamos ou tememos — o mundo dos opostos entra em cena, e nossa vida se torna dedicada ao impossível, um impossível que consegue gerar ilusão, sofrimento, tormento e lágrimas. Os objetos vêm, ficam um pouco, torturam-nos e seguem em frente, até que finalmente morremos — e essa é a nossa vida com a Evasão Primordial, a auto-contração, o mundo **dos pares**.

Agora, essa Evasão Primordial é representada pela maioria das tradições como uma forma de separação ou dicotomia entre sujeito e objeto — uma separação que destrói a não dualidade do Campo da Consciência pura (um ato ilusório, uma vez que a Consciência não dual não pode ser destruída) aparentemente separando em um-*versus*-outro, dentro-*versus*-fora, o céu-*versus*-terra, infinito *versus* finito, nirvana-*versus*-samsara, Deidade *versus* criatura. (Para essa dicotomia sujeito *versus* objeto, a Teoria Integral acrescenta **individual *versus* coletivo**, resultando nos 4 quadrantes — que serão examinados no próximo capítulo — o qual caracterizam todos os mundos existentes). A Evasão Primordial leva o Espírito sucessivamente a **contrair** e **reduzir** a si mesmo, movendo-se para reinos cada vez mais densos e menos reais, movendo-se (usando termos cristãos) do Espírito à alma, à mente, ao corpo, à matéria (com cada um deles ainda sendo Espírito, mas uma versão cada vez mais reduzida do Espírito: Espírito-como--espírito, Espírito-como-alma, Espírito-como-mente, Espírito-como--corpo, Espírito-como-matéria), cada um possuindo sucessivamente menos consciência, menos lucidez, menos amor, percorrendo todo o caminho até os seres menos conscientes, menos amorosos, menos sensíveis ou partículas materiais atômicas e subatômicas, até o ponto que o *Big Bang* ocorre e o universo puramente material (sem vida, sem mentes, sem almas despertas) explode na existência.

Esse movimento descendente é conhecido como **involução** (Plotino o chamou de **Efluxo**). Uma vez que a involução ocorre, o movimento ascendente de retorno ao Espírito, conhecido como Evolução (Plotino o chamou de **Refluxo**), pode ocorrer, e o faz na ordem reversa básica da involução, evoluindo da matéria insensível para os corpos vivos, para as mentes conceituais, para as almas despertas, para o puro Espírito-como-Espírito. Em geral, esse movimento de refluxo ou evolução, nos últimos 14 bilhões de anos, está quase a meio caminho de casa, tendo evoluído matéria, corpos e mentes, e agora está prestes a introduzir a alma e depois o Espírito. (Embora qualquer indivíduo possa, em qualquer ponto, pegar um caminho de Despertar e completar esse movimento de refluxo, alcançando uma Iluminação ou Despertar tradicional à medida que realizar plenamente o Espírito-como-Espírito no núcleo mais profundo de seu próprio ser.)

Agora, os modernos caminhos do Crescer acrescentaram algo a esse quadro, além dos reinos principais — que são, na verdade, versões dos 5 principais estados naturais, com a **matéria** referindo-se ao reino físico/grosseiro, o **corpo** para o início dos estados interiores do sentir até a Iluminação, a **mente** à raiz causal da consciência ela própria, **alma** o Ser Real ou a verdadeira Testemunha e o "Espírito" à consciência da União não dual. Ou seja, além dos reinos principais (que foram **pré-formados** e **sedimentados** durante a involução), o movimento de retorno da evolução realmente cria novos reinos ou estágios ou, ainda, níveis conforme ele mesmo se desdobra e avança.

Em suma, não só a involução, mas também a evolução tem um componente criativo do **Espírito-em-ação** e, portanto, cada um encarna um avanço criativo (com a involução de maneira criativa tornando-se cada vez menos e a evolução criativamente tornando-se cada vez mais). Esse avanço é um ato criativo (de Eros ou o Espírito-em-ação) que, transcendendo e incluindo cada etapa, evolutivamente cria mais e mais da Pintura Total de Tudo O Que É, até que a Pintura se torne consciente, em primeiro lugar de si mesma (com o surgimento da reflexividade); depois, da evolução (a evolução torna-se consciente de si mesma, ou do fato de que a Pintura Total evoluiu e continua a fazê-lo); em seguida, de uma evolução de 1ª camada como aparece nos seres humanos (os seres humanos, também, continuam a evoluir ou desdobrar-se, com uma compreensão de seus estágios anteriores ou de 1ª camada); então, de uma 2ª camada, uma realização direta autotransparente da evolução como aparece nos seres humanos (uma realização autorreflexiva da própria coevolução

2. Despertar: Os Passos para a Iluminação

real com o Todo do *Kosmos*); e, assim, uma experiência direta da evolução de 3ª camada como o Espírito-em-ação através dos seres humanos — uma experiência direta do Espírito, como Espírito, pelo Espírito, por meio dos seres humanos.

As tradições não estavam cientes da maioria dos estágios/níveis dessa parte criativa da evolução (como os de 6 a 8 níveis de desenvolvimento evolutivo, abrangendo 1ª, 2ª e 3ª camadas), porque elas não eram conscientes das estruturas ou estágios de estruturas, e assim deram apenas conta do Efluxo/Refluxo como visto pela lente de estados e estados-reinos (grosseiro, sutil, causal, testemunha e não dual — ou matéria, corpo, mente, alma e Espírito). Mas, colocando ambas as sequências em conjunto (estados e estruturas), temos agora uma visão muito mais completa desse movimento global de involução e evolução, efluxo e refluxo, fluxo de saída e fluxo de entrada. E percebemos que, ao contrário do que as tradições imaginaram, a evolução não é apenas um rebobinamento da fita de vídeo da involução (com tudo o que apareceu na evolução tendo sido previamente estabelecido durante a involução, mas "esquecido", para ser lembrado enquanto tudo evolui na consciência). Em vez disso, a evolução é uma força poderosamente criativa em si mesma (um verdadeiro exemplo do Espírito-em-ação), com a maioria de suas estruturas e estágios sendo criada como parte de seu próprio **avanço criativo em novidade**, um produto não de uma involução de "outro mundo" anterior, mas de um Eros (ou Espírito-em-ação) infinitamente criativo e ativo em um movimento evolutivo "deste mundo". Assim, esses níveis de ser e consciência não precisam ser considerados como **ideias eternas na mente de Deus**[14] (como em todos os lugares os sistemas metafísicos pré-modernos geralmente os retratam), mas podem ser vistos como criações da própria evolução, transcendendo e incluindo constantemente o que foi criado no momento anterior. Não precisamos de explicações "metafísicas" para essas criações (no sentido de

---

[14] Esse conceito (embora não seja a frase exata) é largamente atribuído a Santo Agostinho.

ideias eternamente fixas na mente de um Deus imutável); elas não estão **além** da natureza, mas **dentro** da Natureza, os próprios interiores desse processo de evolução **deste mundo**. Geralmente nos referimos a isso como Pós-Metafísica Integral.

Mas o ponto central para nós é que, se vemos a involução/evolução como composta principalmente de estados/reinos ou estruturas/níveis (ou se nós os incluímos a ambos, como faz a Teoria Integral), em ambos os casos a Evasão Primordial é o que dispara todo o movimento separativo, involucionário, isolador, sedimentador, reducionista, restritivo, contrativo. Temos fundamentalmente fechado os olhos para algo, para algo apenas um pouco desconfortável, e, assim, temos primordialmente desviado o olhar, nos virando, nos afastando — e essa Evasão Primordial nos desembarcou numa autocontração finita, ilusória, um eu "subjetivo" (que é realmente um objeto) e um indutor de sofrimento, os opostos perseguindo a negação da Pintura Total de Tudo O Que É. Tão violento foi esse pecado **original** ou dualismo **co-originário** ou, ainda, **alienação original** que nos lançamos em um verdadeiro poço de desespero, e assim temos que nos desenterrar, pelo menos pragmaticamente, por uma série de eus falsos, que se tornam cada vez menos divisivos, separativos, menos e menos parciais, e mais e mais completos, unidos, conscientes. Esse processo culmina na criação de uma 3ª camada Superintegral, a Supermente que é a união do puro Vazio (o puro Ser Testemunhal ou a Consciência sem Objeto — **Subjetividade Absoluta**) com toda a Forma, ou todos os possíveis objetos testemunhados (grosseiros, sutis e causais), produzindo o estado mais elevado (consciência da unidade) na estrutura mais elevada. (Essa condição mais elevada seria a Superintegral ou Supermente — ou, no mínimo, no mundo de hoje, a 2ª camada integral — mas, em todo caso, estaria além do eu separado e suas necessidades impulsionadas por falta ou carência).

Esta **uber-realização** [realização superior] combina as mais altas realizações do estado (a totalidade da unidade do Vazio e Forma, Divindade e Criatura, Infinito e Finito, nirvana e samsara) com os mais altos alcances já evoluídos da própria Forma (Integral ou Superintegral). Isso

2. Despertar: Os Passos para a Iluminação

garante que a nossa **consciência da unidade** seja uma unidade real, uma verdadeira Plenitude, uma Completude última — a total e completa Pintura de Tudo O Que É — que transcende e inclui todos os níveis e domínios do ser e consciência que a evolução ou o Espírito-em--ação já produziu até hoje. Não há nada "sobre nossas cabeças", porque não temos nenhuma cabeça. **Sobre nossas cabeças** transformou-se em uma grande **panqueca azul** que caiu sobre nós — e nós *somos* isso, não mais autocontraídos, apenas unificados no Único Sabor.

O que torna a Supermente (o nível mais elevado na 3ª camada) diferente da Grande Mente [*Big Mind*] (consciência da União não dual)[15] é que a Grande Mente é um estado; Supermente é uma estrutura. Assim, a Grande Mente (*Turiyatita*) do caminho do Despertar pode ser vivenciada em praticamente qualquer estágio estrutural do Crescer — existe uma experiência mítica da Grande Mente, uma experiência racional da Grande Mente, uma experiência pluralista da Grande Mente, e assim por diante. (Em cada caso, é a experiência da **União do Vazio e da Forma** em qualquer nível de desenvolvimento da Forma que você esteja — mítico, racional, pluralista etc. Mas menos do que o Nível Integral é menos do que completa unidade da Forma e Plenitude — unidade sim, mas uma unidade menos completa). Em contraste, a Supermente (o nível mais elevado na existência) só pode ser experimentado depois que todos os níveis anteriores de consciência e desenvolvimento tiverem emergido e sedimentado (ou seja, todos os níveis da 1ª e 2ª camadas). A Supermente transcende e inclui todas aquelas estruturas anteriores e, portanto, quando ela experimenta a Grande Mente (o que invariavelmente faz — o que acontece num território de nível elevado, veja a seguir), nesse nível mais elevado, é a Grande Mente como interpretada e experimentada por meio de cada grande nível de ser e existência que já emergiu em toda a história da evolução, todo o caminho de volta para o *Big Bang*.

---

[15] *Big Mind* é um termo especialmente Zen para Turiyatita, usado pela primeira vez extensivamente por Suzuki Roshi (autor de *Zen Mind, Beginner's Mind*) e mais recentemente por Roshi Dennis Genpo Merzel (*Big Mind / Big Heart*).

Assim, Supermente = Grande Mente + Toda a Forma que evoluiu até hoje. Isso é o que torna a 3ª camada, a Supermente Superintegral (ou até mesmo a derradeira Mente Integral da 2ª camada) tão extraordinária: ela não tem apenas acesso ao estado mais elevado e evoluído (*Turiyatita*, Grande Mente, consciência da União não dual); ela também tem acesso a cada única estrutura importante já produzida pela evolução indo todo o caminho de volta até o *Big Bang*. Isso significa que o seu vazio é, de fato, o mais Livre de todas as Liberdades possíveis em qualquer lugar, e a sua Forma é a mais Plena de qualquer Plenitude possível em qualquer lugar — a maior liberdade com a maior plenitude: é o que a 3ª camada Supermente lhe oferece (ou similarmente: a derradeira Mente Integral da 2ª camada).

(A Grande Mente é, ainda, a **união do Vazio e da Forma**, mas agora, nesta 2ª camada — ou melhor, 3ª camada — a Forma é *toda a Forma* que surgiu desde a aurora do universo com o *Big Bang*. É por isso que a Supermente não pode ser experimentada até que todos os níveis do Crescer tenham emergido e se desdobrado. Você pode estar em, digamos, mítico ou racional e ter uma **experiência de pico**[16] do estado de Grande Mente, mas não pode *ter uma experiência de pico* de Supermente nesses níveis. Para isso, preferencialmente, você tem que evoluir não apenas por meio da 1ª e da 2ª camadas, mas também pela 3ª camada, para a sua muito elevada Supermente, que pode assim entrar na consciência de forma plena e completa. Nesse meio tempo, simplesmente permanecer no Nível Integral e praticar exercícios como a Meditação Integral irá abrir para você as portas para uma realização da 3ª camada — e até lá, de qualquer maneira, o Nível Integral nos dará quase a Totalidade que o *Kosmos* pode conter em qualquer estágio e em qualquer lugar. É por isso que continuamos a definir a estrutura/Nível Integral, de forma pragmática, o mais alto nível de desenvolvimento ainda por evoluir de modo substancial em

---

[16] O termo de Maslow para experiências transpessoais ou místicas breves e intensas. Podem ocorrer experiências de pico para indivíduos em quase qualquer fase de desenvolvimento.

2. Despertar: Os Passos para a Iluminação

qualquer lugar. E uma vez que você esteja de forma clara e completa no Integral, mantenha seus olhos abertos para ainda maiores Integralidade, Plenitude e Liberdade, à medida que a evolução continua sua marcha implacável para uma Inclusão cada vez maior.)

Só para dizê-lo mais uma vez: o próprio ser humano, desde o início, contém (transcende e inclui) cada principal hólon ou nível de ser e consciência que já emergiu, começando com o *Big Bang*. Os seres humanos literalmente contêm, dentro de seu próprio ser, quarks, partículas subatômicas, átomos, moléculas, células e sistemas de órgãos que incluem a bioquímica básica pioneira da vida vegetal, o cordão neural de peixes e anfíbios, o tronco reptiliano de répteis, o sistema límbico dos paleo mamíferos (por exemplo, cavalos), o córtex de primatas, e coroando, o cérebro triuno complexo com seu neocórtex — e a partir destes (todos os quais estão totalmente contidos no nível Infravermelho arcaico), os seres humanos continuam a se desdobrar, a transcender e incluir, por meio dos 6 a 8 níveis da 1ª e 2ª camadas de desenvolvimento, para o mais distante e derradeiro alcance da evolução até hoje: Superintegral Supermente. Supermente, então — ou, para repetir, no mínimo, a 2ª camada integral da evolução real de hoje —, é o hólon com *maior profundidade* (e menor extensão) em todo o *Kosmos*, o hólon *mais significativo* (e menos fundamental) em todo o mundo, contendo mais níveis de ser do que qualquer outro objeto ou fenômeno existente em qualquer parte do universo conhecido. A Grande Mente é simplesmente um estado unificado (interpretado por qualquer estrutura que o experimente — mítico, racional, pluralista etc.), mas a Supermente é a Grande Mente vista e interpretada pela estrutura mais elevada produzida por toda a evolução até hoje. Isso dá uma Plenitude impressionante à Grande Mente experienciada pelo Nível Superintegral porque a **União do Vazio e da Forma** aqui inclui o Vazio padrão, mas cuja Forma é absolutamente a mais Completa Forma jamais vista em qualquer lugar do *Kosmos*. O componente Forma literalmente abraça e ressoa com todos os níveis e todos os hólons produzidos pela evolução em qualquer domínio — todo o caminho de volta ao início deste universo. Isso adiciona uma Profundidade à Forma de Superintegral (ou ao muito próximo Nível Integral) que abrange a completa história da Pintura Total de Tudo O Que É como tem sido continuamente construída (transcendida e incluída) dia após dia, incessantemente, pelos últimos 14 bilhões de anos. Não há nada assim em qualquer outro lugar do *Kosmos*, em qualquer momento. (E somente o futuro produzirá uma profundidade ainda maior.)

Tal é o nosso Verdadeiro Eu e nossa Condição Real, ou Verdadeira Essência Não Dual, tanto no seu estado mais elevado como na sua estrutura mais elevada. Esta é uma simples, sempre presente, pura Consciência da (ou como a) Pintura Total de Tudo O Que É, livre da Evasão Primordial e da autocontração, operando atemporalmente no sempre presente, Agora para o sempre presente, Agora. Esse simples sentimento de Ser já é óbvio para você agora mesmo — você está imediatamente consciente de seu puro EU SOU, o simples sentimento de SER agora mesmo, correto? Essa consciência não é difícil de alcançar, mas, sim, impossível de evitar. A questão nunca é como alcançá-la; porém, como reconhecer sua sempre-presente--presença. Para essa experiência sempre presente da Grande Mente, é somente necessário, enquanto descansa como a Grande Mente sem cabeça, permitir que sua própria sequência do Crescer aconteça, levando você a formas mais Plenas de consciência da unidade no caminho para o Integral (ou Superintegral), eventualmente transcendendo e incluindo (ao mesmo tempo que é totalmente um com) todo o universo — a Pintura Total de Tudo O Que É — que a evolução (ou Espírito-em-ação) produziu até hoje.

Deixe sua Consciência surgir no vasto Campo de Todo o Espaço. Permita que cada coisa e evento, cada aspecto, da Pintura Total de Tudo O Que É, emerja fácil, natural e plenamente nesta Consciência aberta, clara, vazia e espaçosa, e deixe-a autoliberar-se em sua própria Essência. Que não haja nenhuma resistência, nenhuma contração, nenhuma Evasão Primordial em relação a qualquer coisa que aparecer. Como uma grande Mente-Espelho que aceita plenamente cada reflexo que nela surge — não pegue nada, não rejeite nada, aceite tudo, mas não se

2. Despertar: Os Passos para a Iluminação

apegue a nada — de modo que sua própria Consciência, sem hesitação, permita que tudo o que apareça nela simplesmente apareça, refletindo de maneira completa e deixando ir. Não há nenhum esquivar-se, nada a evitar, nenhum fugir. A Plenitude da Pintura Total preenche seu próprio Vazio até o infinito, uma Testemunha imparcial lançada em uma pura Unidade anterior, ou Único Sabor com Tudo O Que É — sua própria Verdadeira Condição e Real Essência (Quididade).

As recomendações são, portanto, simples e diretas: no Caminho do Crescer, faça o melhor que puder para se desenvolver para os níveis Integrais (então, para as bordas do Superintegral). Usando práticas como a *Mindfulness* Integral, permita que níveis cada vez mais elevados do eu, ser e consciência continuem a emergir, até que, na Totalidade Integral, você fique face a face com a versão mais completa da Pintura Total de Tudo O Que É. E, concomitantemente, no caminho do Despertar, pratique pelo menos os estados da pura Testemunha desta Pintura Total, bem como o processo sem cabeça com esta Pintura Total. Essas realizações combinadas — a estrutura mais elevada com o estado mais elevado — evocarão o melhor e mais brilhante de seu próprio Ser Único e permitirão que você traga seus mais profundos dons ao mundo.

Ainda mais...

Além disso, nessas posições da Matriz AQAL (AQAL, lembre-se, é abreviação de "todos os quadrantes, todos os níveis, todas as linhas, todos os estados, todos os tipos", que são os elementos do nosso mapa composto ou **supermapa** da condição humana, o qual estamos usando para nos orientar em nosso crescimento global), você está literalmente na própria vanguarda da evolução e, portanto, seus próprios pensamentos e ações estão contribuindo diretamente para a Forma ou estrutura do amanhã — você é um genuíno cocriador de uma realidade pela qual doravante todo ser humano passará. Certifique-se, portanto, de que, à medida que lhe seja possível, atue sempre a partir da fonte mais profunda, mais ampla e elevada em que possa se encontrar (como o Nível Integral e o estado não dual); que cada palavra de sua boca venha do Eu Superior que você pode discernir; deixe cada ação

Meditação Integral

brotar da fonte mais profunda que possivelmente você possa invocar, estabelecendo Formas que serão guardadas naquela grande caixa *kósmica* de armazenamento, de onde elas, um dia, alcançarão e moldarão o futuro com sua própria e especial persistência. Certifique-se de que essas Formas serão algo de que possa se orgulhar de forma profunda. Você percebe que está diretamente cocriando um mundo futuro, não é? Por favor, nunca, **nunca**, se esqueça disso...

Agora, na **viagem de volta** pela qual a evolução nos conduz, há outras áreas, outras dimensões, outros potenciais que a própria evolução criou em seu constante **avanço criativo em novidade**. Estar ciente desses potenciais — trazê-los para o Campo de Consciência — só pode potencializar e expandir nossa genuína Condição, preenchendo ainda mais seus intermináveis recantos e aspectos do Espírito, aguardando sua recordação, esperando para serem trazidos de volta, ou talvez para emergirem pela primeira vez, uma nova expressão de uma nova evolução. Antes de deixarmos o tema da nossa condição verdadeira, vamos dar uma breve olhada em outros aspectos da Pintura Total de Tudo O Que É. Para cada uma dessas áreas que realmente estão lá — e acredito que todas elas estão — a descoberta e a Consciência delas, só aumentará e rejuvenescerá a profunda felicidade de um Espírito redescoberto.

Você é mais do que livre para parar exatamente onde estiver, com a compreensão de que pode Crescer até o Nível Integral (e até ao Superintegral) em sua consciência, e você pode Despertar para a Iluminação ou a Libertação, ainda, o Grande Despertar, no seu estado de consciência — e adotar práticas para manter ambas as sequências de desenvolvimento ativas e aceleradas. Se você fizer somente isso, você estará entre o menos de 1% da população mundial que, neste momento, desenvolveram essa profundidade em ambas as sequências. Isso é certamente, poderíamos dizer, o suficiente para uma vida.

Mas uma das coisas que você pode ter descoberto, à medida que atravessamos os principais de 6 a 8 estágios estruturais do desenvolvimento humano e os 4 a 5 principais estados naturais de consciência humana, é o quão interessantes por si só essas áreas

2. Despertar: Os Passos para a Iluminação

recém-descobertas foram para você. A maioria das pessoas é simplesmente fascinada por esse novo tipo de informação e, de imediato, acham extremamente útil em suas vidas. Essas outras áreas que apresentaremos — embora elas sejam, em certo sentido, "não tão importantes" como as já abordadas — são, no entanto, para a maioria das pessoas, tão interessantes, novas e úteis para tornar suas vidas melhores, mais brilhantes, felizes e saudáveis. Essas áreas são também aspectos desse **mapa composto** ou **supermapa** e têm ocorrido em praticamente todas as grandes culturas da humanidade que apareceram ao longo da história — da pré-moderna para a moderna, para a pós-moderna e para o Integral inicial — e, portanto, elas atendem a esse teste **universal**.

O próximo tópico que exploraremos é chamado de **4 quadrantes**, e de um trio bem conhecido derivado deles: o Bom, o Verdadeiro e o Belo. Você provavelmente já ouviu falar dessas ideias platônicas (embora quase certamente não da maneira que vamos apresentá-las). **O Bom, o Verdadeiro e o Belo** tocam meu coração de uma maneira profunda, mesmo apenas só de ouvir seus nomes. Você também não sente, intrinsicamente, esse apelo? Podemos dilatar (ou Exprimir) nosso processo do Crescer, bem como nosso processo de Despertar, incluindo os 4 quadrantes em nossa própria consciência. E, assim como nos estágios do Crescer e Despertar, apenas ouvir sobre esses elementos parece ativá-los, despertando-os e colocando-os em movimento, para que cresçam e se desenvolvam de seu próprio jeito, trazendo todo o seu Bem, toda a sua Verdade e toda a sua Beleza diretamente para seu próprio Ser e Vir a Ser, tocando essas dimensões com uma Consciência que se torna cada vez mais radiante, deslumbrante, viva e ressonante do que nunca, apenas por psicoativamente tomar consciência desses elementos, praticando a *Mindfulness* Integral em relação a eles, trazendo-os em sua própria Consciência, tornando-se assim cada vez mais e mais Pleno. Dê esse passo a mais, e eu posso praticamente garantir que este será um enorme diferencial.

Isso para não mencionar o fato de que mais uma vez você terá aprendido algo verdadeiramente crucial sobre nossa condição humana. Os elementos da Estrutura AQAL são como o Ser Humano 101 (N.E.: essa expressão refere-se ao sistema de ensino norte americano, no qual as aulas introdutórias de todas as matérias são numeradas com 101, representando assim o nível básico de qualquer aula) — são os aspectos fundamentais e cruciais do **ser-humano-no-mundo** que são tão importantes que, na maioria dos casos, nem uma única grande cultura humana em toda a história os deixou de fora. E ainda, e ainda... Culturas como a nossa efetivamente ignoram ou até mesmo reprimem grande parte dessa informação — o que é absolutamente fundamental sobre o que significa ser uma criatura humana — e assim deixam os indivíduos totalmente por conta própria para entender e descobrir... Se assim o fizerem. É provável que você tenha notado que os dois elementos que introduzimos até o momento — estruturas do Crescer e estados do Despertar — quase não foram mencionados; são praticamente desconhecidos, em nossa cultura geral. Também é possível que você tenha se surpreendido ao ver quanta evidência real de fato existe sobre sua existência — para não mencionar o quão importante elas são. Mas por que isso foi uma novidade para você? Versões dessas verdades deveriam ser parte de qualquer sistema educacional — e da sabedoria comum — em quase todas as culturas. Afinal de contas, estamos falando sobre do que faz de um ser humano um ser humano — é o manual de instruções sobre como usar um organismo humano — e, no entanto, tudo é empurrado debaixo do tapete ou escondido no armário e deixado para alguém que tenha sorte descobrir. Bem, felizmente, você encontrou este livro — que é uma versão dessa informação 101 sobre o ser humano. E inclui as estruturas do caminho do Crescer e os estados do caminho do Despertar, além dos quadrantes do caminho da Expressão de Vida. Não quer dar mais alguns passos comigo e ver se o Bom, o Verdadeiro e o Belo falam profundamente com você também? Isso é, afinal de contas, parte do manual de instruções do universo e como usá-lo...

3. Expressar-se conscientemente: As Muitas Perspectivas da Consciência

Até agora, nós olhamos para os estados de consciência e o caminho do Despertar, e para as estruturas de consciência e o caminho do Crescimento. No Capítulo 1, também examinamos brevemente o material da Sombra, algo que pode ser chamado de caminho do Depurar-se.

Mas, antes de prosseguirmos pelo caminho do Expressar-se conscientemente, deixe-me assinalar que, neste livro, não estamos entrando no caminho do Depurar-se de forma detalhada. A razão é simples: as noções de **inconsciente** e **material da Sombra** são amplamente conhecidas e amplamente aceitas. Desde a imensa contribuição de Freud à psicologia, várias grandes escolas de psicoterapia e psiquiatria desenvolveram-se, e a existência de material *inconsciente* ou *reprimido* é amplamente acordada (pelo menos por várias escolas de psicologia). Além disso, com pouco esforço, é possível encontrar um número de praticantes de diversas formas de psicoterapia, em uma área próxima a você, de modo que obter ajuda para esse tópico é bastante fácil e algo amplamente aceito pela sociedade.

O que quero enfatizar aqui — e o motivo pelo qual estou mencionando isso — é que o caminho do Depurar-se não é bem abordado, ou nem mesmo sequer citado de forma alguma, por qualquer escola do Crescer ou, mais significativamente, por qualquer escola do Despertar. Isso significa que, se você está tendo problemas emocionais ou mentais, provavelmente terá que tratar essas questões separadamente. Basta assumir que, digamos, um caminho de meditação não irá, por si só, curar importantes e prementes problemas de Sombra. Estes têm de ser abordados diretamente, além de outras práticas, e tratados de diversas formas (e as pesquisas continuam a mostrar que a taxa de cura desses vários tratamentos é essencialmente a mesma em todas as principais formas de terapia amplamente utilizadas, com cerca de 60% de melhora significativa). Meditação, com certeza, ajudará, e você pode intencionalmente escolher um terapeuta que trabalhe com meditação. Mas não conte com a meditação por si só para lidar com seus problemas de Sombra. Abordagens espirituais para problemas psicoterapêuticos, embora possam auxiliar em algum grau, apenas não atenderão às principais questões de forma suficientemente direta ou eficaz de modo seguro e confiável. Há uma grande variedade de abordagens para problemas de Sombra, e investir um pouco de tempo *on-line* vai mostrar o quão grande esse número realmente é.

Basta perceber que a questão principal com a qual estamos lidando nesta apresentação — descobrir todas as principais áreas de seu próprio ser e tornar-se consciente delas, aplica-se também ao material oculto da Sombra e as abordagens que estamos tratando, incluindo Crescer, Despertar e, logo, Expressar-se conscientemente — são áreas que não são amplamente conhecidas ou aceitas em nossa cultura e, portanto, grande parte desse material que estamos apresentando será bastante novo para você. Mas o trabalho da Sombra é, como observado, amplamente disponível e aceito, e tem sido há, pelo menos, cem anos. Gostaria apenas de salientar que a área geral do Depurar-se não é bem tratada pelas práticas do Crescer ou pelas práticas do Despertar (nem das do Expressar-se conscientemente, também). Eu, no entanto, recomendo que você se submeta a alguma forma de terapia (incluindo versões de autoajuda amplamente disponíveis em livros ou *on-line*, que podem ser bastante eficazes). Poucas pessoas escapam às torturas de ser educadas sem algum tipo de material de Sombra, e este é muito hábil em ocultar-se de ser um objeto de consciência. Portanto, não se pode ter muita ajuda com as práticas do Crescer ou Despertar (que normalmente também são conteúdos que evitam se tornar objetos de consciência), mas esse material é especializado em fazer descarrilar ambos os caminhos (do Crescer e do Despertar) em um grau significativo se isso estiver ativo

3. Expressar-se conscientemente: As Muitas Perspectivas da Consciência

e severo. Então, se você tem alguma necessidade de trabalho terapêutico, definitivamente não hesite em procurar ajuda.

Dessa forma, embora não tenhamos nos concentrado em detalhes sobre as práticas do Depurar-se, continuaremos tratando o tema geral de tornar o sujeito objeto, de aumentar nossa totalidade e unidade na diversidade e de nos tornarmos cada vez mais conscientes das dimensões de nosso ser e consciência que foram previamente apresentadas, mas não totalmente, ou apenas bem pouco, realizadas. Assim, além de nos tornarmos conscientes de nossas estruturas de consciência (em termos do Crescer) e de nossos estados de consciência (em termos do Despertar), vamos dar uma séria atenção às nossas *perspectivas* de consciência — um processo que chamamos Expressar-se conscientemente, ou estar autêntica e plenamente presente em nossas vidas. E posso assegurar-lhe que, em poucos minutos, você descobrirá algumas dimensões novas e fascinantes de si mesmo.

Assim, neste capítulo, vamos olhar para os quadrantes em conexão com este caminho geral do Expressar-se conscientemente. Quantas maneiras existem para nós realmente nos expressarmos conscientemente em nossas vidas?

Uma das questões do Expressar-se conscientemente a respeito da qual as pessoas mais estão interessadas são os *relacionamentos*. Para responder à questão de como aplicar *mindfulness* aos nossos relacionamentos, gostaria de introduzir mais alguns elementos da Estrutura Integral Geral (AQAL), começando com **quadrantes** e como eles podem ser incorporados em uma prática completa de Meditação Integral, com especial interesse nos relacionamentos.

Os 4 Quadrantes

Anteriormente, abordamos o fato de que os quadrantes são um componente da Estrutura AQAL. **Quadrantes** significam apenas as quatro dimensões ou perspectivas fundamentais pelas quais praticamente qualquer coisa pode ser vista, observada, entendida — e **deveriam** ser vistas se quisermos garantir que estamos cobrindo todas as bases importantes com referência a qualquer elemento a ser examinado.

O ponto sobre estas 4 perspectivas fundamentais é que cada uma delas nos dá tipos de informação e dados muito importantes, mas bem diferentes. E ainda assim, pouquíssimas abordagens incluem todas as 4 perspectivas. Em vez disso, grandes escolas em diversas disciplinas tendem a se concentrar em apenas uma dessas perspectivas, deixando de fora as outras ou mesmo negando sua realidade. Cada quadrante tem seus fortes defensores; poucas abordagens, infelizmente, defendem a todos os quatro. Contudo, se o fizermos, obteremos uma visão muito mais rica, mais verdadeira, mais completa e mais eficaz de tudo, do governo aos negócios, da segurança à política externa, da ciência à arte, da moral à história, da economia às leis, do crescimento pessoal à terapia, das relações amorosas à educação de crianças, da psicologia à filosofia e à espiritualidade. Todos esses tópicos — de fato, praticamente qualquer tópico — podem ser abordados de forma integral, inclusiva e compreensiva — juntando-se estruturas e estados, e agora **quadrantes** (e logo, **linhas**). E quando fazemos isso, os resultados são muito mais satisfatórios.

Os Quadrantes nos Negócios

Para dar um exemplo introdutório rápido sobre como aplicar a Abordagem Integral a um campo, podemos tomar as principais teorias de gestão de negócios — como gerenciar funcionários, o que é gestão e de que maneira ela funciona e, além de como obter sucesso fazendo o melhor. Especialistas tendem a concordar que existem, pelo menos, quatro tipos principais de teorias de gestão, atualmente predominantes, conhecidas como Teoria X, Teoria Y, Gestão da cultura e Teoria de sistemas.

A Teoria X centra-se no trabalhador individual e na produção pessoal de uma forma objetiva, científica, externa e analítica. Centra-se na recompensa individual e na punição — a chamada motivação **a cenoura e o chicote** — e ainda dá atenção à produção individual e à avaliação do controle de qualidade. Mas o indivíduo, seus objetivos exteriores e comportamentos são o foco principal da teoria. Esse ainda é um tipo primário de administração no mundo dos negócios de hoje.

3. Expressar-se conscientemente: As Muitas Perspectivas da Consciência

A Teoria Y, por outro lado, olha para o *interior* do trabalhador individualmente, para aquilo que torna os funcionários (e líderes) felizes; como eles podem encontrar significado em seu trabalho; como seus empregos podem fornecer valor e propósito para suas vidas; como o local de trabalho pode se tornar uma fonte de alegre engajamento. A hierarquia de necessidades de Maslow é, muitas vezes, usada para tratar essa questão. Maslow descobriu que os indivíduos crescem e se desenvolvem por meio de uma hierarquia aninhada de necessidades — em sequência, são necessidades fisiológicas, de segurança, necessidades de pertencimento, de autoestima, de autorrealização e de autotranscendência (essas são variações, é claro, dos nossos de 6 a 8 níveis principais de desenvolvimento como aparecem na linha de necessidades). Quando uma necessidade menor surge e é satisfeita, então o próximo nível mais elevado de necessidade pode emergir; se isso é adequadamente satisfeito, então o próximo e mais elevado nível emerge, e assim por diante. O ponto é que os indivíduos têm diferentes necessidades e motivações nos estágios de crescimento e desenvolvimento, e indivíduos em diferentes níveis de necessidades serão motivados a trabalhar por razões distintas e, portanto, como trabalhadores, *eles precisam ser gerenciados de diversas maneiras muito diferentes.* Por exemplo, os indivíduos com necessidades de autorrealização acham que o significado no trabalho é mais importante do que o salário recebido — e assim o significado e o valor, e não a remuneração, se tornam mais importantes para eles. A famosa empresa de pesquisas Gallup conduziu um estudo mundial, perguntando às pessoas o que é mais importante para sua felicidade. A resposta dada, na maioria das vezes, não era o dinheiro, nem a família ou o casamento, nem a fama — em vez disso, era um "bom trabalho" — um trabalho que seja significativo, com propósito e valor. Como o presidente da Gallup Inc. afirmou:

> *"O que todo mundo quer é um bom trabalho. Essa é uma das descobertas mais importantes que Gallup já fez"*[1].

---
[1] Jim Clifton, *The Coming Jobs War* (Gallup Press, 2011), p. 10.

E, no entanto, estudos mostram consistentemente que, no Ocidente, menos de um terço de todos os funcionários estão envolvidos ou felizes com seus trabalhos — o que é uma estatística horrível. Bem, para a Teoria Y o interior dos indivíduos é o ingrediente mais importante para uma excelente gestão de negócios. Satisfaça o interior, as necessidades intrínsecas e os desejos de cada funcionário, e você terá uma empresa bem-sucedida (e feliz)!

O terceiro grande tipo de teoria da gestão é uma abordagem inteiramente nova que entrou em cena nos anos 1980 e foi referida como **Gestão da cultura**. O que é a cultura? A cultura é, em certo sentido, o interior de um grupo: são os valores, os significados, a finalidade, a ética e a moral, partilhados pelo grupo, a compreensão mútua, os hábitos e, a história e as cosmovisões partilhadas. É o *lado de dentro* que mantém um grupo unido, assim como seus sistemas e redes exteriores os mantêm conectados pelo lado de fora. Todos os indivíduos existem em vários grupos — família, amigos, colegas, às vezes filiações religiosas ou políticas, tribos, estados, nações, uma humanidade coletiva. E todo negócio, como um grupo particular de indivíduos, tem uma cultura específica, um conjunto interior de valores, significados, regras e papéis que mantêm o grupo unido (por dentro). Como os peritos em administração começaram a estudar o que mais interessa na gestão de negócios, eles logo se depararam com a própria cultura da empresa. O professor James Heskett da *Harvard Business School* confirma que uma cultura forte pode ajudar ou prejudicar o desempenho. A cultura eficaz representou **até metade [metade!] da diferença de lucro operacional** entre duas organizações no mesmo negócio, de acordo com sua pesquisa[2]. Outro especialista disse:

> *"Orientar a cultura é o trabalho mais importante de qualquer líder. Há uma cultura, e há tudo o mais".*

---

[2] Veja James Heskett, *The Culture Cycle: How to Shape the Unseen Force That Transforms Performance* (Upper Saddle River, NJ: Pearson FT Press, 2011), p. 2.

3. Expressar-se conscientemente: As Muitas Perspectivas da Consciência

Peter Drucker (1909-2005), mundialmente famoso guru da liderança, afirmou:

"A cultura devora a estratégia no café da manhã".

Em outras palavras, uma cultura orientada é mais importante do que a estratégia de negócios e planejamento em si! Em suma, a Gestão da cultura é administrar os *interiores* de um *grupo*.

A quarta e última teoria principal é a sempre presente escola da Teoria de sistemas. Enquanto a Gestão da cultura olha para os interiores do grupo — e os encontra interligados em redes de significado, compreensão mútua e sistemas de valores — a Teoria de sistemas examina os *exteriores* do grupo — com o que o grupo se parece olhando de fora, a partir de uma posição objetiva — e os encontra entrelaçados em redes de sistemas inter-relacionados, estruturas, malhas físicas. A Teoria de sistemas sustenta que cada indivíduo está estabelecido em redes e sistemas de processos interdependentes e interligados — e esses sistemas, essas redes que são, em última instância, reais. Somente estudando todo o sistema, e não suas partes, pode-se alcançar uma verdadeira compreensão da situação. Por isso, a gestão empresarial e a liderança centradas na Teoria de sistemas enfatizam a gestão global dos sistemas de uma empresa como uma única teia (*Web*) unificada (que, por sua vez, faz parte de uma teia maior de mercado e de um sistema maior de organizações internacionais, ambientais e teias planetárias), e não como um conjunto atomístico, separado de indivíduos, divisões e partes. Agora, a Teoria de sistemas não trata das grandes dimensões interiores de indivíduos ou grupos: veja qualquer livro de Teoria de sistemas e não encontrará nada sobre valores compartilhados, moral, arte ou estética, propósito ou significado, e assim por diante. Ela lida com "inteiros", mas apenas "inteiros" como vistos de fora, de uma forma objetiva, muitas vezes "científica". A Teoria de sistemas, em outras palavras, ocupa-se dos *exteriores dos grupos*.

Então, qual dos quatro está correto? De acordo com a Teoria e Prática Integrais, todos eles estão. Assim, seguindo a Abordagem

Meditação Integral

Integral, em vez de querer saber qual deles está certo e qual está errado, perguntamos: qual visão da realidade permitiria integrar TODAS essas visões, que tem uma parte importante do quebra-cabeça total, gerando assim uma verdade global sobre a gestão de negócios? Depois de estudar centenas de teorias diferentes dos tempos pré-moderno, moderno e pós-moderno, a Teoria Integral sugere que, conforme indicado por exemplos de negócios como o citado, cada fenômeno pode ser observado por, pelo menos, quatro grandes perspectivas ou dimensões que chamamos de quadrantes — ou seja, o interior e o exterior do indivíduo e do grupo (ou coletivo). Isso nos dá quatro grandes perspectivas ou dimensões, os **4 quadrantes** — o interior e o exterior do indivíduo e do grupo — perspectivas/dimensões essas que são intrínsecas ao *Kosmos* em todos os níveis, de cima a baixo.

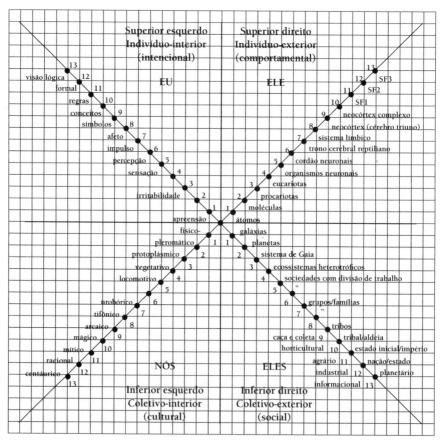

Figura 3.1 Alguns detalhes dos 4 quadrantes.

3. Expressar-se conscientemente: As Muitas Perspectivas da Consciência

Como veremos, há muitas maneiras de representar esses 4 quadrantes. A Figura 3.1 é uma delas e mostra apenas alguns exemplos dos elementos encontrados *dentro* de cada um dos 4 quadrantes, até o ponto de vanguarda da evolução hoje, a saber, o nível turquesa Integral. Observe que os mesmos níveis básicos de desenvolvimento — ou níveis de "altitude" — aparecem em todos os 4 quadrantes, de modo que cada item listado tem correlatos em todos os 4 quadrantes/dimensões, destacando o fato de que os 4 quadrantes são 4 pontos de vista distintos ou perspectivas da mesma ocasião fundamental. Mas, observado pelos quadrantes/pontos de vista, cada item aparece muito diferente e, em certo sentido, *é* bastante diferente, uma vez que cada perspectiva simplesmente destaca uma dimensão diferente do mesmo evento. O problema começa — como veremos adiante com clareza cada vez maior — quando nem todas as 4 dimensões são incluídas de algum modo em qualquer evento; o resultado é uma categórica distorção e negação da realidade e do que realmente está acontecendo. Esse é um dos principais fatores que contribuem para um mundo fraturado, fragmentado, quebrado, no qual a maioria dos seres humanos se encontra agora vivendo. E uma das maneiras mais simples de começar a curar este mundo esmagado e fragmentado é incluindo a visão de todos os 4 quadrantes em qualquer discussão significativa de qualquer evento importante.

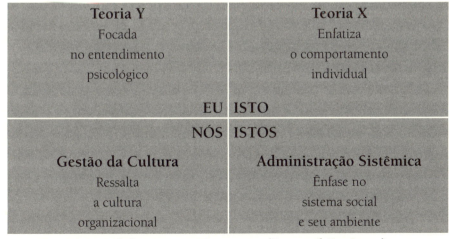

Figura 3.2 Negócios Integrais (*Integral Business*).

A Figura 3.2 é um resumo simples de como fizemos isso com os Negócios Integrais. E tenha em mente que cada um dos quadrantes também *contém* níveis (também conhecidos como ondas, estágios ou estruturas) e linhas (ou correntes) e estados e tipos. Temos nos concentrado em estruturas e estados no Quadrante Superior Esquerdo — o interior do indivíduo, ou o espaço **eu** (e o espaço EU-EU), mas estas áreas gerais (níveis, linhas, estados, tipos) estão presentes em todos os quadrantes. Porém, não há nenhuma razão para se preocupar com esses detalhes agora; uma vez que tivermos compreensão um pouco melhor dos próprios quadrantes, faremos um *abrir de olhos* por meio da **Mindfulness** Integral nos quadrantes, que será verdadeiramente revelador, o que tornará dramaticamente óbvia a realidade deles, esclarecendo assim toda essa discussão meramente teórica. Nós iremos particularmente nos focar nos relacionamentos pessoais como exemplos, o que certamente trará muita clareza sobre todo tipo de relacionamento que você estiver vivendo, seja ele um relacionamento íntimo, profissional, familiar ou de amizade. Mas primeiro vamos olhar para os dois quadrantes que lidam com o indivíduo, tanto em suas dimensões interiores quanto exteriores (ou os dois quadrantes superiores). O *interior* de um *indivíduo* nos dá um espaço **eu** (o lar da Teoria Y), e a visão *exterior* ou objetiva de um *indivíduo* nos dá um espaço objetivo, externo ou **isto** (o objeto controle da Teoria X).

Eu, Nós e Isto

Assim, vamos começar com os dois quadrantes que lidam com o indivíduo, em ambas as suas dimensões interiores e exteriores (ou os dois quadrantes superiores). Como observamos, o *interior* de um *indivíduo* nos dá um espaço **eu** (o lar da Teoria Y). Já a visão *exterior* ou objetiva de um *indivíduo* nos dá um espaço objetivo, externo ou **isto** (o objeto controle da Teoria X).

Em seguida, vamos olhar para o grupo ou o coletivo, também em ambas as dimensões interior e exterior (ou os dois quadrantes

3. Expressar-se conscientemente: As Muitas Perspectivas da Consciência

inferiores). O *interior* do *grupo* ou rede nos dá um espaço coletivo **nós** (o lar da Gestão da cultura); e o *exterior* do *grupo* ou do coletivo nos dá um espaço **istos** (**istos** sendo o plural de **isto**) — um espaço de sistemas coletivos exteriores ou redes (o lar da Teoria dos sistemas). Mas, novamente, não apenas negócios, mas todos os tipos de atividades — incluindo relacionamentos que veremos num momento — podem e devem ser olhados por todos esses quatro quadrantes. Claramente, todos eles têm algo muito importante para oferecer.

Os quatro quadrantes — **eu, nós, isto** e **istos** — são, às vezes, reduzidos a três quadrantes principais, combinando os dois quadrantes objetivos e exteriores (**isto** e **istos** — os 2 quadrantes da direita) em um único espaço objetivo; portanto, **eu, nós** e **isto**. Essas 3 (ou 4) dimensões aparecem em praticamente todas as sociedades: pré-moderna, moderna e pós-moderna. Todas as principais línguas, por exemplo, têm pronomes de 1ª, 2ª e 3ª pessoas. Revendo: **1ª pessoa** é a que fala (ou eu, meu, mim) — o espaço **eu**, o interior do indivíduo (o Quadrante Superior Esquerdo); **2ª pessoa** é a com quem se fala (ou você; e você + eu = nós) — o espaço **nós**, o coletivo interior (ou Quadrante Inferior Esquerdo); e a **3ª** *é a pessoa* ou coisa sobre o que se fala (ele, ela, eles, elas, ou simplesmente **isto** ou **istos**) — o espaço exterior objetivo **isto** ou objetivo individual e coletivo (os quadrantes da direita).

Esses 3 quadrantes são a base das qualidades conhecidas como o Bom, o Verdadeiro e o Belo. O **Bom** é ética: como **nós** tratamos uns aos outros (o espaço **nós**). O **Verdadeiro** é o que é objetivamente verdadeiro, individual ou coletivo (o espaço objetivo **isto/istos**). E o **Belo** é a Beleza que está no **olho** — e no **eu** — de quem olha (o espaço **eu**). Como vimos com as 4 principais teorias de gerenciamento de negócios, esses 3 ou 4 quadrantes possuem cada um, uma visão ou perspectiva diferente das coisas, eles têm diferentes valores e significados, diferentes tipos de verdade e diferentes tipos de informações — e tudo isso é profundamente importante.

Os Quadrantes nos Relacionamentos
Como posso aplicar mindfulness aos meus relacionamentos?

Agora chegamos a uma questão de grande interesse para a maioria de nós — como olhar através de todos os 4 quadrantes em nossas relações pessoais, particularmente num relacionamento amoroso. A primeira coisa a perceber é que cada relacionamento tem, pelo menos, essas 3 (ou 4) grandes perspectivas: há dois espaços **eu**, reunindo-se para criar um espaço **nós**, que é dependente de vários fatores objetivos ou verdadeiros acerca de todos esses itens (ou **isto/istos**). Então, nós queremos aplicar *mindfulness* aos espaços **eu, nós** e a quaisquer fatos ou **istos** relacionados a casos. Temos de colocar alguns fundamentos experienciais para este trabalho com relacionamentos. Por isso, novamente, por favor, fique comigo pelo menos nesses primeiros passos e repare como esse processo ajuda muito a esclarecer qualquer relação que você esteja vivendo neste momento.

Podemos começar com uma simples percepção do seu próprio espaço **eu**. Já fizemos isso quando olhamos para os níveis de desenvolvimento do pequeno e convencional *self*, ou **eu**, bem como quando olhamos para os estados de desenvolvimento, como a Testemunha, ou EU-EU (o EU-EU é, lembre-se, o termo de Ramana Maharshi para a Testemunha ou o Verdadeiro Eu, uma vez que é o Eu Observador que está ciente do pequeno *eu* convencional). Então, com isso, queremos dizer qualquer combinação ou composição do Eu Supremo (EU-EU) e o eu relativo (eu) que você possa ter. Se está frequentemente consciente para o estado da Testemunha, e seu *eu* convencional está, por exemplo, no estágio verde, então seu sistema do eu é **Testemunha/Verde**. Mas simplesmente esteja ciente de qual é o seu principal estado (grosseiro, sutil, causal, testemunha, ou União não dual) e qual é o seu principal nível ou estrutura de crescimento (mágico, mítico, racional, pluralista, integral). Esse *eu global* (a combinação do seu eu-estrutura e do seu eu-estado — o **centro de gravidade duplo**) é o que você normalmente está consciente quando pensa em si mesmo ou se refere a si mesmo, e — o tópico aqui —

3. Expressar-se conscientemente: As Muitas Perspectivas da Consciência

esse eu global é o que você trouxe para esse relacionamento e é o que determina porque você está nesse relacionamento, o que quer dele, o quanto está disposto a comprometer-se (ou renunciar a aquilo que tem como "verdade", a fim de anuir com aquilo que seu parceiro quer e tem como verdade).

Agora, uma das primeiras coisas que é ensinada a muitos casais em terapia é o uso da linguagem **eu** para fazer declarações pessoais de experiência ou de opinião, em vez de usar **ele(a)** para afirmar supostamente um fato. Ou seja, em vez de dizer coisas como "Sempre que trabalhamos juntos você é incrivelmente julgadora", pode falar: "Sinto-me incrivelmente julgado por você sempre que trabalhamos juntos". Essa é a sua própria experiência ou reação; você não está acusando a outra pessoa de julgar como um fato absoluto, ou culpando-a com uma declaração objetiva **isto/istos**; simplesmente está expressando sua experiência **eu**, que você experimenta como *seu* sentimento e comunica isso ao seu parceiro(a) em vez de acusá-lo(a). Claramente, **eu** é distinto de **isto/istos**. "Na minha experiência, você parece X" é completamente diferente de "Você *é* X".

As pessoas não percebem o quão frequentemente confundem suas reações sentimentais — e também suas opiniões intelectuais — com uma verdade absoluta e objetiva. Vamos continuar com o exemplo das opiniões, que é mais simples para trazer à tona o nosso ponto. Uma discussão quase sempre se segue quando duas pessoas tratam suas opiniões **eu** como fatos (como afirmações **isto**), e não há nenhuma maneira de elas chegarem a um acordo se continuarem insistindo na realidade factual de suas opiniões subjetivas. Se um está certo, o outro está errado — e ambos pensam que estão certos. Eles confundiram suas perspectivas de **eu** e **isto** (ou seja, esses dois quadrantes principais). Sempre que isso acontece, há um conflito no espaço **nós** como o choque dos dois **eus** sobre suas versões da verdade, ou o **isto/istos** de cada um, ambos pensando que têm a versão correta — a versão **isto** objetivamente correta. Mas, na verdade, cada um apenas está afirmando a sua própria preferência, escolha ou gosto **eu**.

189

Então, vamos entrar nessas perspectivas, uma de cada vez, com a *Mindfulness* Integral, e ver se podemos começar a esclarecer essa situação.

Eu e Isto

Uma das primeiras coisas que você precisa em qualquer relacionamento é ter um bom senso das grandes diferenças entre esses três espaços — o espaço **eu, nós** e **isto**. Então, comece com **eu** e com **isto**. Concentre-se em um gosto que você pode ter — eu prefiro milk-shake de baunilha ao de chocolate. Agora, o que eu sinto — "*Eu* prefiro a baunilha, tem gosto melhor para mim" — é completamente diferente de alegar que "baunilha *é* o melhor" de uma forma objetiva, como se isso fosse uma declaração universalmente verdadeira, objetiva, **isto**. Portanto, concentre-se no sentimento de *preferência* — simplesmente imagine dois objetos — um milk-shake de baunilha e um de chocolate vão funcionar bem, supondo-se que você prefira um deles, aplique a atenção plena à ação interior que você adota quando olha para ambos e depois olhe para o seu favorito. A preferência envolve uma escolha, e essa escolha envolve seu gosto pessoal. Esteja ciente de todos os três — objeto, escolha e gosto; veja ambos os objetos na sua frente (milk-shake de baunilha e de chocolate); observe-se ponderar qual escolher (reveja em sua mente o que você faz); então, veja a sua preferência surgindo — imagine-se desejando o que você prefere; em seguida, veja-se realizando uma escolha e buscando pelo seu favorito (e lembre-se, você não tem que *fazer* nada com essas imagens — apenas veja-as, videoteipe-as). Ao fazer isso, observe que a outra opção ainda está lá aguardando (como parte da Pintura Total de Tudo O Que É) e claramente obtenha a sensação de que sua escolha é um gosto, uma preferência de 1ª pessoa, e não uma afirmação de 3ª pessoa **isto**, como um fato ou verdade universal. A outra opção ainda está lá aguardando, e muitas outras pessoas a escolheriam.

O gosto é um fenômeno interessante — dentre muitas escolhas possíveis, nós preferimos uma, não por nenhuma razão univer-

3. Expressar-se conscientemente: As Muitas Perspectivas da Consciência

salmente verdadeira, mas por nossas próprias preferências pessoais. O desejo pessoal é uma chave aqui (e o desejo é uma questão-chave no Budismo; de fato, de acordo com o Budismo, todo o sofrimento humano é causado pelo desejo e apego — diríamos, por meio da Evasão Primordial). Mas o que podemos dizer, com certeza, é que confundir os desejos do *eu* pessoal com fatos ou verdades objetivas (o objeto **isto**) nos expõe a conflitos intermináveis quando tentamos forçar nossas preferências e gostos simples no mundo como se elas não fossem escolhas, mas dados absolutos que qualquer pessoa deveria reconhecer. Esses problemas surgem e se tornam evidentes nos relacionamentos particularmente, nos quais, além de uma série de fatos sobre o outro, as duas pessoas têm uma riqueza de opiniões, gostos e preferências que são adicionados nessa mistura. Se tivermos um conflito firmado em fatos, geralmente há uma maneira de resolver isso: nós simplesmente verificamos uma série de fontes, ou os itens do Google, e descobrimos qual é a verdade, quais são os fatos. Você pode estar lutando com os custos de uma casa que vocês dois gostaram e estão tentando decidir se querem comprá-la ou não. É bastante simples: basta procurar o preço anunciado — e isso terminaria esse conflito. Mas, enquanto você decide se compraria ou não a casa — isso depende, não apenas de fatos objetivos sobre a casa —, seu custo, seu tamanho, o número de quartos que tem, sua cor, sua localização, os sistemas escolares e rotas de ônibus na área, e assim por diante, os quais são facilmente verificados objetivamente **istos** — contudo, vocês também têm suas preferências, o que lhes atrai e o que não lhes atrai, seus gostos. E é aí que precisa ter muito cuidado para reconhecer um gosto como um gosto, não como uma verdade universal; é uma preferência do **eu**, não um fato objetivo **isto**.

Então, como nos sentimos quando confrontados com fatos, com verdades **isto**? Tome qualquer quantidade de fatos simples. A água ferve a 100 graus Celsius. Todos os solteiros são não casados. Uma lua cheia existe e ela ocorre aproximadamente uma vez por mês. Qual é a sensação de ser confrontado com qualquer um desses fatos? Como reagimos? Há muito pouco desejo ou escolha emergindo em relação a isso, não é? Quando você olha diretamente para a lua cheia, em termos de sua existência, por exemplo, há apenas a existência objetiva da lua, sua simples existência, inegável, para você e para todas as outras pessoas que se preocupam em olhar. Sem debates na tentativa de decidir se isso é assim ou não; sem desejos ou preferências ou gostos envolvidos; apenas a simples existência objetiva de uma determinada verdade — lá está a lua, ela existe claramente, não há escolhas ou preferências complicadas em relação a isso. Agora, a esse fato **isto**, posso adicionar os meus gostos e preferências: posso achar a lua cheia romântica; posso achar isso uma tolice; poderia ter uma fascinação de astrônomo por ela ou acreditar que ela é secretamente habitada por alienígenas. Mas uma coisa é certa — há uma grande diferença entre meu gosto **eu** e o mundo real de fatos **isto**, e em nenhum lugar isso se torna mais óbvio do que nos conflitos sobre o que é certo ou errado entre mim e meu parceiro romântico.

Torne-se o mais consciente possível desses dois domínios ou espaços muito diferentes. Escolha vários itens de cada um — a partir das suas preferências do espaço **eu** e do espaço **isto** de fatos reconhecidos — e veja como você realmente responde a cada um quando está plenamente consciente do que está olhando. Preste especial atenção às grandes diferenças entre esses reinos e como, de fato, são diferentes quando você realmente os sente, quando uma pura atenção é dada. O gosto do **eu** sempre envolve uma escolha, talvez escondida, mas presente; entretanto, o fato **isto** envolve apenas uma consciência direta de sua **existência objetiva**, ou seja, pouca escolha sobre isso. Preste muita atenção ao mudar de um para o outro e, particularmente, examine os elementos que *você* chama de **fatos** e veja quantos deles realmente envolvem suas preferências ou gostos.

Especialmente faça isso com qualquer conflito ou discussão que tenha com seu/sua parceiro(a). Lembre-se de usar declarações **eu** em vez de **isto**, sempre que tenha uma visão mais exata do que está fazendo (por exemplo, "Eu me sinto fortemente julgado por

3. Expressar-se conscientemente: As Muitas Perspectivas da Consciência

você agora" *versus* "Você está me julgando fortemente")[3]. Se você fizer isso, inúmeros argumentos simplesmente cessarão, em especial se seu/sua parceiro(a) for recíproco. Você pode então passar de uma discussão insolúvel sobre *fatos* (insolúvel porque não são realmente fatos, mas gostos e, portanto, não há nenhuma fonte com a qual possa verificá-los, de modo que o argumento, assim enquadrado, nunca poderá ser resolvido) a uma discussão a respeito de comprometimento e concordância sobre como combinar diferentes gostos em uma resolução que ambos possam aceitar. De "Isto é assim!" *versus* "Não, aquilo é assim!" — a "Eu prefiro isso" e "Bem, prefiro aquilo" — a "Bem, talvez nós possamos preferir fazê-lo assim", que é uma maneira ativa e mutuamente compreensiva de lidar com diferentes gostos **eu** em um determinado espaço **nós**, *versus* um argumento insolúvel entre supostamente fatos **istos** que, na verdade, sendo gostos, nunca podem ser resolvidos.

Eu, Você e Nós

Agora vamos mudar para os espaços **você** e **nós**. A sensação de **você** é particularmente interessante. Primeiro, é claro, é definitivamente diferente do seu próprio espaço **eu** (embora possamos pressupor que um **você** tem seu *próprio* espaço **eu** também). Então, leve alguns minutos para ter em mente essas diferenças. Alterne entre estar consciente do sentimento **eu** e do sentimento **você**. Observe como geralmente o seu espaço **eu** se sente (e isso significa como o seu espaço **eu** convencional se sente, combinado com qualquer espaço EU-EU último que você possa ter — *seu eu global*). Basicamente, isso significa notar seu senso de si mesmo (de ser um eu separado de tudo mais). A maioria das pessoas sente seu **eu** como localizado em algum lugar do corpo (a cabeça, o coração ou os intestinos), de modo que talvez essa seja uma forma para você reconhecer seu espaço **eu**.

---

[3] No livro de Diane Hamilton, *Everything Is Workable: A Zen Approach to Conflict Resolution* (Boston: Shambhala Publications, 2013), ela aborda este tópico da atenção plena em todos os tipos de relacionamentos de forma muito completa e útil.

O **eu** é o lar de inúmeros desejos, gostos e preferências particulares. Mas todos eles estão mais ou menos sob o seu próprio controle.

Nada disso é verdade para um espaço **você**, que é marcado principalmente pela sensação de que este espaço **você** não está sob seu controle. Seu espaço **eu** tem seu próprio centro de controle. Mas, por várias razões, você está atraído por essa pessoa, o que basicamente significa que se sente interessado por um pacote de suas próprias características **eu**, **você** e **isto**: você gosta da maneira como essa pessoa parece (seus aspectos **istos** — a altura, o peso, o tamanho, a forma, o cheiro etc.) e seus traços de personalidade **eu**. (Alguns traços de personalidade podem ser universalmente percebidos pela maioria das pessoas — um claro senso de humor, por exemplo —, mas muitos destes você simplesmente gosta por preferência pessoal, assim como muitos dos seus aspectos **isto** que você também gosta como preferência pessoal: algumas pessoas gostam de seus parceiros altos, morenos e bonitos, enquanto outros preferem os baixos e esguios; alguns preferem os tipos musculosos, outros se interessam por figuras do tipo capa da *Playboy*, e assim por diante, numa infinita lista de gostos pessoais **eu**.) Mas, por causa de uma combinação estranha de fatos e preferências, você é atraído por essa pessoa (um fato que realmente envolve itens de todos os 4 quadrantes, de fatores psicológicos no espaço **eu** a fatores culturais no espaço **nós** e a fatores biológicos e hormonais do espaço **isto**).

Porém, há um valor fundamental em ser capaz de ver, dialogar, se comunicar e entender qualquer **você** que encontrar, goste dele ou não. É preciso ser capaz de assumir o *papel do outro*, a fim de ter qualquer noção do que ele está pensando, sentindo, intencionando. E um dos fatores mais importantes na criação de relacionamentos é se cada parceiro realmente presta atenção ao ponto de vista que seu parceiro está tomando. Em outras palavras, a capacidade de deixar de lado o que o próprio **eu** está pensando e ver o que o mundo parece do ponto de vista do parceiro, a partir do espaço **eu** do outro. Quanto mais puder fazer isso — e quanto mais seu parceiro puder fazer isso com você, mais seu **eu** e o **você** dele se combinarão em um

3. Expressar-se conscientemente: As Muitas Perspectivas da Consciência

espaço **nós**, de compreensão compartilhada e mútua, a base de todos os genuínos espaços **nós**.

Se você encontrar uma pessoa que não tem absolutamente nada em comum com você — elas falam uma linguagem completamente diferente, você não consegue entender uma palavra do que dizem, elas são de uma cultura totalmente diferente, com outros valores, significados e desejos — essa pessoa sequer é uma 2ª pessoa para você (2ª pessoa é aquela com quem se está falando), porque você não pode falar com ela; na verdade, elas não são muito mais do que uma 3ª pessoa **isto** para você (3ª **pessoa** é alguém ou coisa *sobre a qual* você está falando), ou seja, um mero objeto, como uma pedra. E *absolutamente nada em comum* significa *totalmente nada em comum*. Assim, também não há linguagem corporal. Você não pode conversar com elas, só pode falar sobre elas — de fato, não há um **nós** formado, mais do que você formaria um **nós** com uma pedra ou um monte de terra. Logo, uma das coisas ocultas sobre um **você** é que, se ele é um **você** real (uma pessoa com quem você está falando ou com a qual se relaciona genuinamente), ele faz parte de um **nós**, ou você nunca seria capaz de vê-lo, falar ou se comunicar com ele — eles seriam um mero objeto 3ª pessoa, uma pedra (as dimensões do Lado Esquerdo não são vistas, mas apenas as do Lado Direito — não um **tu/você**, mas um **isto**). A pessoa também pode muito bem estar num coma ou ser de Marte! Ela é um **isto**, não um **tu/você**.

Mas essa capacidade de assumir o papel do outro e ter a visão de seu parceiro — ou seja, tentar ver o mundo a partir do próprio espaço **eu** do outro — é crucial para qualquer bom relacionamento. Uma das queixas mais contundentes que você pode ouvir em qualquer relacionamento amoroso é "meu parceiro simplesmente não me *vê/ouve*". A pessoa (você ou seu parceiro), em outras palavras, não está autenticamente assumindo o papel do outro, vendo as coisas como o outro enxerga, compreendendo os próprios desejos pessoais do outro, suas preferências e gostos — em vez disso, o parceiro impõe seus próprios gostos à outra pessoa. Isso geralmente significa que eles *primeiramente* confundiram gostos **eu** com verdades universais ou fatos **isto**. Desse modo, julgando que essas verdades são a única forma possível e razoável de qualquer pessoa pensar direito, os levam a impor esses **fatos** (seus próprios gostos ocultos) sobre o outro sem sequer pensar a respeito. Tomam suas próprias preferências como se todas fossem *luas cheias* — algo que pode ser visto claramente por qualquer pessoa, e a única maneira das coisas serem, onde nenhuma discussão é realmente necessária, pois meus gostos são a expressão da pura e irrefutável verdade. Então, meus gostos também devem ser seus gostos também — e assim não há necessidade de discuti-los. Mas, em todas as ocasiões, mesmo quando as pessoas enfrentam verdades puramente objetivas **isto**, como uma lua cheia, sempre existe o fator a respeito de que forma reagem, interpretam e sentem esses fatos. A pessoa nem sequer gosta da lua cheia? Talvez alguma coisa horrível tenha acontecido, visivelmente, sob uma lua cheia, e ela tenha passado a odiar luas cheias desde então. Mas quando confundo minhas próprias preferências **eu** com verdades universais **isto**, não tenho necessidade de verificar e ver o que o meu parceiro pensa, ou sente, ou prefere — só pode ser exatamente o que eu prefiro. E assim o parceiro *nunca* se sente visto, ouvido, compreendido, ou, em última instância, até mesmo amado. E esse tipo de relação está destinada ao fracasso. E isso pode acontecer em quase todas as relações dessas pessoas, até que aprendam a olhar e a valorizar o papel do outro, empaticamente, sentindo e experienciando o próprio espaço **eu** do outro.

Façamos isso agora. Você já aplicou *mindfulness* ao seu próprio espaço **eu**. Então, sabe como se parece, como o sente, onde está localizado, que formas e cores tem e como são muitos dos seus desejos, gostos e preferências fundamentais. Agora faça o mesmo com uma pessoa com quem está se relacionando. Preferencialmente, seu parceiro romântico, já que é o que estamos discutindo agora, mas pode ser qualquer pessoa com a qual você esteja mantendo um relacionamento permanente — como um colega de trabalho, amigo ou integrante da família. Comece por estar consciente dessa pessoa

3. Expressar-se conscientemente: As Muitas Perspectivas da Consciência

como um objeto, uma 3ª pessoa **isto**. Como se parece por fora, quais são suas características, seu tamanho e forma, sua altura, peso, idade — suas características ou fatos **isto**? Apenas perceba essas características como fatos ou objetos **isto** e não se você gosta ou não dela, se você a deseja ou não, se a quer ou não — como Joe Friday em *Dragnet* costumava dizer:

"Apenas os fatos, senhora".

Agora, imagine a última vez que você teve uma conversa séria com essa pessoa (não uma discussão, mas um diálogo neutro, embora sobre um assunto bastante significativo). Esteja o mais consciente possível, não apenas do que ela estava dizendo (embora seja um começo importante — o que ela realmente estava dizendo? Você poderia repetir? Seria capaz de repetir isso de uma forma que você e essa pessoa concordem com o significado comunicado?). Mas tente também estar atento *ao que ela quer dizer*, de qual *é o ponto de vista dela* sobre a questão discutida, de que modo *ela está vendo* isso, o que ela realmente pensa sobre isso, como se sente sobre isso. Em outras palavras, seja diretamente consciente da visão do outro. Esteja tão consciente quanto possível do próprio espaço **eu** do outro. Coloque-se na posição do outro e *depois* pratique *mindfulness* em relação ao que vê. Tomar a visão do outro — a visão do espaço **eu** da outra pessoa — quase nunca é recomendado em outras abordagens de treinamento de *mindfulness*, porque há enorme falta de consciência generalizada sobre a importância de todos os 4 quadrantes. Mas esta é uma dimensão muito importante, e este espaço **você** e **nós** merece uma atenção séria. Isso depende de você ser capaz de realmente ver e entender a outra pessoa — o que significa, ver as coisas como ele, ou ela, de fato, as enxergam. Você percebe a diferença? Ver realmente a outra pessoa não significa apenas enxergá-la na sua frente, mas, sim, ver como a outra pessoa está vendo, o que ela está enxergando. A outra pessoa não é apenas um **você/isto** objetificado lá fora; ela tem seu próprio espaço **eu**. E é isso que ela quer que você veja e compreenda. E isso significa deixar de lado suas próprias preferências, desejos e gostos **eu** — o que depende em si mesmo de vê-la como tendo gostos e escolhas **eu**, e não verdades universais **isto**, verdades que são verdades para todos. Ao deixar de lado suas preferências **eu**, você pode tentar ver o espaço **eu** da outra pessoa a partir de dentro, ou seja, de que modo ela própria vê.

Quanto mais vocês dois compartilharem níveis semelhantes de desenvolvimento, melhor serão nisso. Uma das coisas difíceis sobre esses níveis, esses mapas ocultos, é que, porque estão de fato escondidos, não os vemos e certamente não os identificamos como mapas. Eles são inconscientemente tomados como o jeito como as coisas, de fato, são; são involuntariamente confundidos com o próprio território real. Portanto, os valores fundamentais de um mapa oculto não são vistos qual fossem preferências ou escolhas, mas, sim, como as coisas são de fato, para qualquer pessoa e não há nenhuma dúvida sobre isso. Essas preferências escondidas **eu**, esses mapas ocultos, são vistos como fatos **isto/istos** universalmente verdadeiros.

Então, se você estiver no nível laranja e seu parceiro se encontrar no verde, vocês ficarão surpresos um com o outro. Seu parceiro ficará espantado com seu impulso pela conquista e excelência, pelo seu constante impulso ao sucesso, medindo-se por suas realizações (e não pelo seu ser), querendo se destacar o tempo todo e ser melhor nas coisas do que qualquer outra pessoa. Seu parceiro continuará dizendo coisas como: "Por que não podemos simplesmente nos contentar juntos? Por que não podemos fazer coisas que funcionem para todos? Por que não podemos ser amigos? Por que toda essa competição desagradável?". E você continuará dizendo: "Eu não quero estar no mesmo barco com esses perdedores". Vocês ambos pensarão que estão vendo as coisas do jeito como são; que está olhando diretamente para um território real de coisas óbvias e verdadeiras em absoluto; você não conseguirá imaginar alguém que não esteja de acordo com essas verdades fundamentais — isso seria algo como alguém olhar para a lua cheia e afirmar que o que se vê é, de fato, uma lua crescente.

3. Expressar-se conscientemente: As Muitas Perspectivas da Consciência

Mas, se você quer um relacionamento saudável, a prática de *mindfulness* no espaço **eu** do seu parceiro deveria se tornar uma prática fundamental para você. Usando a Teoria Integral ou qualquer bom mapa de desenvolvimento, você começará a notar que vocês estão realmente em níveis distintos de desenvolvimento e assim passará a ter uma ideia de como seu parceiro está vendo o mundo de maneiras diferentes daquelas de seu nível atual. Se for esse o caso, use esse mapa de desenvolvimento para selecionar características, traços, qualidades e valores que seu parceiro provavelmente tenha e procure por elas na medida em que tenta entender e enxergar a partir do próprio espaço **eu** dele ou dela.

Em qualquer situação, quanto mais você assumir adequadamente o papel de outra pessoa e praticar *mindfulness nessa perspectiva* — quanto mais você faz isso, mais seu parceiro se sentirá *visto*; mais você perceberá que sua perspectiva **eu** é apenas as suas próprias preferências, gostos e desejos, e que nem todo mundo sente desse jeito, que isso não são fatos universais **isto**, fatos que são verdade para todos. Enfim, você amará os outros *por causa* de suas diferenças, não apesar delas. E, portanto, seu espaço **nós** irá se tornar mais e mais saudável, porque o seu espaço **eu** abriu mais e mais espaço para o espaço **eu** do outro.

O Espaço Nós

Agora, vamos a uma observação direta do espaço **nós**. Primeiro, tenha uma sensação geral de seu próprio espaço **eu** e fique atento a isso. Em seguida, mude para o espaço **eu** de seu parceiro. Mantenha uma impressão geral a respeito de como você imagina o que ele está sentindo e alguns dos desejos e preferências que podem estar surgindo nele agora. Olhe para o mundo pelo espaço **eu** de seu parceiro por alguns minutos, praticando *mindfulness* em relação a qualquer coisa que surja. Então, volte ao seu espaço **eu** e, a partir desse seu espaço **eu**, coloque sua atenção sobre o sentimento específico de ser um **nós** que você tem com essa pessoa. Essa será a forma como o seu **eu** experimenta este **nós**. Perceba, entre outras coisas, que este

199

espaço **nós** não tem o que alguns filósofos chamam de "mônada dominante". Ou seja, quando meu cachorro, por exemplo, se levanta e se move pela sala, cada átomo, molécula e célula do cachorro se levantam e se movem com ele. Uma metade dele não vai de um jeito e a outra metade vai de outro. Isto não é uma democracia. Não, todos se levantam e se movem pela sala com a **mônada dominante** do cão.

Mas nenhum **nós** — nenhum grupo, nenhum coletivo — tem algo parecido com uma mônada dominante, não há nenhuma perspectiva completamente dominante como essa, na qual, sob seu comando, cada membro do grupo se levante e siga 100% a mônada dominante. Os indivíduos têm mônadas dominantes, e, por sua vez, os grupos têm modos dominantes de discurso, ou modos dominantes de comunicação ou modos dominantes de ressonância, formas pelas quais todos eles (ou quase todos) se comunicam e todos os membros podem se entender e ressoar. Mas nenhuma mônada dominante. E isso significa que o grupo não é um grande organismo, uma única superentidade, com todos os seus membros sendo células dele. Os indivíduos em um grupo não são os mesmos que os átomos em uma molécula ou moléculas em uma célula, ou células em um organismo — não são *partes* de um **eu** maior; eles são **membros** de um **nós** coletivo. O **eu** tem uma mônada dominante; O **nós** não tem. O **eu** é um hólon individual. O **nós** é um hólon coletivo. Essas são coisas muito diferentes.

Então, note que este **nós** não é um único superorganismo, com uma vontade ou mônada dominante — então, você não o controla diretamente nem é controlado por ele. Ele tem uma vida própria. É feito de valores, compreensões, uma boa quantidade de preferências e gostos compartilhados (isto é provavelmente uma das principais coisas que os atraíram um ao outro — seus valores e gostos compartilhados), uma atração mútua e algum tipo de história. Cada um de vocês vê esse **nós** através de seu próprio espaço **eu**, e assim será, como em relação a todas as coisas, uma mistura de fatos reais **isto** (fatos verdadeiramente universais sobre cada um de vocês — diferenças biológicas, hormonais, componentes sexuais

3. Expressar-se conscientemente: As Muitas Perspectivas da Consciência

semelhantes em todos os seres humanos, e assim por diante) combinado com as preferências, gostos e desejos de ambos. Esse espaço **nós** é provavelmente aquilo que os atraiu um pelo outro. Ou seja, você não ama a outra pessoa *per se*, você ama como se sente com essa outra pessoa. Você não ama diretamente o **você** (o outro) tanto quanto ama esse **nós**.

Então, fique atento a esse **nós**. Comece com o seu próprio **eu** e fique vários minutos de *mindfulness* sobre este **eu** (isso pode levá-lo ao EU-EU ou Testemunha, mas, se isso ocorrer, tudo bem). Em seguida, mude para a consciência desse **nós**. Observe que você não o controla diretamente, não da maneira como comanda seu próprio corpo. Este **nós**, de fato, tem uma vida própria. Cada vez que vocês se juntam, mais denso esse **nós** se torna, cada vez mais e mais rico em história, eventos compartilhados, preocupações e soluções compartilhadas — e com vários conflitos em andamento, enquanto ambos tentam alinhar seus espaços **eu**. Mas fique atento a esse **nós** — como se parece, como o sente, onde está localizado, qual é o tamanho, qual é a forma, de que cor é? Se você atualmente está tendo uma grande discussão ou conflito, imagine este espaço **nós** como se a discussão sendo a seu favor; então, imagine agora se for a favor do seu (sua) parceiro(a).

Importante, observe como claramente você diferencia seu próprio espaço **eu** desse espaço **nós**. Vá para a frente e para trás — de sentir o seu espaço **eu** até o sentir o espaço **nós** — e veja quais as diferenças pode notar. Ou seja, você imagina que suas preferências e gostos **eu** são automaticamente as preferências e gostos **nós**, de modo que sua vontade seja de pronto o que o **nós** quer também? (O que significa que você não está incluindo o papel do outro, o papel do espaço **eu** de seu parceiro, neste **nós** geral. Lembre-se de que **nós** é a 1ª pessoa do plural — o que significa que dois ou mais **eus** juntam-se para formar um **nós**, não dois ou mais **vocês** ou **istos**. Então, está você realmente criando espaço para ambos os **eus**, ou o seu **eu** é o componente dominante deste espaço chamado **nós**? Se for assim, conte com um grande e permanente conflito neste relacionamento.)

Meu nós e o seu nós

E agora vamos para um item que é um pouco mais difícil, mas que é um bom indicador de como você está mantendo sua atenção consciente ao papel do outro. Já examinou como *seu* **eu** experimenta esse **nós**. E, até agora, praticamente sempre que pensou nesse **nós**, foi como o *seu* **eu** pensa sobre esse **nós**. O que você chama **nós**, em outras palavras, é como o seu **eu** experimenta esse **nós**. Mas agora você está sendo convidado a assumir o espaço **eu** do seu parceiro (do outro). Imagine, de forma tão vívida e precisamente quanto possível, algumas das coisas que seu parceiro, sente, pensa, deseja — como ele vê o mundo. Se nunca fez isso antes, vai ser uma verdadeira nova visão para você — o fato de que alguém pode ver as coisas de forma tão diferente de você e que suas preferências e gostos **eu** não são automática e identicamente fatos universais **isto** vistos e experimentados da mesma forma por todas as pessoas automaticamente, mas são sempre uma mistura de fatos e interpretações. Então, faça o seu melhor para experimentar o espaço **eu** da outra pessoa a partir de sua (da pessoa) própria perspectiva. Então, *a partir do seu espaço* **eu**, mude para a forma como imagina que *ela* (a outra pessoa) experimenta o espaço **nós**. Isso pode ser um pouco difícil, mas, com a prática, você conseguirá clara e finalmente trocar de perspectiva, de posição. (Uma boa parte da dificuldade inicial é que muitas pessoas nunca pensaram dessa forma antes; de fato, nunca olharam para o mundo por diferentes lentes e perspectivas. Essas pessoas talvez soubessem vagamente que as várias visões da outra pessoa estavam lá, mas nunca examinaram de fato isso, nem nunca lhe deram a devida atenção). Refaça esse caminho várias vezes, do seu (delas) **eu** para o seu (delas) **nós**, mantendo-se tão absolutamente consciente quanto puder, e, em cada caso, revendo cada ocasião com cuidado e com muita clareza.

Agora, tente uma rápida prática de *mindfulness* a partir de todas as quatro posições:

- Mantenha-se atento ao seu espaço **eu**;
- então à sua experiência do espaço **nós**;

3. Expressar-se conscientemente: As Muitas Perspectivas da Consciência

- então ao espaço **eu** da outra pessoa;
- então à experiência do espaço **nós** da outra pessoa.

Assim, existem 4 "pessoas" neste relacionamento de 2 pessoas! Ou seja, as 4 principais perspectivas que realmente se reúnem sempre que os dois estão juntos.

Em todos os 4 casos, reserve alguns minutos para se concentrar no que está surgindo nesses espaços, seja um fato **isto** ou uma preferência **eu** (e, se for uma preferência **eu**, de quem é? Do seu parceiro?). Você pode notar que existem coisas que são genuínas preferências **nós** — coisas que você e seu parceiro concordaram em concordar, mesmo que seja um compromisso de ambos os espaços **eu** e é, portanto, algo que não existe em nenhum dos espaços **eu** de cada um, mas somente quando cada espaço **eu** experimenta o espaço **nós**, no qual o compromisso está localizado. Se uma casa que vocês acabaram de comprar foi, de fato, um compromisso entre vocês dois, esteja atento a essa preferência **nós**, que nós escolhemos — ou seja, não vindo de nenhum dos seus **eus**, mas do **nós**, juntos. Esteja consciente de todas essas escolhas **nós** à medida que surgirem. Você pode dizer se elas estão predominante e consistentemente relacionadas a um **eu** mais que o outro **eu**? Se sim, fique atento...

Então, cuidadosamente, mova-se para a frente e para trás algumas vezes entre o seu espaço **nós** (o espaço **nós** experimentado pelo *seu eu*) e o espaço **nós** do outro (o espaço **nós** experimentado pelo **eu** *do outro*, tão precisamente o quanto você puder imaginá-lo). Esteja atento a como você experimenta ambos e, com a maior clareza e precisão possível, como imagina que seu parceiro experimente. (E, novamente note, em cada posição, se o que está surgindo é um fato **isto** ou uma preferência **eu**, ou possivelmente uma real preferência **nós**.) Se você tiver totalmente diferenciado e integrado todos os 4 quadrantes em você mesmo, essas perspectivas serão, cada uma delas, uma nítida e clara percepção.

Este exercício de mudança de perspectivas é talvez a mais importante prática que você pode realizar em qualquer rela-

cionamento. É absolutamente crucial colocar juntos em funcionamento os **eus**, os **vocês** e os **istos** em um **nós** saudável e feliz (em seu próprio espaço exterior **istos** ou espaço sistêmico — o encaixe funcional desse seu relacionamento, em particular com o espaço interior **nós**).

Níveis de Eu e Nós

Mantenha na sua mente um ponto adicional ao qual você talvez tenha que prestar especial atenção — o que, de fato, separa os meninos e meninas dos homens e mulheres: se você tem certeza de que seu parceiro vem de um nível de desenvolvimento diferente daquele em que você está, então precisa direta, específica e deliberadamente levar isso em consideração. Se estiver, por exemplo, no turquesa Integral, e seu parceiro, no laranja racional, então, enquanto você percorre as 4 principais perspectivas que revisamos — sua experiência do espaço **eu** e sua experiência dos espaços **eus** do **nós**; e a experiência do espaço **eu** de seu parceiro e a experiência dos espaços **eus** dos **nós** de seu parceiro —, observe que será sua experiência turquesa de seu espaço **eu** e sua experiência turquesa dos espaços **eus** do **nós**; e a experiência laranja do espaço **eu** de seu parceiro, e a experiência laranja dos espaços **eus** do **nós** dele.

Além disso — e isso aqui realmente forçará suas capacidades —, você precisará, pelo menos, tentar refletir plenamente as diferenças reais que existem entre esses níveis, de modo que, quando estiver atento à sua experiência turquesa dos eus do **nós**, esse **nós** em si será em grande parte um **nós** turquesa (o **nós**, visto por seu **eu** turquesa); da mesma forma, a experiência dos **eus** de seu parceiro com o **nós** será um **eu** laranja experienciando, um **nós** laranja. Você precisará fazer o melhor que puder para imaginar vividamente como tudo isso parece. No que diz respeito ao seu parceiro, coloque-se no que entender ser o espaço laranja dele (conquista, mérito, excelência, progresso, lucro, energia) e, então, experimente o espaço **eu** do seu parceiro por essa lente. Em seguida, vivencie especialmente a experiência laranja de seu parceiro sobre o equivalente a um **nós**

3. Expressar-se conscientemente: As Muitas Perspectivas da Consciência

laranja — e isso significa que ele também interpretará *você* em termos laranja. Então, realmente passe algum tempo com isso. Vá para a frente e para trás entre o que imagina, com a maior precisão possível, como é **(a)** a experiência do espaço **eu** laranja dele, **(b)** a experiência do espaço **nós** laranja dele e **(c)** a interpretação laranja dos espaços **eus** laranjas a partir de seu espaço **eu** turquesa. **Todas essas são realidades reais que estão realmente ocorrendo** — e suas únicas opções são ou estar consciente delas ou ignorar e manter-se inconsciente delas. Uma escolha difícil, mas é a única que temos, de fato, que enfrentar.

Um ponto central, é claro, é que o seu parceiro não será capaz de ver diretamente, ou com precisão, o espaço turquesa — nem, portanto, seu **eu** turquesa ou o seu **nós** turquesa —, mas ele experimentará como esses espaços se parecem por uma lente laranja. Em decorrência dos problemas inerentes a essa desconexão, você pode imaginar que indivíduos em diferentes níveis tenham dificuldades para fazer um relacionamento funcionar. Se isso for verdadeiro para você, então é provável que muitas vezes tenha sentido a falta de um entendimento claro de você pelo de seu parceiro, com a qual é muito difícil de lidar. (Como mencionaremos a seguir, se ambos assumirem um caminho semelhante do Despertar, isso pode ajudar a estabelecer algumas semelhanças entre as diferenças de níveis, dando uma chance para a sua relação.)

Mas, se, por várias razões, você estiver realmente apaixonado por essa pessoa e, se assim for, embora não possa mudar diretamente como ele ou ela o vê, é possível começar a levar todas essas diferentes perspectivas em conta em relação a si mesmo, e, portanto, pelo menos, ser capaz de enfrentar essa situação com uma compreensão e consciência ampliada, aliviando assim muitos conflitos. No mínimo, você estará ciente da fonte direta de muitos desses conflitos, em vez de ser surpreendido no nível inconsciente e, provavelmente, afligido pela frustração.

E você pode usar sua compreensão dos diferentes níveis de desenvolvimento para tentar, sempre que interagir com seu parceiro, voar na altitude dele: nesse caso, comunicar-se com palavras que um nível laranja provavelmente entenderá e interpretará o que alguém no nível laranja diz, entendendo que o que é dito realmente é proveniente dessa altitude, e que o que é visto e dito será determinado por essa altitude (assim como tanto do que você vê e diz é determinado pela sua altitude). Agora, isso poderia ser feito de uma forma muito manipuladora — por exemplo, descrevendo deliberadamente coisas que você quer em termos laranja, de modo a torná-las mais atraentes para o seu parceiro. Ou pode ser feito de uma maneira muito compassiva e amorosa, usando sua compreensão para tentar genuinamente se comunicar com maior clareza e entender mais exatamente o que cada um diz. Em última análise, a compreensão de diferentes níveis de desenvolvimento não deve ser uma maneira de julgar ou classificar as pessoas (o que é sempre um mau uso da Abordagem Integral); em vez disso, é uma forma de aumentar a comunicação e a compreensão mútua, estendendo o cuidado, a preocupação e o amor de maneiras cada vez mais eficazes e autênticas.

Outro ponto. Para o nosso exemplo, assumimos que você estava em um nível turquesa e seu parceiro no laranja. Pode ser o contrário? Ou seja, ele pode estar em um ou dois níveis mais elevados que você. E nesse caso você realmente terá um trabalho muito difícil. Primeiro, precisa entender profundamente que estar identificado com um nível particular — e neste caso, um mais **baixo** — não é um julgamento pernicioso; certamente não é um julgamento moral ou de valor. Lembre-se: há sempre níveis mais elevados de desenvolvimento disponíveis — sem fim — então, todos estão em um estágio **mais baixo** em algum sentido. E se vocês dois tomarem um caminho do Despertar, você, de fato, poderia fazer maior progresso nesse eixo de desenvolvimento do que o seu parceiro. Mas o ponto é que diferentes níveis de desenvolvimento são simplesmente estágios temporários e funcionais de um caminho interminável de cada vez maior profundidade e Totalidade, e cada um de nós simplesmente está onde está — sem julgamento, não é nem bom nem ruim; é só o que é.

3. Expressar-se conscientemente: As Muitas Perspectivas da Consciência

Então, positivamente, suas próprias tentativas de entender um estágio ou dois além de seu próprio centro de gravidade atuarão como um forte impulso atrativo para que você cresça e se desenvolva para esses estágios mais elevados. O estudo desses modelos — lembre-se — é *psicoativo*, e isso é realmente o que você fará, ativando psicoativamente em si o impulso para esses níveis mais elevados, de uma forma muito forte e direta; por isso, parabéns! Mas, em qualquer caso, à medida que percorre as principais perspectivas — o seu **eu** e o **nós** e o **eu** e o **nós** de seu parceiro — simplesmente (neste exemplo), veja a partir de sua compreensão intelectual de como o nível turquesa enxerga o mundo, e então veja o **eu** e o **nós** do seu parceiro por essa lente. Você conhecerá esse nível mais elevado através de uma descrição, e não por experiência direta; mas, novamente, isso terá um impacto psicoativo, de transformação da sua consciência, então continue com isso!

E tenha isso em mente: você deve ser capaz de tomar a perspectiva do seu parceiro antes de poder fazer qualquer trabalho genuíno sobre o relacionamento. Assim, a tomada de perspectiva vem antes de aprender habilidades específicas, como a comunicação sem violência. Você encontrará pouquíssimos consultores ou *life coaches*, se houver, usando todas essas perspectivas, porque são raros os que estão plenamente conscientes de todos os 4 quadrantes (e muito menos de todos os níveis e estados). Então, use uma ferramenta como o AQAL (Modelo Integral) para aprender todas essas várias perspectivas (quadrantes, níveis, linhas, estados, tipos) e faça o seu melhor para avançar completamente.

Um Nós Espiritual

Finalmente, você e seu parceiro podem estar praticando o mesmo caminho espiritual juntos. Mais cedo ou mais tarde, quase todos os caminhos meditativos ou contemplativos introduzirão uma prática como *mindfulness*. As tradições contemplativas são todas sobre o treino da consciência (mente), e *mindfulness* é, muitas vezes, um componente-chave nesse treinamento.

Resumidamente, se vocês dois estiverem trabalhando juntos, isso provavelmente significa que, mais cedo ou mais tarde, um ou ambos irão realizar **(a)** um estado de plena atenção na Pura Testemunha, também chamado de o puro EU-EU, o Verdadeiro Eu, ou EU SOU; e, então, talvez, depois disso, **(b)** um estado além do Verdadeiro Eu, numa Quididade, Essência ou União não dual, a pura consciência sem cabeça, sem pensamentos, a total consciência da unidade — não apenas uma consciência inabalável da Pintura Total de Tudo O que É, mas uma união singular com a Pintura Total de Tudo O que É. Em ambos os casos, o pequeno eu convencional ainda emergirá e ainda estará presente —, porém, você não estará mais identificado exclusivamente com ele. Você estará identificado com seu próprio Verdadeiro Eu ou o Seu Eu Real, ou estará identificado com a Suprema Identidade, a unidade do seu ser mais profundo com o próprio Espírito e todo o universo na forma da união não dual.

Mas esse Verdadeiro Eu ou a Quididade não dual ainda tem que se expressar por meio de um veículo relativo, o que significa que olhará através da Forma de qualquer eu convencional que você tenha — juntamente com seus mapas ocultos. Nós já vimos que você pode experimentar um estado de União não dual sem cabeça e ainda estar em praticamente qualquer nível de desenvolvimento (âmbar, laranja, verde etc.). O mesmo é verdade para o Eu Real ou o estado da pura Testemunha — você pode estar em um estado de pura e inqualificável Testemunha, mas ainda interpretará esse estado e suas percepções por meio de quaisquer ferramentas mentais que você tenha disponíveis, e isso significa quaisquer mapas ocultos que estarão presentes no seu eu convencional.

É por isso que você precisa praticar não apenas *mindfulness*, mas a *Mindfulness* Integral. Como observamos, no estado de *mindfulness* não é possível ver os mapas ocultos que os indivíduos em cada nível de desenvolvimento seguem de forma fiel e precisamente sem ter ideia de que eles estão fazendo isso. Você pode alcançar a Iluminação ou o Despertar, mas ainda interpretará esse estado por meio de qualquer mapa oculto que ainda esteja presente. Todavia, a

3. Expressar-se conscientemente: As Muitas Perspectivas da Consciência

parcela Integral de *Mindfulness* Integral (isto é, a parte fornecida pela Teoria Integral, com seu componente dos níveis de desenvolvimento) tem a capacidade de apontar esses mapas, de torná-los conscientes, e assim, **não ocultos**, e então o estado de *mindfulness* pode reduzir aquela inconsciência a pó — transformando esses sujeitos ocultos em objetos de consciência, assim, permitindo que você se desidentifique deles, abrindo espaço para o próximo nível mais elevado de desenvolvimento, com *seus* mapas, por surgir. Eventualmente, ao fazer do sujeito um objeto e mover-se para mais e mais elevados níveis, você chegará à vanguarda da própria evolução — o que hoje está em algum lugar em torno do Nível Integral — e, portanto, possui o mais amplo, completo, inclusivo, cuidadoso, amoroso e envolvente nível de desenvolvimento possível nesta fase da evolução. Quando o mais elevado nível do Crescer é somado ao mais elevado estado do Despertar — a saber, a consciência da União não dual —, o fruto é uma plena e completa Iluminação, combinando o melhor e o mais brilhante desses dois caminhos fundamentais de crescimento e desenvolvimento humano, resultando no que poderia, com um pouco de exagero, ser chamado de **super-humano**. Pela primeira vez na história, esses dois fluxos fundamentais de desenvolvimento humano foram reunidos, oferecendo aos indivíduos um potencial quase super-humano para descobrir as suas mais profundas e mais elevadas dimensões de ser.

Quando tanto você quanto o seu parceiro se juntarem na pura Testemunha (*Turiya*) ou na Quididade última e não dual (*Turiyatita*), você ampliará e aprofundará a base do relacionamento compartilhado entre vocês — de um **convencional nós** a um **Espiritual nós**. Você também aumentará a probabilidade de que, mesmo que os dois estejam em diferentes níveis de desenvolvimento convencional, seu relacionamento ainda poderá ter sucesso.

Martin Ucik, em seu excelente livro escrito para homens, *Integral Relationships*, usa o Modelo AQAL para analisar relacionamentos, especialmente quando os indivíduos estão em lugares distintos em uma dessas áreas fundamentais. Sua extensa experiência na área levou-o à conclusão (cuja maioria dos desenvolvimentistas compartilham) que os indivíduos que estão em diferentes áreas em 4 dos 5 principais elementos do Modelo AQAL (quadrantes, linhas, estados e tipos) ainda podem ter um relacionamento bastante produtivo. Mas, para aqueles que possuem diferenças no 5º elemento — ou seja, que estão em *diferentes níveis* (diferentes estruturas-estágios do Crescer) —, seu único conselho é: "Desculpe". Ele simplesmente descobre que esses níveis são tão desiguais uns dos outros — diferentes verdades, diferentes necessidades, diferentes desejos, diferentes valores — que é quase impossível que os dois parceiros em níveis distintos encontrem suficiente compreensão mútua e valores compartilhados para permanecerem juntos.

Mas nós observamos que você pode estar em qualquer nível e ter uma experiência de praticamente qualquer estado — incluindo a Testemunha e a Quididade. Portanto, mesmo que você e seu parceiro estejam em níveis diferentes do Crescimento, descobrir estados compartilhados do Despertar pode adicionar um terreno comum necessário entre vocês, compensando algumas das diferenças e conflitos dramáticos que níveis distintos experimentarão em seus relacionamentos. Para ter uma vida mais equilibrada, coerente e alegre, de qualquer maneira é importante estar em um caminho geral do Despertar, e, se você e seu parceiro podem fazê-lo juntos, ambos adicionarão uma intensa fonte de ingredientes compartilhados que só aprofundarão e ampliar o **nós** romântico.

Os Quadrantes e o Expressar-se conscientemente

Mencionei várias vezes que não apenas os relacionamentos, mas essencialmente todas as atividades e disciplinas humanas, podem e devem ser vistos pelos 4 quadrantes ou dimensões/perspectivas que existem em qualquer fenômeno em qualquer lugar do universo. Muitos filósofos e a maioria das tradições sustentam que o mundo surge quando o sujeito e o objeto são diferenciados um do outro, introduzindo assim um elemento *percebedor* que se diferencia do que é *percebido* — criando um mundo manifesto, em outras pala-

3. Expressar-se conscientemente: As Muitas Perspectivas da Consciência

vras. A Teoria Integral concorda com isso, mas acrescenta que outra distinção também é necessária para realmente se obter um universo que funcione, e essa distinção é aquela feita pelo **singular e o plural** ou o **individual e o coletivo**. Uma única fronteira — entre sujeito e objeto — resultaria apenas num movimento eterno em ambas as direções, com um sujeito gigante, olhando para um objeto gigante. Mas ambos — sujeitos e objetos — podem existir em formas individuais e coletivas, dividindo assim a fronteira única em inúmeras fronteiras e, assim, nos proporcionando fractais infinitos de repetitivas diferenciações e integrações de todos os resultantes 4 quadrantes; e, com isso, um universo real pode manifestar-se, com verdadeiros hólons — todos que são partes de todos maiores — começando seu implacável desdobramento evolutivo e **avanço criativo em novidade**. E assim nascem verdadeiros universos.

Mas isso significa que *tudo* no universo *manifesto* — desde partículas subatômicas em uma extremidade até o Espírito manifesto na outra extremidade — tem, pelo menos, esses 4 quadrantes ou dimensões/perspectivas como parte de sua própria composição, seu próprio ser. E, portanto, se queremos uma visão genuinamente inclusiva e abrangente de qualquer fenômeno, devemos abordá-lo, pelo menos, como aparece nos 4 quadrantes. Vimos como isso funciona nos negócios, na administração e nos relacionamentos pessoais. O mesmo ocorre em todas as outras áreas da atividade humana (e não humana). O problema, como observado anteriormente, é que a maioria das disciplinas humanas acredita que apenas um (ou dois, no máximo) desses quadrantes/dimensões são realmente **reais** e, portanto, se dedicam a promover o seu quadrante favorito e a destruir todos os outros. Isso é desastroso, simplesmente desastroso. Você provavelmente pode ter uma noção, apenas em relação ao exemplo de gerenciamento dos negócios, do quão lamentável seria selecionar apenas uma dessas teorias e ignorar todas as outras. A quantidade de dados, de evidências, para todas essas quatro dimensões é esmagadora, simplesmente esmagadora, e cada uma delas tem verdades incrivelmente importantes para transmitir. Na falta de algum desses quadrantes/dimensões, você ignorará áreas de uma realidade real, e os resultados serão sempre — *sempre* — muito menos que satisfatórios.

Incluir uma consciência de todos os 4 quadrantes em qualquer área que desejamos entender é simplesmente uma maneira de Expressar-se conscientemente na realidade total dessa área. Ao estarmos completamente presentes, nos abrimos para todas as áreas em que outros elementos também podem estar ocorrendo e que nós tendemos a ignorar. Quando incluímos o Quadrante Superior Esquerdo, por exemplo, é mais provável estarmos atentos aos estágios do Crescer, do Despertar e do Depurar-se. Quando incluímos o Quadrante Inferior Esquerdo, estaremos muito mais sensíveis à maneira particular pela qual diferentes culturas e seus contextos enxergam o mundo, valorizam o mundo e atuam nele. Assim, quando olhamos para o Quadrante Inferior Esquerdo, a importância do contexto fica muito clara; as dimensões multiculturais de todos os fenômenos tornam-se muito mais transparentes; e a importância do contexto cultural (e da dimensão intersubjetiva) para a formação individual da personalidade mostra-se extremamente óbvia.

Do mesmo modo, reconhecer o Quadrante Inferior Direito nos lembra que a matéria não é apenas o **nível mais baixo** da Grande Cadeia do Ser (como **matéria, corpo, mente, alma, espírito**), mas a matéria é também a dimensão exterior real de os níveis da Grande Cadeia. Todo estado de consciência no Quadrante Superior Esquerdo, por exemplo, tem correlação com os estados cerebrais do Quadrante Superior Direito; isso não significa que a mente ou a consciência possam ser reduzidas ao cérebro — ou vice-versa —, mas que são tetra-correlacionados — e todos esses exteriores estão entrelaçados, interconectados, interligados dinamicamente em vastos sistemas de redes interobjetivas (o Quadrante Inferior Direito). Compreender esses sistemas entrelaçados acrescenta uma dimensão crucial ao nosso entendimento de praticamente tudo, porque cada coisa e evento em todo o universo faz parte de inúmeros grandes sistemas e redes que são um aspecto inseparável de sua própria existência (e nossa). E,

3. Expressar-se conscientemente: As Muitas Perspectivas da Consciência

é claro, quase ninguém esquece o Quadrante Superior Direito — o exterior do objeto individual; e para muitos pensadores (desde behavioristas até positivistas), esse é o único quadrante realmente existente. Para a Teoria Integral, o quadrante direito superior é incrivelmente importante — mas apenas **um quarto** da história geral de um completo Expressar-se conscientemente.

Um *Tour* pelos 4 Quadrantes

Na próxima vez que você ouvir alguém "explicando" algo, ouça atentamente e veja se não consegue localizar de qual dos quadrantes ele está partindo. As pessoas quase sempre expressarão uma crença profunda em apenas uma das grandes perspectivas de quadrantes. E simplesmente perceba que o que elas estão dizendo é **verdadeiro, mas parcial**, é definitivamente **parcial**. Elas estão explicando o mundo como se existisse apenas um quadrante e aquele quadrante sozinho fosse toda a realidade, e mais, todas as outras perspectivas/ dimensões são implícita ou explicitamente desconsideradas. (E, claro, é provável que elas também ignorem quaisquer outros elementos do Modelo Integral AQAL, excluindo estruturas/níveis ou estados ou linhas, ou vários tipos [que serão discutidos no próximo capítulo] — mas estamos aqui focando os quadrantes.) Que história diferente — e complementadora — poderia ser acrescentada se a eles fosse apresentado um mais pleno caminho do Expressar-se conscientemente!

A Figura 3.3 é outra representação simples de alguns aspectos dos 4 quadrantes, destacando desta vez alguns dos elementos que se relacionam particularmente com os seres humanos. Este é um bom diagrama com o qual irei resumir — e fechar — este capítulo. Você pode ver aqui algumas correlações importantes em todos os 4 quadrantes. Por exemplo, as culturas rotuladas como **pré-modernas** no Quadrante Inferior Esquerdo tenderam a surgir em paralelo com as estruturas mágicas, mágico-míticas (egocêntricas) e míticas em indivíduos (Superior Esquerdo); estas se correlacionam, respectivamente, com os modos tecnológicos e econômicos de coleta, hortícola e agrário no Quadrante Inferior Direito. As culturas **modernas** no Inferior

Esquerdo tendem a surgir como estruturas racionais em indivíduos (Superior Esquerdo) e com modos industriais no Inferior Direito. As culturas **pós-modernas** tendem a surgir com estruturas pluralísticas em indivíduos (Superior Esquerdo) e redes informacionais (por exemplo, a Internet) no Inferior Direito. Nos Estados Unidos, por exemplo, muitos dos estados agrários (no Sul e Centro-Oeste) ainda estão associados a uma alta porcentagem de Cristianismo fundamentalista e mítico; e o industrial e informacional Nordeste e o extremo Oeste correlacionam-se muito mais com os modos modernos e pós-modernos de cultura. As **Guerras da Cultura** são ancoradas não apenas em estruturas de consciência (míticas, racionais e pluralistas) no Superior Esquerdo, mas em modos tecnológicos e econômicos de interação social (agrária, industrial e informativa) no Inferior Direito. Estamos especialmente à espera de ver como o modo tecnológico e econômico no Inferior Direito acompanhará as estruturas e culturas integrais dos Quadrantes do Lado Esquerdo. (Meu palpite? *Ciborgues* ou humanos com interfaces diretas computador/máquina.) O que podemos tirar dessa discussão é a ideia central de que, como os ingredientes essenciais em qualquer universo manifesto — o que é realmente necessário para obter um mundo funcional — todos os 4 quadrantes estão sempre presentes, pois são uma parte da Pintura Total de Tudo O Que É, e uma parte da qual devemos estar bem conscientes. A prática de conscientização (e *mindfulness*) dos quadrantes ajudará a clarear e a delinear isso em sua Consciência — além de ajudá-lo a se identificar com o verdadeiro e derradeiro Vidente ou Testemunha (que irá *resultar* em uma união com tudo na pura Consciência da Unidade). Os quadrantes são 4 perspectivas sobre a Pintura Total de Tudo O Que É — 4 maneiras distintas de olhar para a mesma Pintura Total ou, se você quiser, 4 diferentes aspectos da mesma Pintura Total.

Quando você Testemunha imparcialmente a Pintura Total do Mundo — ou se você se tornar Um Único Sabor com a Pintura Total — certifique-se de estar Testemunhando ou se tornando Um com *todos* os 4 *mundos*. Toda vez que estiver praticando atenção plena

3. Expressar-se conscientemente: As Muitas Perspectivas da Consciência

de forma geral e aberta visualize imagens de todos os 4 quadrantes em sua mente e faça de cada um dos quadrantes um claro, distinto e óbvio objeto de Consciência (assim como você fez com o **eu**, o **nós** e o **isto** em seus relacionamentos). Caso contrário, eles permanecerão dobrados, ocultos, escondidos nos cantos do *Kosmos* que sua Consciência não está tocando — mesmo que eles continuem a colidir com você. Não deixe que isso aconteça de forma inconsciente ou oculta, cegando-o totalmente — faça disso um objeto de sua consciência, visível, um claro objeto de seu próprio e puro Sujeito ou Verdadeiro Eu (ou Quididade).

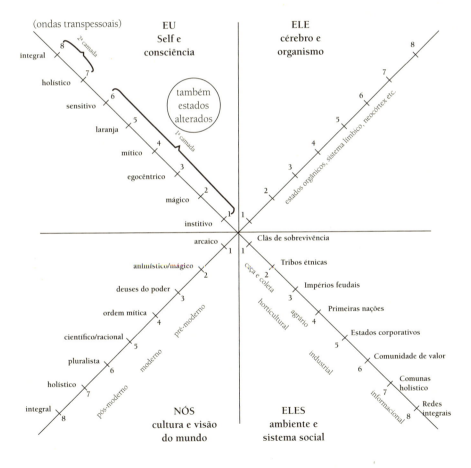

Figura 3.3. Os 4 Quadrantes nos humanos.

215

Mas o que estamos vendo em todas essas áreas — Crescer, Despertar, Depurar-se e Expressar-se conscientemente — é que, embora nunca desejemos confundir o mapa e o território, tampouco queremos um mapa que esteja totalmente distorcido. E os mapas que excluem qualquer uma dessas áreas — e todos os principais mapas do mundo, pré-modernos para modernos e pós-modernos, deixam pelo menos uma e, normalmente, várias dessas áreas de fora — são os mais distorcidos que você pode ter acesso.

E, no entanto, a humanidade em geral tem, por toda a sua história, vivido em uma espécie de condição menos Integral, menos inclusiva, menos abrangente, codificada em seus mapas consideravelmente distorcidos, com todas essas várias áreas. No entanto, estão impactando-a diretamente, enquanto os seres humanos continuam a reunir as causas e os motivos para esses impactos, causas essas que fizeram sentido em seu tempo histórico, mas que, agora podemos ver, são as mais frágeis invenções. É claro, as culturas daqui a 500 anos irão também nos olhar como irremediavelmente confusos e ingênuos. Mas, nesse meio tempo, deixe-nos tomar o que podemos encontrar de Totalidade nesse momento — um pouco mais de Totalidade é melhor do que um pouco menos, e é isso que uma visão Integral nos oferece: a maior Totalidade possível no mundo de hoje, e, portanto, ambas a maior Liberdade e a maior Plenitude disponível, para todo e qualquer ser senciente, em qualquer lugar.

4. Nossas muitas linhas: Explorando as Inteligências Múltiplas

Estamos em busca de uma visão mais completa, mais inclusiva e mais abrangente do mundo — não porque estejamos tentando complicar as coisas, mas porque, se as áreas que descobrimos estão de fato lá, elas nos impactam, nos afetam e nos influenciam, o tempo todo, quer saibamos ou não. Não queremos ser complicados; procuramos ser precisos, realistas, estar cientes do que já está lá, já ativo, já nos impactando e, assim, nos tornar cada vez mais conscientes dessas áreas. Essa é a nossa verdadeira escolha: não simples *versus* complicado, mas inconsciente *versus* consciente. Sou a favor de estar consciente, e você?

Já vimos o incrível significado do que acontece quando nos tornamos conscientes e, portanto, incluímos os estágios do Despertar e do Crescer. Depois de perceber a realidade de ambos, é difícil imaginar não estar ciente deles novamente. O material da Sombra que se refere ao caminho do Depurar-se, embora não tenhamos nos detido nele, é claramente uma área que todos nós precisamos conhecer. Acabamos de ver a importância de observar todas as 4 distinções básicas que o universo produz quando se manifesta (ou seja, os 4 quadrantes) — menos do que isso, e você tem um universo incompleto e, assim, incluir todos 4 quadrantes é requisito para uma Expressão Autêntica.

Há uma última área importante que vale muito a pena perceber, em meio a dezenas e dezenas — talvez muitas centenas — de outras que ainda são importantes, mas que, decerto, tratam de questões menores. O que estamos tentando fazer com a Abordagem Integral AQAL é encontrar o menor número de elementos que cubram a maior parte da realidade, e que, portanto, nos dê um mapa relativamente simples, mas, ainda assim, abrangente e inclusivo ao extremo, para navegar em nosso caminho pelo universo — um guia do usuário para o nosso próprio *Kosmos*, para um Ser Humano versão 101.

Por isso, para esta última área principal, apresentarei outra pergunta muito comum que me fazem sobre essa abordagem.

Linhas de Desenvolvimento

Como devo aplicar Meditação Integral (Integral Mindfulness) na minha saúde, dieta e atividade física; na minha carreira e finanças; na minha família e na parentalidade?

Essa **mega** pergunta (e suas muitas variações) quer, de fato, dizer o seguinte: "Como posso aplicar *Mindfulness* Integral em toda minha vida?". Quer seja essa questão geral — ou qualquer um de seus elementos específicos — a resposta básica é a mesma: use *mindfulness* para dar suporte a cada elemento da Estrutura Integral, tal como aparece na sua vida. Já vimos exemplos de como isso funciona com níveis, estados e quadrantes. Em cada um desses casos, você provavelmente deve ter encontrado uma área ou dimensão de seu próprio ser que não sabia que estava lá, e mesmo assim essa área/dimensão estava desempenhando um papel bastante profundo em sua vida — em seu trabalho, nos seus relacionamentos, nos seus momentos de lazer, e em como você vive a parentalidade. Ao abordar esses elementos Integralmente — trazendo o Crescer, o Despertar, o Expressar-se conscientemente (e o Depurar-se) para sua vida —, você pode muito bem ter começado a se sentir mais pleno, mais livre, mais saudável, mais feliz e mais consciente, mais atencioso e mais amoroso. Muitas dessas numerosas melhorias começam a ocorrer porque os elementos da Estrutura Integral são os próprios blocos de construção da vida humana, e tomar consciência deles — e manter-se Integralmente Consciente deles — age para turbiná-los, fortalecê-los e profundamente ativá-los e desenvolvê-los. Isso sem mencionar o que eles podem fazer pelo seu próprio autoconhecimento e autocompreensão.

4. Nossas muitas linhas: Explorando as Inteligências Múltiplas

O mesmo é verdadeiro para o último grande elemento do modelo Integral que abordaremos nesta introdução à Meditação Integral, ou seja, as linhas (abreviação de Linhas de Desenvolvimento).

Nós vimos que algumas grandes linhas de desenvolvimento se tornaram famosas sob o conceito de **inteligências múltiplas**. Mas por muito tempo acreditou-se que nós possuíamos apenas uma forma de inteligência — geralmente chamada de cognitiva, a qual era medida por um teste considerado muito importante, o teste de QI. Mas agora, após várias décadas, pesquisadores têm entendido que os seres humanos possuem, de fato, mais de uma dúzia de diferentes inteligências múltiplas. Agora, ainda que essas inteligências múltiplas ou *linhas* de desenvolvimento sejam muito diferentes entre si, todas elas crescem e se desenvolvem através dos 6 a 8 *níveis* principais de desenvolvimento que delineamos anteriormente. Assim, diferentes linhas, mesmos níveis.

Mas a ideia é que a própria evolução criou, para cada uma das principais áreas da nossa vida, uma inteligência especificamente projetada para atender àquela área — intelectual, emocional, moral, estética, interpessoal, física, matemática, musical, espacial, espiritual, e assim por diante — de modo que realmente temos (além de inteligência cognitiva) inteligência emocional, inteligência moral, inteligência interpessoal, inteligência musical, inteligência estética ou artística, inteligência corporal ou cinestésica, entre outras. Essa descoberta é importante por muitas razões, como vamos continuar a ver, mas uma delas é que, com a descoberta de que todos os seres humanos têm acesso a uma dúzia ou mais de inteligências, indivíduos que podem ter sido anteriormente julgados como **medíocres**, ou mesmo **muito lentos**, em termos de inteligência cognitiva (e, portanto, classificados com pouca ou nenhuma inteligência), poderiam ter sido, de fato, gênios em inteligência interpessoal, estética ou cinestésica (ou alguma outra) e isso pode incluir você! Nós temos uma vasta lista de talentos não reconhecidos (e **gênios**) em todas essas várias linhas, simplesmente porque — mais uma vez — não tínhamos consciência delas, não as havíamos incluído em nossos mapas gerais, o que não

219

significava que elas não estivessem realmente lá, mas que apenas não as reconhecíamos, não as víamos e, desse modo, outro grande potencial humano era destruído e descartado pela simples ignorância. Bem, não mais...

Embora os pesquisadores proponham diferentes números de linhas de desenvolvimento, eles geralmente concordam que, pelo menos, as 8 seguintes são importantes.

Inteligência cognitiva. Corretamente entendida, a inteligência cognitiva não é uma capacidade seca, abstrata, analítica; é a aptidão consciente de tomar perspectivas — 1ª pessoa, 2ª pessoa, 3ª pessoa, 4ª pessoa, e assim por diante — cada uma expressando um nível mais complexo, mais consciente, mais pleno, mais unificado de consciência (ou **cognição** no sentido mais amplo). Essa linha é particularmente importante porque é necessária (mas não suficiente) para a maioria das outras linhas. A fim de ter consciência de sua inteligência emocional, por exemplo, você precisa ter clareza que possa fazê-lo em primeiro lugar — isto é, precisa ter consciência ou inteligência cognitiva. Então, essa linha é fundamental. Muitas vezes, é vista como estando de um a dois estágios à frente da maioria das outras linhas (graças à sua natureza "necessária, mas não suficiente").

Inteligência emocional. Não apenas estar consciente do seu estado emocional, mas também do estado emocional daqueles que estão ao seu redor, é o que constitui a inteligência emocional. Em outras palavras, tem um forte componente **interpessoal** ou **social**. Simplificando, é colocar-se no lugar do outro (dependente da cognição, que novamente é "necessária, mas não suficiente" para esta linha). A inteligência emocional é, portanto, o quão bem você se relaciona com seus estados emocionais e com os daqueles que estão ao seu redor, e a compreensão de como os seus estados interagem com os dos outros.

O estágio pluralista — também conhecido como o nível do **eu sensível** — é bastante conhecido por enfatizar o **sentimento** sobre o **pensamento** (o qual, na verdade, é muitas vezes demonizado). **Intelecto** e, em especial, coisas como **racionalidade** ou **lógica** são, para

4. Nossas muitas linhas: Explorando as Inteligências Múltiplas

esse estágio, profundamente suspeitas, e a ênfase é fortemente em "vir do coração", estar "corporificado" e "em contato com os sentimentos". É por isso que a **inteligência emocional** (e os sentimentos em geral), em vez de **inteligência cognitiva** (e pensamento), tem sido tão altamente celebrada. Os críticos do nível laranja — que são pelo menos sensíveis à importância da razão para a emergência da moral mundicêntrica e à ciência baseada em evidências — acusam os pós-modernistas de criar uma "República dos Sentimentos" e de substituir a **liberdade de expressão** da Primeira Emenda pelo "direito de não ter os seus sentimentos magoados"[1].

Seja qual for o lado desse debate em que você aterrisse, devemos lembrar que, pelo menos, a profundidade que uma emoção pode atingir, de fato, depende da profundidade do presente desenvolvimento cognitivo. Por exemplo, nos estágios de desenvolvimento moral feminino de Carol Gilligan — que vimos, movendo-se do interesse egocêntrico para o cuidado etnocêntrico e para o cuidado mundicêntrico universal —, cada um desses estágios depende de uma maior capacidade de tomada de perspectiva cognitiva (de 1ª pessoa egocêntrica para a 2ª pessoa etnocêntrica e para 3ª pessoa mundicêntrica) e, portanto, a capacidade de "estar em contato com os sentimentos" depende diretamente da habilidade de "estar em contato com o intelecto" ou da capacidade cognitiva (e, portanto, se sua capacidade cognitiva oferece apenas uma perspectiva de 1ª pessoa, então todas as suas emoções serão narcisistas e egocêntricas — o que não é exatamente algo a ser admirado). Você não pode sequer assumir o papel de outro — ou de fato ser capaz de "calçar os sapatos da outra pessoa" e ver o que ela realmente pensa, sente e experimenta, e assim começar a se mover desse estágio egoísta para um estágio de cuidado — sem, pelo menos, uma capacidade de pensamento concreto operacional âmbar (também chamado de "mente

---

[1] Christina Hoff Sommers, "*The Republic of Feelings*", 1º de setembro de 2000, http://www.aei.org/publication/the-republic-of-feelings/, acessado em 23 de julho de 2015.

papel/regra" por sua capacidade de assumir papéis e seguir regras). Sentimentos só podem ser conscientes de si mesmos; para realmente assumir o papel do outro, "colocar-se nos sapatos da outra pessoa", e ver e sentir o mundo do modo que ela vê e sente, isso é um ato cognitivo, um ato mental.

Então, se estivermos partindo apenas do coração, ou dos sentimentos corporificados, tudo o que faremos é sentir os nossos próprios sentimentos, egoística, egocêntrica e narcisisticamente. Esse é um nível muito baixo de inteligência emocional (vermelho ou inferior). Portanto, não queremos enganar o intelecto enquanto tentamos "vir do coração", mas permitir que ele trabalhe em conjunto com sentimentos para proporcionar perspectivas mais profundas, mais amplas e mais altas, pelas quais cada vez mais as emoções possam se expandir e evoluir. Novamente, a inteligência cognitiva é necessária — mas não suficiente — para a inteligência emocional. Assim, mesmo que valorizemos os sentimentos acima de tudo e desejemos "vir do coração corporificado", lembremo-nos de não descartar o intelecto no processo — pois, se o fizermos, subestimaremos antes de tudo, a profundidade que as emoções e sentimentos podem ter.

Naturalmente, pode-se enfatizar demais a linha cognitiva (embora, quando as pessoas dizem que um indivíduo é **muito abstrato** ou **muito cabeça**, quase sempre isso significa uma ênfase excessiva na linha lógico-matemática — que é outra inteligência que tem uma forma lógica, analítica, e que, de fato, pode ser bastante seca e abstrata), mas o que os entusiastas da **"corporificação"** deveriam comemorar não é o corpo em vez da cabeça, mas a unidade e a integração de corpo e mente, intelecto e coração, pensamentos e sentimentos. Voltar-se apenas para os sentimentos — o que, novamente, por si só não consegue assumir o papel do outro — tende a resultar em uma pessoa com modos de ser e de consciência altamente narcisistas, o que, de fato, marcou a **geração *eu* do Baby Boomer**, que foi a primeira significativamente motivada pelo estágio "sensível" pluralista. Esse é um erro que não precisamos repetir.

4. Nossas muitas linhas: Explorando as Inteligências Múltiplas

Inteligência intrapessoal. O prefixo **intra** significa **dentro**, e a inteligência intrapessoal é a capacidade de uma clara e limpa introspecção, de procurar dentro. Nas palavras dos Evangelhos, "O reino dos Céus está dentro de vós", mas isso não lhe fará nenhum bem se você não puder procurá-lo dentro de si em primeiro lugar. Tudo, desde o autoconhecimento até a sabedoria, depende da possibilidade de olhar claramente para dentro. Novamente, esta não é uma capacidade que simplesmente vem com ser humano, no nascimento; é o resultado de um longo, difícil e complexo caminho de crescimento e desenvolvimento, passando da introspecção egocêntrica (não uma verdadeira introspecção, apenas estados amorfos de sentimento) para a introspecção etnocêntrica (podendo assumir o papel do outro, a consciência também pode começar a ver a si mesma), e para a introspecção mundicêntrica (o surgimento pleno da capacidade de olhar para dentro de forma claramente introspectiva, uma transformação muito significativa). Com isso, todo o **espaço interior** abre-se totalmente pela primeira vez, e o surgimento da capacidade de ver **mundos condicionais** — de "e se?" e "como se" — permite que a consciência explore alguns dos recantos e fendas de novo mundo interior. Mas, como é o caso de tantas capacidades humanas, inicialmente, nada disso nos é dado.

Inteligência somática (ou **inteligência cinestésica**). Também chamada de **inteligência corporal**, esta linha é a sua capacidade de ler a sabedoria do seu corpo e estar atento a vários estados e condições corporais, bem como utilizar as muitas habilidades dele. Uma sabedoria orgânica inteira está embutida em seu corpo, e ser capaz de ler isso é uma inteligência crucialmente importante.

Inteligência moral. Saber o que é moralmente correto a se fazer é a inteligência moral. Nós tratamos os outros de forma justa se sentimos algum tipo de identidade ou solidariedade com eles e, assim, à medida que nossas identidades crescem cada vez mais ao longo dos 6 a 8 níveis de desenvolvimento, nossa resposta moral aumenta cada vez mais. Como acabamos de ver, uma versão simples disso é do *egocêntrico* (eu só cuido de mim) para o *etnocên-*

trico (eu cuido do meu grupo) para o ***mundicêntrico*** (eu cuido de todos os seres humanos) para *Kosmocêntrico* (eu cuido de todos os seres sencientes).

Moral é diferente de **ética**. A ética envolve as regras e regulamentos de qualquer cultura ou grupo particular que regem como as coisas devem ser feitas. Ela se concentra no que é **bom** de acordo com aquela cultura. Moral, por outro lado, não se concentra apenas no que é correto para um grupo em particular, mas, sim, no que é correto de acordo com princípios universais — não o que é bom, mas o que é **certo**. (N.E: Há pensadores, como o filósofo francês André Comte-Sponville, que invertem esse conceito: a moral é cultural e a ética, universal. É uma questão semântica). E a ética pode, ou não, ser muito moral. A ética ou o **bom** tende a ser validada no Quadrante Inferior Esquerdo, um julgamento do que é tomado como correto, justo ou apropriado para um determinado grupo, organização ou cultura. A maioria das organizações profissionais, por exemplo, tem um código de ética, ou regras que regem essa profissão: ética médica, legal, política (que nem sempre é moral). Até mesmo a Máfia tem seu próprio código de ética — e isso não é tão moral (é um estágio etnocêntrico vermelho/ambarino de desenvolvimento moral). O "código de silêncio" da Máfia é uma dessas regras éticas, que todos os membros devem cumprir (muitas vezes, com a dor da morte).

A moralidade tende a ser um reflexo da própria ética apresentada, um julgamento metaético que determina se o código de ética específico é universalmente correto ou não. O que é bom para a Máfia não é ideal para todos os seres humanos. É por isso que a moral é um julgamento (do que é universalmente correto); a ética é uma reivindicação de validade (do que é adequado ou bom para um determinado grupo). Assim, a ética é confinada ao Quadrante Inferior Esquerdo. Um julgamento moral, por outro lado, pode ser feito em relação a fenômenos de qualquer quadrante (o que é o certo a se fazer com o **eu**, com o **nós**, ou mesmo com o **isto**, e não apenas o que é apropriado para o **nós**). **Moral** é uma inteligência, porque é uma linha universal, que flui pelos principais níveis, e que é inter-

4. Nossas muitas linhas: Explorando as Inteligências Múltiplas

culturalmente válida. A **ética** não é uma inteligência ou uma linha de desenvolvimento universal, porque, muitas vezes, varia de cultura para cultura e em momentos diferentes da história de uma cultura; é uma mistura de alguns elementos morais com muitas preferências culturais, gostos, idiossincrasias e variáveis históricas, algumas das quais podem ser bastante morais e algumas das quais podem ser francamente imorais.

Existe algo como **inteligência ética**, mas apenas se refere à sua capacidade de ler os antecedentes, os contextos, as regras e os papéis da sua cultura, e o que você acaba vendo será determinado em grande parte pelo seu estágio de desenvolvimento moral. **Ética**, novamente, é confinada ao Quadrante Inferior Esquerdo — é uma leitura do *background* contextual da sua cultura (uma reivindicação de validade e adequação). **Moral** é um julgamento não de **adequação** ou "do que é bom", mas, sim, do que é **correto**, e que pode ser feito em relação aos fenômenos encontrados, não apenas no Quadrante Inferior Esquerdo, mas em qualquer quadrante — incluindo, por exemplo: *"O que é a coisa moralmente correta a se fazer em relação ao sistema ecológico em que nos encontramos (Quadrante Inferior Direito)?"* ou *"Qual é a coisa moralmente correta a fazer com essa quantidade de dinheiro perdida que eu encontrei (Quadrante Superior Direito)?"*, ou *"O que é o certo fazer com essa ideia que alego ser minha (Quadrante Superior Esquerdo), mas que foi descoberta por outra pessoa?"* ou, ainda, *"O que é o certo a se fazer com as leis éticas cujo significado (no Quadrante Inferior Esquerdo) eu acho realmente imoral — talvez deva me envolver em desobediência civil?"*, e assim por diante. As pessoas podem se envolver em coisas como desobediência civil ou protesto não violento, mostrando que a moral pode realmente transcender ou superar a ética (desobediência civil, de um Gandhi ou de uma Rosa Parks, é a afirmação de que certas regras ou leis éticas em uma cultura particular são realmente imorais a partir de uma perspectiva universal e mais elevada, e não devem ser seguidas, porque fazê-lo é imoral; a pessoa que cometeu desobediência civil está preparada para ser julgada pela cultura como

ilegal, mas o argumento é que, neste caso, **ilegal** não é **imoral**, mas exatamente o contrário, é altamente moral — daí a desobediência, a qual, muitas vezes, torna-se um ato tremendamente virtuoso e corajoso, em que o indivíduo segue sua própria **consciência**, isto é, sua inteligência moral).

A moral, como uma inteligência intrínseca, acompanha o "fluxo do *Kosmos*" — transcendendo e incluindo — e seus estágios de crescimento refletem círculos cada vez mais amplos (transcendentes) de identificação (inclusão). Em outras palavras, os seres sencientes serão integralmente incluídos na consciência moral e na ação moral — do egocêntrico, ao etnocêntrico, ao mundicêntrico e ao *Kosmocêntrico* (um resumo dos 6 principais níveis de desenvolvimento e, portanto, um resumo aplicável a cada uma das inteligências múltiplas).

A **inteligência espiritual** é a maneira como pensamos sobre o Espírito, a respeito do nosso interesse último, e do que mais nos importa, em cada um dos níveis do Crescer espiritual, no qual as estruturas de consciência desta inteligência passam por sua própria versão dos 6 a 8 principais níveis. Mas, como vimos anteriormente, Crescer é apenas um dos dois tipos principais, mas bastante diferentes, de engajamento espiritual que os seres humanos têm disponível. O outro é o Despertar, representando os estados de consciência que envolvem a *experiência espiritual* direta. Em outras palavras, as formas em que experimentamos diretamente o Espírito. Mas a **inteligência espiritual**, como o termo é mais frequentemente usado, refere-se ao nosso entendimento intelectual ou narrativo sobre a espiritualidade, a primeira forma de religião que discutimos anteriormente, como a princípio estudado por James Fowler, por exemplo (que, sem nenhuma surpresa, descobriu que essa inteligência se move pelos 6 ou 7 principais níveis — semelhantemente aos níveis que esboçamos nas cores do arco-íris, porém, dessa vez, como aparecem na linha espiritual).

Falando sobre essas duas principais formas de engajamento espiritual, o problema com a religião no mundo ocidental moderno é

4. Nossas muitas linhas: Explorando as Inteligências Múltiplas

duplo: primeiro, tornou-se fixada no nível âmbar mítico-literal do Crescer do desenvolvimento espiritual, estando assim dois mil anos atrasada em termos de evolução (e o Espírito-em-ação); e em segundo lugar, a religião ocidental está quase completamente sem contato com a experiência espiritual direta (por meio da meditação ou contemplação) e, portanto, não tem nada para falar sobre o Despertar.

Embora a espiritualidade ocidental historicamente tenha tido muitas escolas contemplativas de desenvolvimento do Despertar, a Igreja significativamente desestimulou essas escolas, já que elas tendiam a contrariar o dogma estabelecido, começando com a experiência quase universal dos místicos a respeito de alguma versão da Identidade Suprema, ou a identidade da Alma e Deus — pois apenas uma pessoa foi reconhecida como tendo vivido essa condição, e essa pessoa era o próprio Filho de Deus. Reivindicar para si mesmo essa experiência era, portanto, pura blasfêmia, e a Inquisição assumiu cada vez mais o papel de banir tais noções das mentes dos indivíduos, muitas vezes com o uso da tortura e das obrigatórias sentenças de morte. Isso — é desnecessário dizer — não foi um incentivo para o desenvolvimento contemplativo e sim para o engajamento religioso de indivíduos cada vez mais focados nas crenças legais, códigos e dogma mítico-literal de um estágio particular do Crescer espiritual, ou seja, o mítico-literal. E assim acabamos ficando com os dois principais problemas da religião no mundo ocidental de hoje: sem Despertar espiritual e em níveis bastante baixos de Crescer espiritual. Em conjunto, trata-se de um desastre cultural de primeira magnitude. Simplesmente não tenho como enfatizar o suficiente o pesadelo assustador que isso resultou para a civilização ocidental.

Então, qual é a solução para essa catástrofe? A recomendação é dupla, em termos mais gerais: (1) reconhecer **todos** os estágios/níveis do Crescer espiritual, instituindo uma **esteira condutora** de transformação pelos 6 a 8 níveis de desenvolvimento, pela apresentação e pela comunicação dos ensinamentos e práticas básicas de uma dada tradição, como aparecem em cada uma das principais estruturas-estágios (ensinamentos e práticas do nível mágico, ensinamentos e práticas do nível mítico, ensinamentos e práticas do nível racional, ensinamentos e práticas do nível pluralista e ensinamentos e práticas do Nível Integral); e (2) introduzir (ou reintroduzir) nas próprias escolas da tradição práticas de Despertar, ajudando os indivíduos a se moverem de um estado de pecado, separação, finitude, contração e sofrimento, por intermédio do estado grosseiro ao sutil ao causal à pura Testemunha e, finalmente, à Unidade última não dual — sua própria mais profunda, elevada, verdadeira, real e libertadora Suprema Identidade com o Espírito e com todo o *Kosmos* manifesto, e uma Grande, Gloriosa e Vasta Libertação e Emancipação.

Conduzindo-nos em ambos os caminhos, nos moveremos de uma Iluminação ou Despertar tradicional — que trilha apenas os estados do grosseiro até o não dual — para uma completa Iluminação ou Despertar — que é o estado mais elevado experimentado pela estrutura mais alta até o presente momento. Em outras palavras, o estado mais elevado de Despertar interpretado e experimentado pelo estágio mais elevado da inteligência espiritual (ou Crescer espiritual) já produzido pela evolução. No mundo de hoje, isso significa uma consciência da União não dual interpretada pelo Nível Integral (no limite do Superintegral).

Força de vontade. Vontade é simplesmente o poder da mente para impulsionar as coisas; é a vontade que nos permite tomar um curso de ação e segui-lo diretamente, sem perder o controle de nosso objetivo ou nos desviarmos do curso. A vontade é necessária para colocar qualquer intenção humana em ação e, portanto, é uma inteligência tremendamente importante. Vamos fazer alguns exercícios em um momento para mostrar exatamente o que está envolvido com a vontade (como faremos com as outras inteligências múltiplas também).

Linha do eu. A linha de desenvolvimento do eu diz respeito ao nosso relativo e finito **eu**, à medida que cresce e se desenvolve em formas mais profundas, amplas, elevadas e abrangentes. Essa é uma das inteligências mais significativas que os seres humanos possuem, uma vez que, seguindo o exemplo da consciência, o eu humano pas-

4. Nossas muitas linhas: Explorando as Inteligências Múltiplas

sa do id ao ego e a Deus; de sub-humano para humano e a super-humano; de subconsciente para autoconsciente e a superconsciente. Cada um dos 6 a 8 eus convencionais finitos — com seus vários mapas ocultos — é o que a sempre-presente Testemunha ou o Verdadeiro Eu usa como algo pelo qual olha e interpreta o mundo (em cada um desses estágios). Assim, a "Linha do eu" refere-se ao crescimento e desenvolvimento desse eu relativo.

Assim, a Linha do eu — como estudado pelos psicólogos de desenvolvimento ocidentais (Loevinger, Kegan, Broughton, entre outros) — é um estudo da *estrutura finita do eu* e de seu desenvolvimento (*todos* os estudos de desenvolvimento ocidentais se concentram em estruturas finitas, do eu ou de outra forma). Como uma inteligência múltipla, essa variabilidade é o que o Crescer na Linha do eu continuará a apresentar (ou seja, o desenvolvimento do centro de gravidade da estrutura finita do eu, à medida em que se desloca pelos 6 a 8 estágios da linha de desenvolvimento do próprio sistema do eu). Mas, além dessa linha própria do Crescer, precisamos sempre nos lembrar de incluir também no sistema do eu, o seu centro de gravidade em termos de **estado**, pois ele progride por meio dos 4 ou 5 principais estados-estágios do Despertar. Juntos eles nos dão o **duplo centro de gravidade** que todos os seres humanos possuem: por exemplo, (âmbar, sutil), que significa um eu na estrutura-estágio âmbar e no estado-estágio sutil; ou (verde, causal) ou (integral, não dual), e assim por diante. Ambos juntos (o eu movendo-se pelas estruturas-estágios e pelos estados-estágios) — o centro de gravidade dual (em Crescer e Despertar) — acompanharão o desenvolvimento geral da sensação de ser um eu distinto, dando cada vez mais lugar à Supermente e à Grande Mente.

Quando todos os *estados*-sujeitos foram feitos objetos, o resultado será a Grande Mente; quando todas as *estruturas*-sujeitos forem feitos objetos, o resultado será a Supermente. (Esses são os dois principais eixos de desenvolvimento, pelos estados que resultam na Grande Mente e pelas estruturas que resultam na Supermente.) O objetivo do desenvolvimento Integral é uma Grande Mente experienciada por uma Supermente — ou pelo mais alto estado do Despertar com a mais elevada estrutura do Crescer.

Agora, infelizmente, você não encontrará muitos livros sobre esse desenvolvimento "dual do eu" (exceto o meu sobre a Teoria Integral e alguns outros focados nas abordagens integrais — por exemplo, *Integral Psychotherapy* de Ingersoll e Zeitler), mas você pode facilmente trilhar esse ponto, para começar, aprendendo sobre os vários estados e estados-estágios de desenvolvimento da consciência (veja, por exemplo, meu próximo livro, *The Religion of Tomorrow*, ou as obras de Daniel P. Brown e Dustin DiPerna, entre outros). Depois aprenda a avaliar o seu próprio desenvolvimento em termos de estado por meio dos principais 4 ou 5 estados de desdobramento da consciência. Isto, combinado com a sua compreensão das principais 6 a 8 estruturas-estágios de desenvolvimento, permitirá que monitore esse "duplo centro de gravidade" de seu próprio eu — sua média geral em termos da estrutura-estágio de desenvolvimento e sua média geral em termos de estado-estágio de desenvolvimento, à medida que você continuar a crescer e evoluir em direção à Grande Mente (no estado) e à Supermente (na estrutura). O centro de gravidade dual é simplesmente onde está aproximadamente ou centralmente localizado o seu senso de identidade (eu), tanto em termos do Crescer como em termos do Despertar.

* * *

Então, cada uma das "inteligências" que já examinamos são áreas — linhas ou fluxos de desenvolvimento — pelas quais seu Verdadeiro Eu, sua Suprema Identidade, pode brilhar. Elas também são algumas das áreas básicas com as quais seu próprio eu, pequeno, finito e convencional se identificará. Ou seja, seu pequeno eu — além de estar em seu próprio estágio de desenvolvimento em termos de estruturas e estados — se identificará com um determinado nível (ou mapa oculto) em cada uma dessas linhas gerais. (Uma das razões pelas quais o convencional e finito sistema do eu é tão importante é que ele é o maior integrador e unificador de todos os vários elementos e componentes manifestos encontrados em seu ser e consciência,

4. Nossas muitas linhas: Explorando as Inteligências Múltiplas

incluindo todas as linhas de desenvolvimento ou inteligências múltiplas. Como os filósofos medievais diziam, o eu é o que dá unidade à mente.) O aspecto integral da prática de *mindfulness* permite que você identifique essas linhas, para despertá-las, ativá-las, fazendo-as crescer e se desenvolver; e, finalmente, se você mantiver isso, alcançará o mais alto, o mais desenvolvido e completo de todos os níveis nas principais linhas usadas em sua vida, aumentando assim o alcance e o brilho da sua Própria Realização.

A ideia, como sempre, é simplesmente tornar-se consciente de cada uma dessas inteligências em você, do modo que estão agora surgindo e respondendo ao mundo ao seu redor (e nós faremos essa prática específica em apenas um momento). Essas inteligências têm uma boa independência, o que significa que, em muitos casos, você pode achar que está bastante desenvolvido em algumas linhas; medianamente desenvolvido em outras; e muito pouco desenvolvido em outras. (Eu sempre uso o exemplo dos médicos nazistas: alta inteligência cognitiva, baixa inteligência moral).

É provável que, antes de ler as seções anteriores, você não tivesse conhecimento das muitas inteligências disponíveis para si próprio — e que, no entanto, estão funcionando ativamente em você agora — assim como é provável que não soubesse dos importantes 6 a 8 níveis de desenvolvimento pelos quais todas essas linhas estão crescendo e evoluindo. O mesmo com os quadrantes, os estados e os tipos, muito provavelmente. Mas o ponto todo é que, uma vez que você começar a aprender sobre cada um desses elementos, poderá então usar o seu próprio entendimento — chamamos isso de "o eu como instrumento" (usando conscientemente as faculdades do eu para fazer julgamentos sobre o próprio eu) para julgar exatamente onde você está em cada uma dessas áreas. Estudos demonstraram que os indivíduos, até as pessoas leigas em geral, são bastante eficientes em julgar o grau de desenvolvimento — **superior** ou **inferior** — de várias declarações, ideias e pensamentos que lhes são apresentados. E, em particular, quando lhe são dados alguns mapas reais do território — e nós mesmos temos mapas que incluem os de

231

6 a 8 níveis ou estruturas principais, as 8 linhas principais, os 4 a 5 estados principais e os 4 quadrantes/perspectivas principais —, sua capacidade inata de usar "o eu como instrumento" será amplamente aprimorada, e você poderá formar uma avaliação bastante precisa de exatamente onde está em termos de seu crescimento e desenvolvimento geral em todas essas áreas. Poderá, portanto, não apenas personalizar de forma mais útil quaisquer práticas ou exercícios que possam ajudar na atualização do seu eu, mas também perceber em quais, de todas essas áreas, precisará de alguma ajuda adicional e, assim, procurar as fontes apropriadas para tal ajuda. Mas, no conjunto, com este processo geral, sua capacidade de autocompreensão — e de **compreensão global** — aumentará monumentalmente.

Uma das coisas maravilhosas sobre um **Índice Integral** é usar toda a Estrutura Integral para localizar e posicionar todos os fenômenos que agora surgem no universo. É algo como pegar *Big Data* — que é apenas uma quantidade enorme de dados sem relacionamentos óbvios uns com os outros — e, em seguida, organizar tudo de acordo com um Quadro ou Índice abrangente, que é o que AQAL lhe permite fazer. Entre outras coisas, isso não só ajuda a identificar as áreas mais centrais do potencial humano, mas também mostra como cada uma delas se relaciona com todas as outras e, além disso, como é possível ativar, acelerar, crescer e evoluir em todas elas. Esse é realmente um incrível avanço na história humana; e, apesar de todos os problemas verdadeiramente perversos do mundo, é um momento surpreendente para se estar vivo, com esse tipo de novas e excitantes descobertas que se derramam sobre nós.

Então, de volta ao ponto: além de adotar exercícios específicos para crescer e aprimorar cada uma dessas linhas de desenvolvimento, você também pode aplicar a *mindfulness* sobre elas, acelerando assim o movimento em cada um dos vários níveis da linha (ou seja, movendo-se pelos de 6 a 8 principais níveis de desenvolvimento, conforme aparecem em cada uma dessas linhas de desenvolvimento). Vamos fazer uma rápida experiência de execução de "*mindfulness* das linhas" apenas para, muito simplesmente, ver o que está envolvido.

4. Nossas muitas linhas: Explorando as Inteligências Múltiplas

Mindfulness das Linhas

Vou mencionar o nome de uma linha e, em seguida, darei algumas de suas características principais. Gostaria que você se concentrasse em qualquer pensamento ou sentimento que surja quando eu fizer isso. Deixe esses pensamentos e sentimentos surgirem e, em seguida, segure-os em sua mente, olhe para eles por todas as direções — realmente videoteipe-os e, em especial, pergunte: onde estão localizados no corpo, como se parecem e como você os sente? Quando você praticar isso por sua própria conta, poderá gastar mais tempo em cada linha do que o que faremos agora (e você poderá fazer a bateria completa de perguntas de *mindfulness*); mas, por enquanto, vamos apenas fazer uma rápida experiência.

Inteligência cognitiva. Vamos começar levando atenção à consciência. Perceba a própria consciência. Durante alguns minutos, repouse a atenção em sua consciência, veja a sua própria consciência como um objeto (na medida que você conseguir) e faça suas perguntas: como se parece, qual é a sensação, onde está localizada? Veja a consciência como um objeto de consciência. (Isso pode levá-lo de volta à Testemunha — se sim, tudo bem, vá em frente e deixe isso acontecer.)

Inteligência emocional. Simplesmente perceba o que você está sentindo agora. Que emoções estão emergindo (excitação, alegria, confusão, tédio, felicidade, ansiedade, tristeza, prazer, satisfação)? Reserve alguns momentos e realmente veja, sinta seus sentimentos como objetos. Se houver outras pessoas ao seu redor, assuma as suas perspectivas, coloque-se nos seus sapatos e pratique a *mindfulness* no que você imagina que elas estão percebendo e sentindo. Esteja atento não só à sua perspectiva de 1ª pessoa, mas também à sua perspectiva de 2ª pessoa. Faça com que ambas as perspectivas se tornem objeto. Realmente deixe seus sentimentos fluírem no amplo Campo da Consciência, mas não se deixe levar por eles!

Inteligência intrapessoal. Simplesmente, agora mesmo, olhe para dentro. Faça uma introspecção. Basta olhar para o que você está pensando, sentindo, esperando, desejando, querendo, precisando, ansiando. Esteja consciente de seus interiores, veja seus interiores como objetos e mantenha-os em sua consciência — como eles parecem, como sentem, onde cada um está localizado? Observe toda essa sensação geral de "olhar para dentro" de você — o que *isso* lhe parece?

Inteligência somática/corporal. Direta e imediatamente sinta seu corpo. Apenas o seu corpo. Muitas vezes, essa percepção é implicitamente parte de seu eu **subjetivo**, mas agora faça disso um objeto. Olhe-o, sinta-o, veja-o. Mantenha-o em seu total Campo de Consciência. Olhe para ele, e não "veja *através* de".

À medida que você fizer isso, poderá se deslocar cada vez mais para a posição da Testemunha, porque poderá ver o corpo como um objeto, seu Verdadeiro Eu "tem um corpo, mas *não* é esse corpo". E, de fato, não é. O Verdadeiro Eu, a pura Testemunha, vê o corpo emergir como um objeto na Consciência justamente como qualquer outro objeto — aquela montanha, aquelas nuvens, aquele edifício, aquelas árvores, esse corpo... Todos *neti*, *neti*. Eu-Eu não sou isso, não sou aquilo; Eu-Eu estou livre de tudo isso. Quando a Testemunha se dissolve na Quididade não dual ou Único Sabor, você encontrará uma identidade com o corpo — **E** com todos os outros objetos que surjam, incluindo aquela montanha, aquelas nuvens, essa construção, essas árvores e sim esse corpo. Mas, então, todos eles são simplesmente elementos da Pintura Total de Tudo o Que É, e você é TUDO *isso*, totalmente um com toda a Pintura e todos os seus elementos. Assim, à sua completa Liberdade é adicionada uma total Plenitude. Isso pode acontecer com a atenção plena aplicada a qualquer uma das inteligências múltiplas, mas o corpo se presta particularmente a isso, pois é a principal fonte de identidade subjetiva e, portanto, um ponto crucial de mudança de nossas identidades parciais com o organismo isolado para nossa Identidade Total com Tudo O Que É.

Inteligência moral. Lembre-se da última vez que você se deparou com um dilema moral — o que é o certo a se fazer? Imagine a coisa errada a se fazer e a coisa certa a se fazer. Em seguida, segure esse sentimento de justiça em sua consciência. Veja-o como um objeto. Apenas como se parece, como sente esse "fazer a coisa *certa*"?

4. Nossas muitas linhas: Explorando as Inteligências Múltiplas

Por que isso é importante? O que você sente quando imagina fazer a coisa *errada*? O que há de *errado* em estar *errado*? Que pensamentos e sentimentos isso gera? (Mais uma vez, o objetivo não é fazer algo com isso ou acerca isso, mas simplesmente vê-lo, estar ciente disso, mantê-lo como um objeto em seu Campo total de Consciência. "Nada acontece a seguir..."). Simplesmente videoteipe esse sentimento profundo de ser moral, de estar certo.

Inteligência espiritual. Pense com muito cuidado sobre qual é o seu interesse último. Qual é a única coisa mais importante do mundo para você? Pode pensar em várias — seu companheiro, seus filhos, seu trabalho, seu dinheiro, seus amigos, sua reputação, sua saúde — mas se force em escolher apenas uma. Em seguida, mantenha esse item em mente e preste atenção ao sentimento de querer essa coisa (ou simplesmente apreciá-la). Observe esse desejo último — veja-o como um objeto: como ele se parece, como sente, onde se localiza? O que significa ter um interesse último? O que **último** *significa* mesmo? Novamente, e isso vale a pena repetir — não espere uma resposta específica, nem *qualquer* resposta, chegar — e não imagine que você deva fazer qualquer coisa a respeito do que apareça, ou tomar alguma atitude específica em resposta. Sua única tarefa é simplesmente estar ciente de tudo o que surge quando você aborda essas questões — basta tomar o que quer que venha, incluindo uma possível sensação de vazio e olhar diretamente para isso — videoteipe — e é isso, isso é tudo o que é necessário. Ver tudo o que aparecer como um objeto é a sua única tarefa, mesmo que o que apareça seja apenas um olhar vazio sem foco...

Força de vontade. Olhe para o ponteiro dos segundos de seu relógio (ou a mudança dos segundos num relógio digital) e mantenha sua mente nisso, atento ao tique-taque por 15 segundos. Durante esse tempo, sinta o poder de sua mente se agarrando aos segundos à medida que eles passam — observe sua capacidade de manter a atenção naquela única área sem perder o foco. Sinta essa força mental. Olhe isso de perto como um objeto — como se parece, como sente, essa coisa chamada vontade.

Perceber essa capacidade de se concentrar, além de suas características muito positivas, é também o que leva *Consciência* para a *atenção* (concentração) — e assim também é a fonte da Evasão Primordial. Então, fazer dessa capacidade de se concentrar um objeto é também o que ajuda a fazer da Evasão Primordial um objeto, liberando assim o *background* da Consciência para retornar ao seu estado de plenitude e relaxamento, o qual reflete a Pintura Total de Tudo O Que É, sem se concentrar opressivamente em um elemento com a exclusão de outros, ou evitando um elemento em vez de outros. Novamente, não faça essa sessão de *mindfulness* tendo isso como objetivo ou meta; apenas fazer disso um objeto é o objetivo. Mas, em vários momentos do exercício, você pode encontrar-se deslizando para aquela Plenitude fundamental — o que, claro, é ótimo!

Linha do eu. E, finalmente, sua própria autocontração. Simplesmente sinta, agora mesmo, aquela pequena tensão interior que você associa com a sensação de ser um eu separado. Essa sensação será uma combinação do principal estado em que você está com a estrutura com a qual está interpretando-o e experienciando-o. (À medida que você fica melhor na prática de *Mindfulness* Integral, poderá distinguir mais claramente isso. O eu-estado envolverá uma presente e óbvia experiência imediata de 1ª pessoa — envolvendo objetos grosseiros, sutis, causais, ou a Testemunha se movendo para uma pura experiência de "Eu-Eu" ou até mesmo mais adiante, em uma experiência da unidade sem cabeça. E você verá e interpretará seu mundo e o experimentará com sua principal estrutura — por exemplo, se você estiver predominantemente no laranja, mantenha a ideia ou a imagem de alcançar a sua meta, de ser uma pessoa bem-sucedida, de realização — e esse tipo de valor-pensamento é parte da estrutura do seu eu e, ao contrário do estado, a estrutura em si não é diretamente óbvia, a menos que você use um mapa de desenvolvimento para evidenciá-la, como estamos fazendo agora).

No entanto, a sensação do eu não é uma coisa, mas um processo, um processo de contração sutil de sua consciência. Esteja atento a essa contração, a esse sentimento de si mesmo; segure essa sutil

4. Nossas muitas linhas: Explorando as Inteligências Múltiplas

tensão em sua mente, videoteipe-a com consciência, veja-a como um objeto. (Muito provavelmente você pode sentir essa pequena tensão, essa autocontração, agora mesmo, enquanto **sob** isso ou **além** disso está a sempre presente Testemunha ou a consciência da unidade sem cabeça — e, fazendo dessa autocontração um objeto, você muito provavelmente entrará em um desses estados mais elevados!).

Outras linhas de desenvolvimento. Depois de ter examinado brevemente essas 8 linhas principais, podemos perguntar: quantas outras linhas de desenvolvimento ou inteligências existem? Esse é um tema amplamente discutido nos estudos sobre o desenvolvimento. Há dezenas e dezenas de itens que são livremente apresentados como **inteligências múltiplas**, alguns deles extremamente fracos. Mas podemos, pelo menos, mencionar que — dos que têm um mínimo de razoabilidade ou prova de existência —, além dos 8 anteriores, também as seguintes inteligências têm sido propostas: lógico-matemática, musical, estética, relacionamentos, linguística, perspectivas, psicossexual, valores, defesas, desenvolvimento interpessoal, necessidades, visões de mundo, naturalista, espaço-temporal, existencial e de gênero, entre outras. As 8 linhas que incluí aqui são aquelas que cobrem muitos dos mais centrais fundamentos sobre o que são as inteligências múltiplas, e levar isso em conta é o mínimo que precisamos fazer para abranger essa dimensão de nosso próprio ser. Mas também não precisamos abordar muito mais esse assunto para obter uma consciência geral introdutória sobre essa área central de nós mesmos. Claro, podemos acrescentar tantas inteligências quanto desejarmos; e, quanto ao crescimento e ao desenvolvimento pessoal, podemos adotar qualquer número de práticas para melhorar essas qualidades — tanto na altitude vertical quanto na aptidão horizontal — de qualquer uma dessas inteligências que desejarmos. O objetivo é obter uma percepção bastante clara e distinta de pelo menos 8 dessas diferentes capacidades, tornando-as um claro objeto de consciência, assim, continuamente transformando sujeito em objeto e abrindo-nos para capacidades cada vez elevadas, amplas e inclusivas de nosso próprio ser. E enquanto estivermos nos familiarizando com essas 8 inteligências, um fato muito importante começa a ficar cada vez mais óbvio: podemos ser inteligentes de muitas maneiras diferentes — então, não diminua a si mesmo!

Diz-se frequentemente que você deve encontrar algo que ame e para o qual tenha algum talento natural. Então, você deve perseguir isso com todo o coração, pois assim seus sonhos quase que automaticamente se tornarão realidade. Bem, infelizmente, talvez não seja tão simples. Mas uma coisa é certa: se você desconhecer todas essas inteligências as quais realmente tem acesso, é provável que não perceba o talento que real e verdadeiramente possui. Portanto, mantenha seus olhos abertos para essas inteligências! E — tal como acontece com o resto da busca integral — certifique-se de procurar pelas áreas que, em grande medida, tem ignorado, negado, esquecido ou rejeitado, porque nelas podem realmente residir a sua genialidade. Como de costume, a Estrutura Integral — afastando-se do "um tamanho único para tudo" — abre-lhe uma enorme quantidade de áreas, dimensões, capacidades e habilidades, cuja existência talvez você nem tenha suspeitado — e, no entanto, elas mantêm o tesouro oculto de seus próprios e mais brilhantes talentos!

O Psicográfico Integral

Se quisermos ter uma ideia de como estamos em nossos **níveis** e **linhas** (ou seja, quão bem desenvolvidos — em nível — estamos em cada uma de nossas inteligências ou linhas), podemos traçar esses dois elementos no que é chamado de **Psicográfico Integral** — um gráfico que exibe efetiva e conjuntamente todos esses parâmetros. Então, subindo pelo eixo vertical estão os principais níveis de desenvolvimento que discutimos (da 1ª camada à 2ª camada até a 3ª camada — geralmente representados por suas cores, mas também por qualquer indicador de crescimento vertical — nomes, números etc). E no eixo horizontal, listamos as linhas particulares de desenvolvimento que estamos rastreando; cada linha é traçada até o ponto mais elevado que tenha se desenvolvido até agora (até o vermelho, ou o âmbar, ou o laranja, ou o verde etc., de acordo com as cores do

4. Nossas muitas linhas: Explorando as Inteligências Múltiplas

eixo vertical ou de outro indicador de crescimento). Então, num rápido olhar, você poderá dizer o quão bem desenvolvido está em cada uma das principais inteligências múltiplas — talvez pouco desenvolvido (por exemplo, até o vermelho); talvez bem desenvolvido (por exemplo, até o laranja); talvez excepcionalmente bem desenvolvido (por exemplo, até o turquesa) — e você poderá ver isso em cada uma das linhas que adicionou ao psicográfico.

O Psicográfico Integral também pode ser usado para exibir a relação entre os diferentes principais modelos de desenvolvimento. Mencionamos que, frequentemente, um modelo particular se concentra em apenas uma inteligência; às vezes se concentra em algumas; e em outras num **pacote** de várias inteligências. Mas uma das principais razões pelas quais esses modelos variam um pouco um do outro é que eles se concentram em diferentes linhas múltiplas. Isso não os torna menos úteis, tampouco errados. Isso é simplesmente uma indicação da rica variedade de linhas entrelaçadas que compõem o ser humano.

Mas, independentemente da maneira com que o Psicográfico Integral seja usado, o ponto é que os níveis de desenvolvimento não existem por conta própria em qualquer lugar; eles são níveis de desenvolvimento com certeza, mas sempre *níveis* de desenvolvimento em *linhas específicas*. Os níveis gerais de altitude, em si, aparecem em cada linha com (1) as características genéricas da altitude como vistas em cada nível principal e (2) as formas/conteúdo de um nível efetivo como expressa em e pelas fases de uma linha particular. Assim, como observamos, a altitude âmbar aparece no desenvolvimento da linha cognitiva como fase de pensamento operacional-concreto; no desenvolvimento da linha moral, aparece como o estágio **lei e ordem**; na linha de desenvolvimento do eu, aparece como o estágio **conformista** do eu, e assim por diante. Linhas diferentes, mesmos níveis (ou correntes distintas, mesmas ondas). E, novamente, os níveis/ondas não existem em nenhum lugar por conta própria, mas sempre se manifestam como estágios nas linhas específicas. O que todos os níveis têm em comum é a altitude geral ou o grau de desenvolvimento em si; onde eles diferem é em todos os detalhes e características reais específicas que são fornecidas pelas linhas à sua maneira.

Cada um dos pioneiros modelos de desenvolvimento no Ocidente tende a se concentrar em uma inteligência específica e geralmente apenas estudam os de 6 a 8 níveis/estágios de desenvolvimento como eles apareceram nessa linha específica. Assim, Jean Piaget concentrou-se na inteligência cognitiva; Lawrence Kohlberg, na inteligência moral; Jane Loevinger, na inteligência do ego; Clare Graves, na inteligência de valores; Abigail Housen, na inteligência estética, e assim por diante. Alguns modelos estudaram elementos que, como uma função distinta da psique, tendiam a ser uma mistura específica de várias inteligências (as **ordens da consciência** de Kegan, por exemplo, incluem as linhas cognitiva, de perspectiva, do eu e de visão de mundo). Mas muitos deles, de fato, se concentraram claramente em uma linha de desenvolvimento específica ou inteligência (necessidades de Maslow, inteligência espiritual ou **estágios da fé** de Fowler, inteligência de valores de Graves, inteligência moral de Kohlberg, entre outras).

Mas, se estivermos olhando para um **pacote** de desenvolvimento que é essencialmente uma importante linha de desenvolvimento maior ou uma mistura de várias linhas de desenvolvimento, podemos criar um Psicográfico Integral que mostre a relação desses pacotes de linhas de desenvolvimento comparados entre si e com base nos principais e comuns níveis de altitude vertical de desenvolvimento que todas as linhas estão percorrendo (novamente: linhas diferentes, mesmos níveis).

Quanto mais linhas de desenvolvimento acrescentarmos em qualquer psicográfico — das importantes 8 ou mais linhas principais, incluindo os pacotes de linhas bem conhecidos, como o de Kegan —, mais completa será a imagem que teremos do *status* geral de desenvolvimento de um indivíduo expresso naquele psicográfico. Voltaremos a criar um psicográfico individual (tal como você pode fazer para si mesmo ou para alguém que conheça) em apenas um momento.

4. Nossas muitas linhas: Explorando as Inteligências Múltiplas

Figura 4.1. Um Psicográfico Integral: algumas das principais linhas de desenvolvimento e os mais destacados níveis (representados pelas cores do arco-íris).

Enquanto isso, as Figuras 4.1 e 4.2 (adiante) mostram dois psicográficos generalizados — nesses casos, com foco em importantes e bem conhecidos modelos de desenvolvimento, mostrando como todos eles se encaixam. Os comuns, genéricos e verticais níveis maiores de desenvolvimento (ou **níveis de consciência**) — com as cores do arco-íris (incluindo os de 6 a 8 níveis padrão dados por suas cores na coluna vertical da 1ª e 2ª camada, combinados com uma tentativa de 4 níveis e suas cores na 3ª camada, totalizando 12 níveis do Crescer em geral) — os quais são todos exibidos no eixo vertical; e, em seguida, as várias linhas de desenvolvimento ou os pacotes particulares de linhas de vários modelos teóricos (Graves, Kegan, "SD" para *Spiral Dynamics* etc.) — são mostrados em todo o eixo ou dimensão horizontal, colocados um ao lado do outro para que comparações rápidas possam ser feitas entre os seus vários estágios (que é a forma como cada um dos principais níveis de desenvolvimento aparece naquela linha particular em cada altitude, ou como os níveis realmente

241

aparecem nos estágios de uma determinada linha). A Figura 4.2 também mostra, no final do gráfico, uma reprodução em miniatura dos **círculos** de meditação dos principais estados de consciência (que vimos pela primeira vez na Figura 2.1), como um lembrete de que qualquer um desses estados pode ser experienciado por qualquer pessoa em praticamente qualquer uma dessas estruturas/níveis.

Você deve se lembrar que, em meu livro *Psicologia Integral*, me referi a 100 modelos de desenvolvimento diferentes os quais incluí em gráficos. Bem, cada um desses modelos poderia ser incluído em um psicográfico deste tipo, mostrando como todos eles são comparáveis entre si e contrastam uns com os outros, usando a importante variável da **altitude**, introduzida pela Teoria Integral, para amarrar todas essas várias linhas juntas por meio de um espectro universal de desenvolvimento de altitude — diferentes linhas, mesmos níveis — independentemente de quão distintas sejam as características superficiais em cada uma das linhas, observe a altitude de cada estágio (tanto os níveis genéricos de altitude como as linhas específicas de desenvolvimento ocorrem conjuntamente em cada inteligência).

Criando um Psicográfico Individual. Cada indivíduo pode criar seu próprio Psicográfico Integral (usando, como observamos, o "eu como instrumento"). O conteúdo que você já aprendeu sobre cada um dos genéricos de 6 a 8 níveis de desenvolvimento vertical (que é onde literalmente 99% do desenvolvimento ocorre neste momento de nossa evolução) é suficiente para você intuitivamente perceber (com uma quantidade razoável de precisão) qual o estágio vertical geral que alcançou em cada inteligência múltipla específica ou linha de desenvolvimento particular. Então, por exemplo, se você for uma mulher no último ano da faculdade, poderia pensar: *"Cognitivamente sou muito brilhante (eu continuo ouvindo: 'Especialmente para uma menina', o que é irritante); talvez até o turquesa nesta linha. Emocionalmente, sou um pouco fraca para o meu gênero, talvez âmbar. Moralmente, sou forte e tendo ao igualitarismo, ou verde. Somática ou cinestesicamente, sou muito fraca; não me surpreenderia se eu fosse magenta ou vermelha. Não sei qual é o problema, mas nunca*

4. Nossas muitas linhas: Explorando as Inteligências Múltiplas

*me senti totalmente em casa nesse corpo. Intrapessoal, muito forte, verde ou turquesa. Força de vontade, também forte; talvez laranja ou verde (eu tenho problemas com isso, mas se fosse um homem, seria parabenizada por isso!). Linha do eu, muito boa, pelo menos verde. Musicalmente, quase zero; infravermelho. Lógico-matemática, não muito ruim, embora não seja minha favorita, talvez âmbar ou laranja. Linguisticamente, muito forte, pelo menos azul esverdeado, talvez turquesa (tenho escrito poesia desde o início da adolescência e sempre recebi grandes elogios). Meu nível médio geral (ou o centro de gravidade em termos de estrutura) é, portanto, em torno do laranja a verde (que também se encaixa no nível da Linha do eu (Autoidentidade), uma consideração importante para o **centro de gravidade**)".*

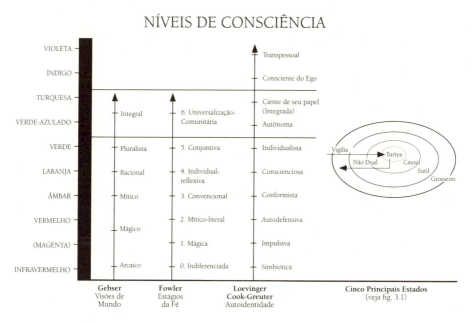

Figura 4.2. Um Psicográfico Integral: mais algumas linhas de desenvolvimento por meio dos principais níveis (arco-íris).

Um Psicográfico Integral permite que você veja, num rápido olhar, exatamente como está indo em cada uma das suas linhas de desenvolvimento ou inteligências múltiplas. Não seja tímido ao considerar algo como uma inteligência múltipla; conforme acabamos de ver, existem muitas definições diferentes sobre o que exatamente é uma inteligência múltipla e qual lista de inteligências realmente temos disponíveis; algumas pessoas propõem uma inteligência para quase cada uma as habilidades que um ser humano pode fazer (incluindo **inteligência arquitetônica**, **inteligência odontológica**, **inteligência de jardinagem** etc. — você pode ir longe nisso, então aplique pelo menos algum tipo de critério razoável). Mas um psicográfico é uma maneira maravilhosa de rastrear seu próprio crescimento, desenvolvimento e evolução nas várias estruturas de consciência com as quais a evolução nos abençoou.

Mas note, não é necessário que os níveis de cada inteligência toquem a 2ª camada no turquesa ou integral (no limite cataclísmico do salto à 3ª camada). Elementos nos quais vale a pena manter um olhar atento incluem coisas, considerando a profissão que você escolheu, como está bem desenvolvido em todas as inteligências que demonstrativamente ajudam-no a criar sucesso nessa profissão? Tem sido sugerido que os líderes empresariais, por exemplo, são mais bem-sucedidos, quanto mais desenvolvidos estão em termos de inteligência cognitiva (particularmente em seus níveis mais elevados, de 2ª camada, conhecidos como sistêmico ou visão-lógica); inteligência emocional; inteligência interpessoal[2]; e finalmente (mas cada vez mais) a inteligência espiritual: por exemplo, John Mackey,

---

[2] Alguns incluiriam a inteligência moral, embora essa seja uma inclusão controversa, porque o fato é que, pela maneira como os negócios são organizados no mundo de hoje, algumas ações que beneficiarão um negócio são menos que morais e os líderes de negócios estão dispostos a passar por cima dessa linha; uma pesquisa recente — publicada na revista *Harvard Business Review* e na revista *Time*, em 21 de julho de 2014 — mostrou que 78% dos executivos-chefes agiriam de forma imoral se os ajudassem a atingir as metas definidas por *Wall Street*; mas essa é uma arena de intenso debate recente, e qualquer pessoa decente teria que começar a exigir ações genuinamente morais de todos os líderes empresariais — o que, é claro, requer que eles tenham uma inteligência moral ativa e em um nível em termos de altitude, razoavelmente alto, em primeiro lugar.

4. Nossas muitas linhas: Explorando as Inteligências Múltiplas

cofundador da *Whole Foods* e Raj Sisodia, coautores do *Capitalismo Consciente*, usam todos os 4 quadrantes para a definição de seus princípios, além de um espectro todos-os-níveis baseado em parte em um modelo integral, e incluem várias linhas de desenvolvimento, tais como inteligência cognitiva, inteligência emocional, inteligência sistêmica e, sim, inteligência espiritual. Se você é um líder de negócios e leva a sério a ideia de ter sucesso da maneira mais ampla e mais profunda possível, então irá querer abordar e checar seriamente cada uma dessas inteligências que acabei de mencionar, identificando quais são as fortes e as fracas e, em seguida, tomará um caminho ou realizará outras ações para aperfeiçoar suas habilidades (em termos de aptidões e altitudes) em cada inteligência que realmente precisar disso.

A questão é que, com mais mapas integrais — que inerentemente incluem as reconhecidas áreas sobre o território global das atividades empresariais —, esse tipo de decisão pode ser facilmente detectado e implementado. E, novamente, você não precisa se destacar em todas as linhas ou inteligências. Os líderes empresariais, embora sejam perfeitamente livres para trabalhar nessas inteligências se assim o desejarem, geralmente não precisam se destacar, por exemplo, em inteligência musical, inteligência espacial, inteligência linguística ou inteligência cinestésica (embora um negócio específico precisará englobar outras linhas se quiser focar em produtos dessas áreas). O ponto é que você pode ser razoavelmente descrito como "integral" se sua consciência/linha cognitiva e as linhas de desenvolvimento relacionadas com o eu, todas elas estiverem a maior parte do tempo no nível azul esverdeado holístico ou no turquesa integral; e, se estiver, pelo menos, plenamente consciente das várias linhas e esteja significativamente desenvolvido, *ao menos*, nas linhas que atendem às principais áreas de sua vida real (trabalho, relacionamentos, parentalidade etc.).

Mas este é um momento emocionante se você estiver genuinamente interessado no crescimento e desenvolvimento de seus próprios dons, potenciais e talentos mais profundos, amplos e elevados.

Nós nunca tivemos tanto conhecimento sobre os vários potenciais disponíveis para os seres humanos: as maneiras de acelerar e realizar o nosso crescimento (o que dificulta ou inviabiliza esse processo), e as formas de reparar e reinicializar esses potenciais conforme necessário. E como um bônus adicional — e bastante extraordinário — ao fazê-lo, não só aumentamos nossa excelência em cada um desses potenciais (*incluindo-os* em identidades cada vez mais elevadas), também nos aproximamos mais e mais do Fundamento, da Meta e da Fonte de todos eles — *transcendendo-os* para o nosso próprio Verdadeiro Eu, o Vidente Verdadeiro, e a Quididade última. Os caminhos do Crescer, Depurar-se e Expressar-se conscientemente se juntaram com os caminhos radicais do Despertar, de modo que o nosso progresso na expansão de nossos dons e capacidades, relativas e finitas, também esteja nos fazendo avançar para a realização de nosso sempre-presente Verdadeiro Eu e a Quididade última não dual.

O potencial deste benefício combinado literalmente nunca existiu antes em nossa história. Mas, se você nasceu nos anos 1950, 1960 ou depois, você está entre os primeiros humanos em toda a história a ser capaz de despertar todas as 5 dimensões mais fundamentais de um "ser-humano-no-mundo" (quadrantes, níveis, linhas, estados e tipos). Isso é inacreditável, surpreendente, chocante, maravilhosamente glorioso — e agradeça realmente às nossas estrelas da sorte (que são simplesmente os olhos cintilantes de nossa própria Face Original, sorrindo de volta para nós mesmos)...

A Matriz AQAL

Agora, vamos terminar com a nossa discussão sobre a *Mindfulness* Integral das linhas. Nós falávamos de *mindfulness* da Linha do eu, particularmente com o objetivo de tornar o pequeno e finito sujeito — ou eu — num objeto de Consciência. Enquanto você está mantendo plena atenção nisso, enquanto está ciente da autocontração, finalize essa parte da meditação sobre a consciência das linhas, permanecendo atento ao que está consciente da autocontração. Ou seja, esteja consciente da Testemunha do seu **eu** ou do seu **meu**.

4. Nossas muitas linhas: Explorando as Inteligências Múltiplas

Lembre-se de que a Testemunha é o que Ramana Maharshi chamou de "Eu-Eu", porque é o puro, o grande **Eu** olhando para o pequeno **eu** como um objeto — o puro Vidente, o Verdadeiro Eu, o Sujeito Real, e não o pequeno sujeito ou ego finito que, de fato, pode ser visto como um objeto e, portanto, nem sequer é um sujeito real ou um Verdadeiro Eu (e é por isso que praticamente toda grande tradição se refere a esse eu como **ilusório**, **caído**, **dualista** ou contaminado pelo "pecado original" da separação). Essa Testemunha, esse "Eu-Eu", que estava ciente de cada uma de suas linhas ou inteligências múltiplas, e que estava (no Capítulo 1) ciente de cada um dos seus de 6 a 8 níveis ou mapas escondidos, e estava (no Capítulo 3) ciente de cada um dos seus quadrantes nos relacionamentos, é de fato a sua Face Original, o Vidente, o seu Verdadeiro Eu, e é, na realidade, diretamente um com o Espírito, um com a pura Consciência ou a pura e infinita Consciência, que é uma e a mesma em todos os seres sencientes — como disse Erwin Schrödinger, fundador da mecânica quântica moderna, *"a consciência é um singular do qual o plural é desconhecido"*[3]. Esta é a sua Grande Mente, seu Eu real, o puro Eu Observador, a Verdadeira Testemunha. Descanse brevemente nessa pura Consciência que está testemunhando — esse sentimento puro e simples de EU SOU, aqui mesmo, agora mesmo — e lembre-se, isso não é algo que possa ser visto. Se você vir alguma coisa, é apenas outro objeto. Em vez disso, a Testemunha é o vasto, puro, aberto e vazio Espaço ou Clareira, na qual todos os objetos e sujeitos estão surgindo agora, momento a momento — a Clareira na qual essas palavras estão surgindo, a Clareira na qual as nuvens estão surgindo, a Clareira na qual os edifícios estão surgindo, a Clareira na qual essa sala está surgindo. Essa Clareira é o Espaço infinito, puro, aberto, Vazio, seu único e Verdadeiro Eu e a Condição Real. Descanse nessa espaçosa, aberta, vazia, clara e silenciosa Vacuidade, seu atemporal, e eterno, e real Ser.

---

[3] Erwin Schrödinger, *"What is Life?"* (1943), em *What is Life? With Mind and Matter e Autobiographical Sketches* (Cambridge: Cambridge University Press, 1992), p. 89.

Agora, essa Testemunha, embora ela própria seja sem qualidades ou características de qualquer tipo — pois é radicalmente ilimitada, não nascida, eterna, não qualificável —, essa Testemunha olhará para o mundo por meio de qualquer Forma que esteja presente. Isso significa que a Testemunha olhará o mundo por *qualquer nível em que o eu convencional esteja* (e por quaisquer mapas ocultos dos principais de 6 a 8 níveis em que o eu esteja atualmente), E a Testemunha também olhará *por meio da linha particular que agora está ativa*, e olhará por qualquer *estado* que esteja agora surgindo, por qualquer *quadrante* que esteja ativo e, por meio de qualquer *tipo que esteja funcionando* (**tipo**, como veremos, é qualquer tipo específico em qualquer tipologia que está sendo ativada no sistema-do-eu em qualquer dado momento. O ponto é: a Testemunha também olhará através daquele tipo).

Isto é o que Patanjali quis dizer quando falou da falsa identificação do Vidente com os instrumentos do ver. Ou seja, identificamos o nosso Verdadeiro Eu, nosso Verdadeiro Vidente, a pura Testemunha, com qualquer quadrante, nível, linha, estado ou tipo presente (a soma total desses elementos é chamada de "AQAL", abreviação de "todos os quadrantes, todos os níveis, todas as linhas, todos os estados, todos os tipos").

A *Mindfulness* Integral nos permite ver cada um desses elementos e estarmos conscientes de sua existência, estarmos cientes deles, muitas vezes pela primeira vez, desse modo liberando-os de serem objetos com os quais estávamos identificados com o nosso pequeno eu ou sujeito (isto é, coisas com as quais, em última instância, identificávamos o nosso Verdadeiro Eu). E, em vez disso, transformando-os em meros objetos de consciência, vendo esses sujeitos como objetos, assim nos desidentificando desses objetos e descansando em nosso verdadeiro, eterno, não nascido e imortal Verdadeiro Eu.

Em outras palavras, isso nos permite escapar de qualquer identificação específica com a Matriz AQAL. Quando nos identificamos com vários aspectos da Matriz AQAL — e não estamos cientes disso —, então, reduzimos nossa infinita e eterna Quididade ou Verda-

4. Nossas muitas linhas: Explorando as Inteligências Múltiplas

deiro Eu a um mero objeto finito, temporal e espacial, abrindo-nos assim à fragmentação, tristeza, tormento e tortura, perdendo a nossa identidade real e verdadeira — nossa Identidade Suprema. Quando estamos exclusivamente identificados com os componentes da matriz AQAL, esse Quadro AQAL se torna a planta da prisão na qual estamos escravizados, um mapa do nosso caso de identidade equivocada, um indicador direto para os elementos que causam nossa dor e sofrimento no mundo manifesto.

Por outro lado, quando vemos todas as várias dimensões da Matriz AQAL, nos tornamos conscientes delas, transformamos essas identidades subjetivas em objetos de consciência — objetos de nosso Verdadeiro Eu, a pura Testemunha, a genuína Consciência. Assim, como o personagem Neo no filme *Matrix*, quando estamos na Matrix e não sabemos, ela se torna nossa prisão, apresentando-nos uma realidade que é realmente ilusória (embora pareça muito real). Mas, quando escapamos da Matrix, quando a vemos de fora, como um objeto de consciência, um objeto de atenção plena, então nos tornamos radicalmente livres dela. Nós alcançamos a Grande Libertação, uma Iluminação ou Despertar para quem e para aquilo que realmente somos. A partir daí, é um pequeno passo para a união do puro Vidente com tudo o que é visto, e isso inclui uma união com toda a Matriz AQAL. Identificados com nenhum ponto ou lugar particular na Matrix, somos livres para nos tornar um com *tudo* nela, além de reconhecer todos os nossos quadrantes, níveis, linhas, estados e tipos como manifestações puras do Espírito, como Espírito.

E, se o nosso eu pequeno, convencional, estiver identificado com qualquer elemento da Matriz AQAL — e, necessariamente, estará — também estará seguindo o Supermapa Integral, abrindo-se para ser um com os elementos mais elevados, mais completos, mais desenvolvidos e mais evoluídos de qualquer lugar de toda a Matriz, até o presente momento. A nossa experiência sem cabeça, sem forma, de União não dual do Vazio e da Forma será uma unidade com a mais Plena Forma possível (por exemplo, o Nível Integral ou Superintegral, e consciente de todos os 4 quadrantes e de todas as 8 linhas, a partir do mais alto estado não dual). Em outras palavras, a maior quantidade de Forma disponível, no mais elevado nível ou dimensão que transcende e inclui todos os outros, resultando na mais Plena Forma, não numa forma fragmentada, limitada, parcial e atormentada, porém, a mais Plena Forma como ornamento do próprio puro Espírito, nossa genuína e última Quididade não dual, nossa Verdadeira Face Original, o núcleo de nossa própria Grande Perfeição.

Quanto a cada uma dessas áreas específicas da vida — saúde, dieta e boa forma; carreira e dinheiro; família e parentalidade —, cada uma delas, além de serem áreas nas quais a prática de *Mindfulness* Integral pode apresentá-lo ao seu próprio Verdadeiro Eu e à sua derradeira Suprema Identidade não dual, também podem ser áreas nas quais, no mundo convencional, finito e manifesto (as quais estão incluídas na seção integral da Meditação Integral), você pode crescer, desenvolver, aprimorar e aperfeiçoar cada uma das principais dimensões da Matriz AQAL, pela qual seu próprio e finito eu convencional está operando. De modo que, quando seu Verdadeiro Eu se identifica com o reino do manifesto, ele realmente será o mais desenvolvido e evoluído, e o mais pleno e o mais Inteiro possível no reino manifesto. E isso criará o mais adequado, competente, Inteiro e absolutamente Pleno eu convencional possível, para o seu Verdadeiro Eu e Quididade se manifestar, se expressar e se comunicar, assim, aumentando dramaticamente os seus próprios meios hábeis em todas as áreas.

Cada uma dessas áreas — boa forma, carreira, família, e assim por diante — tem uma faceta em cada um dos 4 quadrantes (e precisa ser endereçada a partir de todos os 4); cada um deles está sendo acessado a partir de um determinado nível de desenvolvimento com o seu mapa oculto (embora esses níveis possam, de fato, estar crescidos, desenvolvidos e totalmente manifestados); cada um deles invoca uma determinada seleção de inteligências múltiplas (que também podem ser cultivadas, e desenvolvidas, e totalmente manifestadas); e cada uma delas pode se tornar o objeto do estado da meditação *mindfulness* (ou seja, da consciência ou atenção plena do estado em

4. Nossas muitas linhas: Explorando as Inteligências Múltiplas

que está), levando, em última instância, ao próprio Verdadeiro Eu e à própria Quididade ou Essência não dual.

Novamente, esta é a primeira vez, essencialmente em toda a história, que tanto o Crescer por intermédio dos níveis de desenvolvimento quanto o Despertar por meio dos estados de desenvolvimento (juntamente com o Expressar-se Conscientemente em todos os 4 quadrantes, o Depurar-se em relação aos elementos da Sombra e o Abrir-se para as várias inteligências) foram todos trazidos, praticados e realizados conjuntamente, produzindo uma verdadeira realização super-humana em seu próprio ser.

Mas, por mais excitante que essa perspectiva seja, não é preciso apressar as coisas. Muitas dessas informações provavelmente serão bastante novas para os leitores deste livro. No entanto, esses fatores estão funcionando plenamente, agora mesmo. E eles estão governando profundamente a forma como interpretamos, vemos e experimentamos nosso mundo. Nós não temos nenhuma escolha sobre isso — essas áreas estão lá, colidindo conosco aconteça o que acontecer, goste ou não, queira ou não, acredite ou não, saiba ou não. Nossa escolha, sim, é se queremos estar atentos a esses vários fatores, ou se nós vamos continuar a ser cegados por eles.

Se escolhermos o caminho da consciência, se optarmos por estar atentos a esses fatores, é importante conduzir isso com muita calma, de forma lenta, constante, gentil, mas firme, se for o caso. É muito fácil desenvolver uma "hérnia metafísica" tentando levantar muito deste material ao mesmo tempo. Em vez disso, tome um tópico ou problema específico — digamos, as de 6 a 8 estruturas/níveis ou os 4 ou 5 principais estados/reinos, ou talvez um pouco do trabalho com a Sombra, ou, ainda, se concentre nos quadrantes — e trabalhe de forma simples e flexível, começando com 15 ou 30 minutos por dia, e lentamente expandindo a partir daí. Não tente incluir uma prática que englobe todos esses fatores de uma só vez. Alguns deles serão claramente mais importantes em sua vida do que outros, e você pode buscá-los em uma ordem que se ajuste aos seus interesses, capacidades e desejos. O que é essencial é que esteja plenamente consciente de que esses vários territórios realmente existem; e, igualmente importante, é que você tenha alguns bons mapas introdutórios de todos esses territórios (para os de 6 a 8 níveis, para as 8 linhas, para os 4 ou 5 estados, para os 4 quadrantes, e assim por diante). Basta trabalhar alguns dos aspectos mais significativos de qualquer um desses territórios na sua vida de forma lenta e fácil. À medida que isso se torne um hábito confortável, introduza um ou dois outros elementos, até que você esteja abordando tanto quanto desejar esses profundos territórios de sua própria vida, ser e consciência.

Se essas áreas continuarem a falar com você, provavelmente se familiarizará com as várias comunidades de conhecimento (ou grupo de especialistas) que lidam com cada uma dessas áreas, bem como com a própria comunidade internacional integral. Se eu puder falar por todas essas pessoas, deixe-me dizer que é um prazer recebê-lo neste extraordinário encontro e aventura milagrosa.

Um breve vislumbre de tipos

Eu guardei "tipos" para o último elemento AQAL a introduzir apenas porque é uma área muito ampla. A ideia em qualquer modelo decente de realidade é usar o menor número de elementos para explicar a maior parte da realidade. Isso é o que os 5 elementos do Modelo AQAL da Teoria Integral fazem (nomeadamente, quadrantes/visões, níveis/ondas, linhas/correntes, estados/reinos e tipos). Os "tipos" genéricos são simplesmente destinados a manter um espaço para qualquer número de tipologias que possam ser aplicadas a uma área específica que está sendo estudada. Um "tipo" não tende a mudar de nível para nível, de estado para estado ou de linha para linha. Assim, o espectro "masculino/feminino" — se você é do tipo feminino, é deste tipo em todos os principais níveis de desenvolvimento, e em todos os principais estados, e em todas as principais linhas. O próprio "feminino" pode crescer e se desenvolver (e o faz), mas ainda é a mesma "feminilidade" básica que está sendo rastreada. Cada quadrante tem centenas — de fato, milhares — de diferentes tipologias, e cada uma aplica-se a uma área ou faceta específica da existência.

4. Nossas muitas linhas: Explorando as Inteligências Múltiplas

Os "tipos" são, portanto, incluídos como um elemento genérico no Modelo AQAL para indicar que, se você estiver se aproximando de um tópico específico de uma forma integral, pode querer incluir uma ou duas (ou mais) tipologias que lidam com esse tópico para concretizar isso. Assim, se você está lidando com "personalidade" na parte superior esquerda, pode querer incluir tipologias como o Indicador de Tipos Myers-Briggs, o Eneagrama, e/ou masculino/feminino (que chamo de "espectro", referindo-se não à identidade de gênero, mas a qualidades que foram identificadas como masculinas ou femininas nas pesquisas de desenvolvimento, incluindo (mas não limitados aos) os valores masculinos/femininos de Gilligan). O Eneagrama é um bom exemplo do foco aumentado que uma boa tipologia pode trazer ao tema. De acordo com esse sistema, a personalidade humana se manifesta em 9 tipos básicos. Só os nomes já dão uma indicação de como esses tipos são diferentes um do outro: (1) o perfeccionista, (2) o doador, (3) o realizador, (4) o romântico, (5) o observador, (6) o questionador, (7) o entusiasta (8) o chefe, e (9) o mediador. E porque esses são tipos, então, se uma pessoa é, por exemplo, fundamentalmente, tipo 5, então ela será um tipo 5 no magenta, no vermelho, no âmbar, no laranja, no verde, e assim por diante. Os diferentes tipos raramente são tão determinantes como, digamos, diversos níveis ou estados, mas podem ter uma profunda influência. E especialmente se alguém está entrando em uma determinada área que envolve uma grande quantidade de detalhes, incluir uma ou duas tipologias pode definitivamente ajudar. Os indivíduos também tendem a achar que uma boa tipologia pode realmente aumentar sua autocompreensão. A maioria das pessoas que estuda o Eneagrama, por exemplo, acha que ele está certo não apenas sobre seus próprios traços, mas também a respeito dos traços de outras pessoas que eles conhecem. Isso significativamente traz à luz informações novas e úteis.

Agora, não vou dizer muito mais sobre tipologias. Simplesmente queria apontar sua existência e alertá-lo para o fato de que tipologias muito boas e muito efetivas estão disponíveis, e muitas vezes incluir uma ou mais delas é genuinamente útil para fornecer uma visão ainda mais abrangente e integrada de um determinado tópico. Se você seguir os Estudos Integrais, encontrará muitas tipologias usadas em um amplo espectro de áreas.

* * *

Tudo bem, tendo em vista todas as áreas que investigamos nas páginas anteriores, quais os próximos passos que poderiam ou deveriam ser tomados? Como devemos finalmente olhar para todo esse material — que diferença isso realmente faz? Se eu já estou no caminho do Despertar, como posso efetivamente introduzir, por exemplo, os estágios do Crescer (ou qualquer outro elemento do Modelo AQAL)? Qual é o verdadeiro ponto em tudo isso? Isso *realmente* importa? O que exatamente vou extrair de tudo isso? Que diferença vai *efetivamente* fazer na minha vida?

5. A pintura total de tudo o que é

Em última análise, o que procuramos é ter uma Pintura Total de Tudo O Que É, que verdadeiramente seja ao mesmo tempo **Total e Completa** — e, se uma coisa se tornou clara em tudo o que vimos até agora, é que vários aspectos desta Pintura Total estão escondidos, estão inconscientes, estão colidindo conosco diariamente e não temos ideia de sua natureza ou mesmo de sua existência. Simplesmente não é o caso de um ser humano nascer com acesso garantido a tudo que ele ou ela profunda e realmente precisa para navegar neste mundo (para não mencionar qualquer **outro mundo** que possamos considerar). E dada a natureza da própria evolução, com cada novo movimento de transcendência e inclusão, a parte **transcender** traz certa novidade à existência — a Pintura Total fica um pouco maior — e isso aparentemente não tem fim. O que significa que existem verdades que não só não podemos saber agora, mas que nem sequer existem agora ou que ainda não surgiram (e só o farão em algum momento no futuro — e isso contribuirá para a compreensão de quão desinformados e ignorantes todos os seres humanos do passado realmente eram, o que nos inclui).

Mas, como eu disse, nesse meio tempo, enquanto continuamos a construir o futuro que nos é dado, vamos pelo menos **transcender e incluir** todas as verdades passadas que valem a pena, e, para isso, em primeiro lugar, devemos estar cientes delas. E nós vimos que grande parte da realidade, de fato, não é óbvia, não é dada, não é aparente, não corre por aí fazendo alarde, tentando chamar nossa atenção; mas está escondida nos cantos mais óbvios do *Kosmos*, de maneiras que simplesmente não são aparentes, até serem abordadas com meios ou métodos específicos, de modo que elas saltam à nossa percepção — ou são cocriadas — com toda a evidência e clareza imagináveis, fazendo-nos pensar: "Por que não vi isso antes?".

O Modelo AQAL é uma lista reveladora dos elementos escondidos da humanidade. Cada uma dessas áreas possui uma pequena comunidade de detentores desse conhecimento que, geralmente, estão em notável e amplo acordo quanto à natureza "escondida" dessas áreas; porém, cujo trabalho é quase desconhecido fora de suas comunidades pequenas e específicas. O Modelo AQAL inclui 5 dessas áreas (quadrantes, níveis, linhas, estados e tipos) que são algumas, em absoluto, das mais importantes de toda a vida humana, cada uma intensamente estudada por pequenas comunidades ao redor do mundo. Colocá-las juntas em uma estrutura simples, mas abrangente, que mostre como todas elas estão relacionadas, nos permite começar a desempacotar essas áreas com muito maior consciência e interesse, aplicando-as de forma a fazer uma diferença deslumbrante para a vida humana e todas as suas áreas em geral.

E isso faz diferença não só na Plenitude de nossas ideias, mapas e teorias sobre a humanidade (e o mundo) em geral, mas também na própria Plenitude de nosso próprio ser. Afirmar que o Modelo Integral AQAL se refere à "humanidade (e ao mundo)" significa dizer que também tem relação direta com **você**. Como nós já vimos, todas estas áreas são aderentes não só ao mundo lá fora, e aos seres humanos e outros que habitam nesse mundo, mas também às dimensões da sua própria existência, do seu próprio ser-no-mundo. Como provavelmente já descobriu, estas são áreas que já operavam em você, mas cuja existência, de fato, ou lhe era desconhecia ou insuspeitada — todas elas sendo algo como as regras de gramática que todos seguimos, sem sequer pensar nisso. Porém, essas regras foram descobertas (por várias comunidades de conhecimento, algumas delas voltando seu olhar para milhares e milhares de anos atrás, outras a meramente uma ou duas décadas) — mas essas áreas estão lá, são reais, nos impactam no dia a dia, e novamente, de um modo essencial, nós temos uma única escolha em face a tudo isso: as deixaremos existir e nos impactar de forma consciente ou inconsciente? Nós estaremos conscientes delas, ou continuaremos deixando-as nos surpreender por completo? Não temos a opção de permitir ou não que existam, ou de

5. A pintura total de tudo o que é

sermos ou não impactados por elas — as áreas já estão lá, fazendo seu trabalho e colidindo em nós, minuto a minuto — e podemos estar conscientes disso, ou podemos permanecer ignorantes no desconhecimento. Essa é a nossa escolha — infelizmente é nossa única.

E — outro "infelizmente" — isso significa que um pouco de trabalho — não uma tonelada, mas um pouco — é, em definitivo, necessário. Demora um pouco de tempo e dá certo trabalho aprender sobre essas várias áreas, porque, outra vez, elas não são simplesmente dadas. Mas precisamos perceber que a decisão de não fazer esse esforço não significa que esses fatores deixarão de nos impactar, nos afetar, nos alterar ou nos machucar de centenas de formas. Significa apenas que decidimos sofrê-los na ignorância. Nós estamos escolhendo *ativamente* deixá-los nos impactar de uma forma oculta por não fazermos um pouco do trabalho necessário para tornar essas áreas conhecidas. Então, isso é totalmente diferente, digamos, de aprender a tocar piano, pois, se você decidir não o fazer, simplesmente não terá essa habilidade. Mas decidir não aprender sobre essas áreas não significa que você simplesmente não as terá; não, ainda as terá, e elas continuarão operando em você e através de você, mas simplesmente não terá ideia do que realmente está acontecendo com você. Por um lado, esse é um negócio ruim; mas, por outro lado, é difícil perceber o quanto somos afortunados por estarmos vivos em uma era em que, pelo menos, essas 5 áreas de suma importância e que antes eram completamente ocultas, agora estão total e livremente disponíveis para nossa consciência. Surpreendente, simplesmente surpreendente!

Para muitos indivíduos, particularmente para aqueles em níveis integrais, toda a perspectiva de uma aprendizagem futura sobre essas áreas de maiores e mais elevados potenciais gera uma Alegria profunda, sutil, mas profunda — uma sensação de voltar para casa, de ver o que e quem realmente somos, de descobrir o nosso único e tão somente único Verdadeiro Eu, a Quididade última, de modo a Expressar-se Conscientemente em todos os mundos possíveis para que essa magia produza seus efeitos e brilhe radiantemente. É um feliz amanhã, com certeza, começando neste atemporal Agora.

Meditação Integral

Se essa perspectiva é interessante para você, deixe-me sugerir que comece a ler alguns dos meus livros, como *A Visão Integral*, ou talvez, *Espiritualidade Integral*, ou ainda *The Religion of Tomorrow*. O meu livro em coautoria *A Prática de Vida Integral* é um guia para usar completamente o Modelo AQAL em todas as suas dimensões, a fim de construir uma prática transformativa verdadeiramente integral. Inclui dezenas de exercícios, e para cada um há algo chamado "Módulo de um Minuto", que é uma versão condensada extremamente efetiva da prática, projetada a levar não mais do que um minuto para se fazer. Essas práticas curtas funcionam, de forma muito eficaz! E não dá para acreditar que você não tenha um minuto por dia para fazer uma prática. As pessoas nos contam que essa é uma das melhores partes de todo o livro, então confira! Você também pode explorar **IntegralLife.com** ou **CoreIntegral.com** ou a página Ken Wilber no *Facebook*. Siga os *links* a partir daí, ou pesquise no Google do seu jeito.

Você encontrará uma grande rede mundial de indivíduos usando a Abordagem Integral em mais de 60 diferentes disciplinas e áreas, em sua própria região, com os quais pode se envolver. Esse campo de atuação — como um novo campo, jovem e fresco — está sempre à procura de novos talentos, então considere um futuro em qualquer campo — medicina, direito, educação, política, arte, terapia, *coaching*, consultoria, qualquer coisa mesmo — e aborde esse campo por uma Perspectiva Integral (veja "O que Fazer Depois" mais adiante neste capítulo). O futuro de tais abordagens é surpreendente. À medida que mais e mais pessoas continuam a se mover para os próprios níveis integrais de desenvolvimento, a demanda por áreas integrais continuará a crescer de forma explosiva. Então, considere surfar essa onda, que é cada vez maior.

E, então, há, claro, o seu próprio crescimento e desenvolvimento pessoal. O que nós descobrimos com todas as áreas que examinamos é que, já que tudo existe é o produto da evolução (ou Espírito-em-ação), tudo tem uma trajetória de desenvolvimento. Não só pode ser expandido e desenvolvido pela aquisição horizon-

5. A pintura total de tudo o que é

tal de habilidades — aptidões; mas também pode ser expandido e desenvolvido por meio de crescimento e desdobramento vertical — ou altitude. Isso é verdade para qualquer elemento nos quadrantes, níveis, linhas, estados e tipos. A *Mindfulness* Integral, por exemplo, pode ser praticada com qualquer desses elementos, porque está envolvida com o núcleo central e fundamental de todos os processos evolutivos, ou seja, o sujeito de um momento torna-se objeto do sujeito do momento seguinte. Praticar *Mindfulness* Integral nos níveis acelera o crescimento e o desenvolvimento por meio desses níveis; praticar nas linhas acelera o crescimento e o desenvolvimento por essas várias linhas; praticar nos quadrantes acelera o crescimento e o desenvolvimento em qualquer um desses quadrantes, e assim por diante. Pequenos sujeitos tornam-se objetos até que haja somente Subjetividade Absoluta, a qual nunca pode ser tornada objeto (a Consciência vazia sem objeto). E esse Vidente finalmente colapsa em tudo o que é visto, ressuscitando uma prévia consciência da unidade ou o Único Sabor sem cabeça, uma unidade radical com todas as coisas e eventos em todo o *Kosmos* — sua única e verdadeira Condição.

Único Sabor

Quando você está descansando nesse fundamental Único Sabor, a Evasão Primordial não é encontrada em lugar nenhum. A consciência surge naturalmente, sem esforço, espontaneamente; e reflete direta e uniformemente (ou é uma com) todas as coisas e eventos da Pintura Total de Tudo O Que É. Você pode Testemunhar essa Pintura Total tomando a posição do Eu Observador:

> *Eu tenho sensações, mas não sou essas sensações.*
> *Tenho sentimentos, mas não sou esses sentimentos.*
> *Eu tenho pensamentos, mas não sou esses pensamentos.*
> *Eu sou radicalmente Livre de tudo isso, e descanso como a imóvel, ilimitada e irrestrita pura Testemunha de tudo o que surge, o meu original EU SOU.*

Dê um passo adiante e se mova "para além do quarto", além da Testemunha, para a União não dual. Deixe toda a sensação do Observador se dissolver, concentrando-se em qualquer objeto e permitindo que ele exista por conta própria, desfazendo o sentimento de um Observador e apenas surgindo por si só no Campo da Consciência, por seu próprio poder, como uma entidade autoexistente, autoemergente, automanifesta, autoconsciente. Enquanto faz isso, o mundo inteiro *lá fora* parecerá estar deste lado do seu rosto, exatamente onde sua cabeça costumava estar, e não haverá separação entre o que se vê e o que é visto — então, todo o universo emergirá dentro de seu próprio campo aberto de Consciência, surgirá *dentro de você*, e você será um Único Sabor com tudo: você pode provar o céu, engolir o Oceano Pacífico num só gole, à medida que o céu se transforma em uma panqueca grande e azul e cai em sua cabeça — ou onde sua cabeça costumava estar. Você não vê mais a montanha, você *é* a montanha; você já não sente a Terra, você *é* a Terra; você já não observa a nuvem, você *é* a nuvem — na sempre presente, pura e não dual Consciência. Testemunhe a Pintura Total ou, mais ainda, torne-se um com ela...

Mas perceba: a Pintura Total pode ser vista por vários níveis; pode ser vista em qualquer número de linhas; pode ser vista através de qualquer um dos 4 quadrantes fundamentais; pode ser vista em qualquer número de estados; e por meio de qualquer número de tipos. O Único Sabor Integral inclui uma Consciência de **todos esses elementos**, todos e cada um deles trazidos à luz do sol da pura Consciência, e não é permitido esconder-se em algum desses cantos ocultos do *Kosmos*, que inesperadamente colidem conosco, abalando e prejudicando o nosso próprio ser, sem que mesmo suspeitemos da causa. Permitindo que a Evasão Primordial se desfaça na vasta extensão de Todo o Espaço, a Consciência se assentará em cada um desses elementos (quadrantes, níveis, linhas, estados e tipos) à medida que surgirem, e facilmente proporcionará a todos eles acesso perfeito e aberto à Mente Espelho de Tudo O Que É. O senso de ser um eu separado — a autocontração — desapareceu na pura Testemu-

5. A pintura total de tudo o que é

nha, que a si mesma evaporou na Pintura Total de Tudo O Que É, de modo que não existe mais um *aqui versus* um *lá fora*. Mas o próprio Observador desapareceu em tudo o que aparece: a sensação de ser um Observador separado foi substituída pela sensação única da Pintura Total de Tudo O Que É, com o *lá fora* tornando-se simplesmente O Que Está Aparecendo, não dentro e fora, mas apenas o Que Está Aparecendo. Todo o medo se evaporou, com o desaparecimento de todos os "outros" ou "objetos" separados, num Único Sabor. Todos os desejos — como uma verdadeira carência ânsia/pulsão — também desapareceram, não havendo nada fora da Consciência para querer ou desejar. Tudo está surgindo naturalmente, sem atrito ou tensão ou contração em qualquer lugar, sem nenhum desvio de olhar, sem fugir, sem se afastar — apenas o reflexo direto, sem esforço, pleno (ou em união com) de cada coisa e evento na Pintura Total de Tudo O Que É, surgindo naturalmente, autoexistente e autolibertador, neste Campo do somente um Único Sabor.

Uma dor surge e ela está livre para surgir; um pensamento brota e ele está livre para brotar; aparece um desejo egoico e ele está livre para aparecer; emerge uma visão exterior horrível e ela está livre para emergir (mesmo que meu eu finito esteja tomando providências para remediar o que surge, essas providências são apenas parte da Pintura Total de Tudo O Que É). Um profundo relaxamento no núcleo do ser dissolveu a tensão entre sujeito e objeto, num Campo Unificado de Consciência não dual, em que o sentimento real de ser um *sujeito aqui* e o sentimento de haver *objetos lá fora* acabam sendo um e o mesmo sentimento — quando eu sinto um, então sinto o outro, eles são o mesmo sentimento, o Divino Único Sabor, o atemporal Agora ao atemporal Agora ao atemporal Agora. A **Vacuidade** do espaço no qual a minha cabeça parece estar surgindo (quando percebo que **minha cabeça**, como experimento diretamente, não é uma coisa, mas apenas uma abertura ou clareira em que os objetos aparecem) e o mundo da Forma *lá fora* — que eu costumava ver como separado de mim — acabam por ser uma e a mesma coisa, o mundo *lá fora* da Forma é visto surgindo no espaço Vazio onde minha cabeça costumava estar: Vacuidade/Espaço-Aberto/Sem Cabeça e o mundo da Forma-lá-fora é não dual, não dois, um e o mesmo, de modo que o mundo inteiro não está separado de mim, mas, na verdade, está surgindo *dentro de mim* — e **eu sou isso**.

E com isso, tudo acabou; com isso, tudo está realmente acabado; com isso, não há nada além disso, **apenas isso**, em todos os inúmeros mundos, em todos os tempos, sem fim.

E esse Único Sabor surge igualmente em todos os domínios e dimensões abrangidos pelo Modelo AQAL. Apenas para destacar, como exemplo, os quadrantes: enquanto o eu se desloca para o Eu--Eu, e se evapora em uma Quididade não dual (o estado de unidade sem cabeça), todos os 4 quadrantes continuam a surgir (como o aspecto **diversidade** da **unidade-na-diversidade** não dual). O próprio eu é percebido como o Eu Único (o qual não está separado da Quididade não dual). O indivíduo é radicalmente Um com o Espírito Único e o Eu de todo o *Kosmos*, mas esse Espírito, esse Ser, essa Quididade, está olhando pelos olhos desse indivíduo em particular, com uma perspectiva e ângulo sobre o universo que são absoluta e inviolavelmente únicos para essa pessoa — o mesmo Eu Único de todos os seres senscientes, ainda assim, por uma perspectiva diferente. O resultado: cada ser senciente tem um Eu radicalmente Único (e Quididade), e encontrar isso bem lá dentro, o profundo e universal Espírito *Kósmico* que é, ao mesmo tempo, profundo, Único e Especial, é encontrar a sua própria, verdadeira e profunda Identidade Suprema. Você perceberá que a razão pela qual você surgiu — entre trilhões e trilhões de outros seres senscientes — é para que possa encarnar e expressar essa única e singular perspectiva do Espírito, **única** em todo o *Kosmos* — e isso é o que você, como **você**, acrescenta a Deus. É assim que você, como **você**, completa Deus. **Você** é o que o Espírito está fazendo para manifestar todo o universo. O Espírito e o humano se completam e se concretizam um no outro, nessa grande Realização daquela Suprema Identidade em particular. Você entende, além de qualquer dúvida, por que é absolutamente Um com todo ser senciente em todo o *Kosmos*, e também absolutamente único nessa

5. A pintura total de tudo o que é

versão da Unidade — e essa singularidade é a **razão pela qual você está aqui** — para perceber, corporificar, expressar e comunicar essa perspectiva única do Espírito sobre o próprio *Kosmos*: há apenas **um** desses entre os zilhões e zilhões de outros hólons em todo o mundo, e esse é **você**.

Do mesmo modo, esse núcleo de Identidade (a Identidade unicamente percebida como a Quididade universal) é um ser que inclui, em sua própria e inerente composição, uma dimensão "Tu" (o Quadrante Inferior Esquerdo). Sua definitiva e Absoluta Subjetividade existe num campo de Absoluta Intersubjetividade. Todos os outros que estão "lá fora" também possuem, em sua própria e inerente composição, um Eu Único que também é uma perspectiva Única do, sobre e por intermédio do Espírito, e esse é o núcleo central deles, assim como é o seu. E enquanto que o Espírito Único (ou Vacuidade) é radicalmente o mesmo em ambos, suas perspectivas (em termos da Forma) são inerentemente diferentes e únicas — e, portanto, um e o outro têm algo inerentemente importante a oferecer. Assim, quando você encontra um tu, um outro, de uma forma verdadeiramente autêntica e genuína, isso é o Eu-Espírito em você ressoando com o Eu-Espírito no outro, e essa ressonância abordada humildemente, corajosamente, aberta e compassivamente, simplesmente proporciona ao seu próprio espaço Eu Total (Eu Total = Eu antecedente/"Eu-Eu", eu proximal/"eu", e eu distal/"mim", todos estabelecidos na Quididade) uma maior experiência integrativa na dimensão relativa/manifesta. Sua mais profunda e central perspectiva Única está se manifestando juntamente com a mais profunda e central perspectiva Única do outro, e isso naturalmente leva a uma maior unidade compartilhada de suas próprias perspectivas específicas, de modo que cada um de vocês pode ampliar sua capacidade de síntese relativa, e as visões de mundo de vocês se expandem mais, envolvem mais e incluem mais — enquanto suas **singularidades** são compartilhadas, expandindo a ambos. E este componente "tu" não é apenas, de modo algum, um **outro** que está **lá fora**, com seus dois Eus a se juntar para formar uma unidade maior — essa dimensão "tu" é uma dimensão intrínseca de **seu próprio ser** (é o seu **próprio Quadrante Inferior Esquerdo**). Os dois "tus" podem se unir em uma comunicação dialógica (ou compreensão mútua ou ressonância mútua) precisamente porque existe, em última instância, apenas um Eu, um Espírito, no núcleo de cada um; mas esse Espírito Único se manifesta em uma infinidade de hólons individuais, cada um abrindo ou desobstruindo o acesso ao Espírito Único, por meio de sua própria perspectiva e ângulo únicos. Portanto, esse entendimento mútuo é uma verdadeira unidade-na-diversidade, e tanto a **unidade** (Espírito Único) como a **diversidade** (uma infinidade de perspectivas únicas) são muito reais, a serem honradas igualmente. Nesse sentido, dois seres sencientes separados se unindo e mutuamente trocando qualquer coisa é o Espírito se encontrando com o Espírito, Deus falando com Deus, a Deusa abraçando a Deusa, num Amor, Alegria, Envolvimento e Abraço exuberantes. O Eu Total de cada ser senciente cresce no processo. Essa **dialógica** — ou de forma mais ampla e precisa, essa **dialética** (uma vez que a troca mútua pode ocorrer em todos e quaisquer níveis, não apenas no mental, simbólico e comunicativo e **lógico**) —, esse processo dialético é o núcleo do seu relacionamento e interação com todos os outros seres, especialmente quando você percebe sua própria e mais Profunda Condição e, portanto, começa a vê-la em todos os lugares e também em outros. E essa "minha dimensão-tu do meu próprio eu" é, de fato, um componente do seu próprio ser. Nós realmente precisamos uns dos outros para completar totalmente a nós mesmos, porque a perspectiva Única do outro é exatamente isso — Única para o outro, algo que eu só posso acessar por uma sincera investigação dialética com um outro "Tu", e, portanto, algo que não posso mera e unicamente realizar em mim mesmo — eu preciso de você, e você precisa de mim, para completar este círculo radical (e o Quadrante Inferior Esquerdo — o "milagre do Nós" — é onde ocorre essa completude, e é por isso que, de fato, esse quadrante é um componente inerente de meu próprio e mais profundo ser-no-mundo). E esse quadrante não se torna inerente em mim depois de ter uma interação com um **outro**, o qual é, então,

5. A pintura total de tudo o que é

adicionado superficialmente ao meu ser; está lá antes de qualquer interação específica com os outros, outros esses que simplesmente fornecem os detalhes intrínsecos dessa dimensão.

Em suma, eu sou o Buda que somos. E você também pode dizer o mesmo.

Isso tudo pelo Quadrante Inferior Esquerdo. E tudo isso é intrinsecamente expresso, manifesto e posto em ação pelo meu Quadrante Superior Direito — meu ser e comportamento **exterior**, objetivo e **físico**, onde **físico** ou **material** não é mais apenas o degrau mais baixo da Grande Cadeia do Ser, mas também a dimensão exterior de cada degrau da Grande Cadeia. Se eu pensar um pensamento puramente lógico (laranja Superior Esquerdo), no entanto, isso tem uma correlação nas ondas cerebrais no cérebro trino (no Superior Direito). Mesmo uma experiência de consciência-de-Deus (no Superior Esquerdo) tem um estado cerebral correlativo (no Quadrante Superior Direito). Essas complexificações materiais não estão em um nível inferior ao dos estados interiores de consciência, mas — como você pode ver em qualquer diagrama dos 4 quadrantes — são seus exteriores, no mesmo nível. E as realidades **metafísicas** ou **sobrenaturais** não estão **acima** da natureza ou além da natureza, mas dentro da natureza, no interior da natureza (da mesma forma que a **mente** consciente é interior ao **cérebro** material — a mente não pode ser reduzida ao cérebro, mas também não está separada dele; todos os 4 quadrantes são realidades irredutíveis).

E, portanto, minha própria existência, em todos os níveis, é inerentemente encarnada em uma forma física/material ou exterior, que é o espaço no qual eu diretamente encontro, vejo e toco outros seres sencientes e seus interiores como expresso por suas ações corporais exteriores. Esse espaço físico é onde todas as realidades metafísicas se encontram, veem-se uma a outra, sorriem uma para a outra, se saboreiam, se abraçam — porque aqui, neste Espaço Aberto físico, os seres colocam as dimensões concretas de seu próprio ser em realidades visíveis, prontas e felizes para serem vistas pelos outros, juntando-se à festiva dança da encarnação, enquanto o Espírito-feito-carne dança com todas e cada uma das outras manifestações do Espírito-feito-carne, num alegre tango de "feliz em ver e ser visto". Meu coração, minha mente, minha alma, meu espírito encontrarão uma expressão feliz em meu comportamento real, em minhas ações específicas, em meus autênticos movimentos. Minha consciência está profundamente encarnada em meu corpo; meus interiores são inseparáveis dos meus exteriores. À medida que ambos se tornam iluminados pelo Eu Único e a Quididade não dual, ambos brilham numa dança de reconhecimento dando-se as mãos na mais completa manifestação da minha própria Visão Única sobre e como o Espírito.

E isso se segue todo o caminho acima, também, uma vez que **exteriores** incluem não só as energias brutas/físicas — expressas no estado material típico —, mas também os corpos/energias sutil, causal e não dual; sutil — expresso em tudo, desde os sonhos a vários estados meditativos até o próprio bardo (o estado **intermediário** de renascimento); e os corpos/energias causais do infinito Abismo sem sonhos e sem forma. A doutrina *Trikaya* do Budismo Mahayana significa literalmente os "Três *Corpos*" de Buda — o *Nirmanakaya* (ou corpo bruto da Forma); o *Sambhogakaya* (ou corpo do reino sutil); e o *Dharmakaya* (o puro corpo causal/Vacuidade) — ao qual é frequentemente adicionado o *Svabhavikakaya* — a integração não dual de todos eles. O argumento é que esses são **corpos** — os exteriores concretos e reais (que se tornam mais sutis e sutis, grosseiros a sutis a causais), e não apenas **mentes** —, seus interiores ou consciência correlativa; isto é, as dimensões **corpo/energia** e **mente/consciência** são, respectivamente, as dimensões Direita e Esquerda da mesma ocasião, cada uma emergindo juntas, existindo juntas e evoluindo juntas. O ponto é que cada mente (ou Superior Esquerdo) tem um corpo (ou Superior Direito). E uma Plena Realização traz ambos à vida, juntos e inseparavelmente entrelaçados. Falar de uma **nova consciência** sem falar de **um novo corpo** é realmente separar cara da coroa.

E, assim, com cada ação que tomo, tudo em mim anda com cada passo que dou. E eu estou Totalmente Presente para o Presen-

5. A pintura total de tudo o que é

te enquanto Eu Totalmente Encarno cada interior em seu exterior correspondente. Isso não é algo que tenho que tentar fazer; após a Realização, isso é algo que ocorre tão naturalmente como o trovão que acompanha o raio.

Mas isso definitivamente precisa ser levado em consideração. E, portanto, quando o meu eu e o seu tu se juntam, estamos nos encontrando de maneiras totalmente encarnadas em um espaço físico. Não é uma cabeça conversando com outra cabeça; é um corpo-mente dançando totalmente com outro corpo-mente. A corporalidade de todos esses encontros não pode ser esquecida. No entanto, esse não é um **mero** encontro corporal; é um encontro de corpo-mente--encarnado/Espírito que é mais real e mais envolvido — a realidade do Presente é um acontecimento nos 4 quadrantes.

Assim, à medida que eu piso em todos os 4 quadrantes como um ser plenamente iluminado pelo Espírito infinito e o Eu Único, estou habitando ambos: primeiramente, meu Espírito Único infinito e universal, idêntico em todos os seres sencientes (novamente Schrödinger: "*A consciência é um singular do qual o plural é desconhecido*") e, portanto, a Unidade do meu Único Sabor —, mas também, e, segundo lugar, como visto e refletido por meio deste único, radicalmente exclusivo e superpessoal conjunto de elementos em todos os 4 quadrantes, sou um tal complexo conjunto que não existe em nenhum outro lugar do universo, em nenhum momento da história, numa forma como aquela que reflete por mim (e você também, e todo ser senciente). Dessa forma, provendo a genuína **variedade** ou a real **diversidade** na **unidade-na-diversidade** ou o **Um-em-Muitos**. O Um proporciona minha Liberdade; o Muitos, minha Plenitude. Com ambos, dançando de mãos dadas, a mais profunda e imaginável Alegria nasce do meu Coração e flutua acima da minha Cabeça, misturando-se com a *Luz* celestial do universo que ali se origina, de onde se desloca para dentro e pelo meu corpo, concentrando-se na minha barriga, a fonte da **Vida** terrena em todas as dimensões manifestas, Alegria ressoando com Alegria, Esplendor com Esplendor, Liberdade com Liberdade e Plenitude com Plenitude.

Esse meu Eu-único/Espírito-único é, na realidade, refletido em todos os **eus** como a mais profunda autorrealização de Deus, em cada **nós** como a mais sincera comunicação e adoração a Deus, e em todo **isto** como a mais graciosa manifestação e concreta personificação de Deus. Cada **eu**, Deus; cada **nós**, a mais sincera adoração a Deus; cada **isto**, a mais graciosa forma de Deus. E, assim vendo, eu sou Feliz.

O que fazer a seguir

A questão final — e de certa forma a mais comum — que, muitas vezes, me fazem sobre essa Abordagem Integral é como, de fato, colocá-la em prática na vida real:

> *Tenho uma boa compreensão da Visão Integral, mas estou frustrado sobre as maneiras de exercitar isso no mundo real. Eu simplesmente não vejo como usar isso para criar um impacto em minha vida. O que você recomenda?*

Primeiro, temos que entender a situação "boas notícias, más notícias", que está, em verdade, envolvida em estar em um Nível Integral de desenvolvimento neste momento da história. Lembre-se, este Nível Integral é a própria vanguarda da evolução. Como já estimado, neste momento, menos de 5% da população mundial está na 2ª camada Integral — e isso significa que 95% estão nos níveis de 1ª camada. E *isso* significa também que 95% da população mundial é ativamente anti-Integral, é profundamente dedicada a fazer as Abordagens Integrais *não* funcionarem, *não* serem aceitas, *não* avançarem. Cada um dos níveis de 1ª camada pensa que as suas verdades e valores são as únicas verdades e valores reais existentes, mas, ainda assim, este louco Nível Integral pensa que todos os outros níveis têm algum tipo de razão profunda e significativa para a sua existência. Mas, se você é Integral, isso significa que a vasta maioria da população mundial se dedica a vê-lo falhar.

Além disso, o grande número de pessoas que está no Nível Integral não sabe que está no Nível Integral — elas ainda não se autoi-

5. A pintura total de tudo o que é

dentificaram, elas não sabem que estão vindo de um verdadeiro nível de desenvolvimento humano e que os pensamentos e as ideias que estão tendo não são loucas, estranhas ou doentes (como as pessoas ao seu redor continuam a lhe dizer). Eles geralmente passaram por um período de tentativa de convencer seus amigos e colegas de quão importantes algumas dessas ideias parecem, mas, depois de não terem muito êxito nisso, tendem a desistir e voltar a operar na altitude que a maioria dos seus colegas está operando (geralmente no laranja ou verde). "*Quando em Roma (1ª camada), viva como os romanos (na 1ª camada)...*".

Você provavelmente era um desses. Levará um pouco mais de tempo para pelo menos 10% da população atingir a 2ª camada. Historicamente, quando 10% da população atingiu o nível de ponta (seja âmbar, laranja ou verde), houve um **ponto de inflexão de massa crítica** que permitiu que os valores de vanguarda ganhassem certa proeminência e aceitação em toda a cultura. (Assim, quando 10% da população atingiu o nível de vanguarda laranja da época, ocorreram as revoluções francesa e americana, a ascensão da democracia representativa, a Constituição dos Estados Unidos, o fim legal da escravidão em toda nação industrial-racional no planeta — algo que nunca antes havia acontecido em toda a história, e assim por diante — mesmo que apenas 10% da população realmente acreditasse nessas ideias, elas eram de alguma maneira profundamente aceitáveis para eles. Da mesma forma, quando 10% atingiram o verde, tivemos as revoluções dos anos 1960, com o movimento dos direitos civis, o movimento ambiental mundial, o surgimento do feminismo pessoal e profissional, a legislação contra o crime de ódio etc.)

Quando 10% da população atingir o Nível Integral, podemos esperar o ponto de inflexão mais profundo na história da humanidade, pelo simples motivo de que, pela primeira vez, um nível de desenvolvimento verdadeiramente inclusivo e abrangente terá influência sobre a cultura em geral (em contraste com todas as transformações anteriores, nas quais os níveis de ponta, todos sendo níveis de 1ª camada, eram exclusivistas, marginalizantes e, finalmente, opressivos de uma forma ou de outra). Não temos ideia de como será uma sociedade verdadeiramente inclusiva e não marginalizante — nós nunca antes tivemos uma. Mas será radicalmente diferente de tudo o que vimos — um importante salto de significado, mas agora ao alcance de toda a cultura.

Enquanto isso, estamos presos em nossa situação básica "boas notícias, más notícias": na vanguarda, mas ainda incapaz de gerar um ponto de inflexão de massa crítica. Porque a Abordagem Integral não é bem conhecida ou amplamente reconhecida, existem ainda poucos mercados econômicos ou empregos para indivíduos em níveis Integrais, eles geralmente têm que atuar num trabalho normal e tentar, lentamente, aplicar as ideias Integrais em suas situações profissionais, ou manter-se calados e escondidos. É, de fato, altamente solitário.

Então, especialmente para esse período intermediário, existem várias recomendações. A primeira é continuar a aprender e a estudar a Teoria Integral. Quanto mais você puder desenvolver um mapa bastante exato do território que agora habita, melhor será a situação. *À medida que você continuar a pensar de forma diferente, passará a agir de forma diferente*. Novos comportamentos começarão a emergir; os seus próximos movimentos tornar-se-ão cada vez mais óbvios; você irá ver mais e mais oportunidades para esse novo entendimento em todas as áreas da sua vida.

Isso significa procurar por grupos Integrais na *Web*, cursos *on--line*, livros, vídeos, grupos de discussão, cursos de graduação e pós--graduação. Comece a construir uma comunidade, mesmo que seja *on-line* e amplamente pela internet, na qual você possa encontrar outras pessoas que compartilhem sua altitude de desenvolvimento e alguns dos principais mapas dessa altitude. Já existe um número razoável dessas pessoas lá fora, e você pode se surpreender com a grande variedade de pontos de vista que foram desencadeados por essa Abordagem Integral geral.

Localmente em casa, comece novamente tentando encontrar pelo menos alguns amigos ou colegas com quem você possa com-

5. A pintura total de tudo o que é

partilhar seu entendimento Integral. No seu trabalho, podem haver oportunidades onde tomar uma abordagem mais Integral terá um impacto definitivo em uma tarefa ou trabalho em particular, e se você apresentar uma Visão Integral geral de uma determinada situação — de forma simples, clara, concisa, com um mínimo de jargão técnico — você poderá se surpreender com a abertura de seus colegas (especialmente se você colocar a proposta nos termos do nível mais elevado em que eles estão — usualmente laranja ou verde).

Da mesma forma, com os amigos, mais uma vez comece a aproximar-se selecionando indivíduos que você acredita que podem estar, ou que estão perto, de um Nível Integral de desenvolvimento. Talvez os presenteando com um bom livro introdutório sobre a Teoria Integral, confidencie o quanto isso significa para você e peça-lhes para dar uma olhada nesse material com mente aberta. Mesmo um único amigo — em uma pequena vila ou cidade que compartilhe seu interesse na Visão Integral — pode fazer uma grande diferença.

Se você conseguir encontrar um amigo ou dois que estejam igualmente entusiasmados com uma Abordagem Integral, considere formar um grupo Integral local. Distribua folhetos, faça anúncios em jornais locais, crie uma presença na *Web*, encontre espaços para realizar encontros e faça uma reunião por mês para o público. Discutir itens das notícias locais e globais atuais é, muitas vezes, uma boa maneira de apresentar os benefícios de uma visão mais integral. Alguns proponentes da Visão Integral iniciaram um diálogo semanal ou mensal na *Web*, aberto a quem quisesse participar. Os participantes geralmente ficam entusiasmados e acabam divulgando as ideias aos seus amigos e colegas de trabalho. Se você começar um grupo Integral local, considere estabelecer relacionamentos com grupos Integrais de outras cidades: basta buscar na internet (você encontrará vários).

Se suas ambições forem mais amplas, considere realmente procurar por maneiras de fazer da sua profissão uma profissão integral. Grande parte disso ainda é território inexplorado, e seus próprios dons e talentos criativos irão encontrar uma saída feliz, em especial se você tiver sucesso. Mas também já existe uma boa quantidade de trabalho realizado em muitas áreas — no periódico profissional deste campo, *The Journal of Integral Theory and Practice*, mais de 60 diferentes disciplinas foram completamente reinterpretadas usando-se uma Estrutura Integral AQAL (e outras abordagens integrais), e todas acabaram muito mais completas, satisfatórias e funcionalmente eficazes. Em alguns casos, com um grupo de profissionais — de medicina, por exemplo — um colega começa a praticar a Medicina Integral (a partir de seu entendimento do Modelo AQAL, criado a partir de seus próprios estudos, e, às vezes, complementado ao encontrar outros médicos, por meio de pesquisa *on-line*, que já estão fazendo o mesmo e também obtendo orientações deles). Invariavelmente (em todos os casos que eu conheço), a quantidade de pacientes desse médico começa a aumentar, seus custos baixam e, rapidamente, seus colegas querem saber o que está acontecendo — e, em muitos desses casos, todo o grupo de médicos passou a praticar a Medicina Integral, e todos estão genuinamente felizes com o resultado.

Embora sua altitude Integral de desenvolvimento tenha sido dada a você por razões que ninguém compreende perfeitamente, para realmente aplicá-la e trazê-la plenamente ao mundo, são necessários meios hábeis e ocasionalmente algum trabalho de fato. Mas você está seguindo os *insights* mais profundos de seu coração, mente e alma quando faz isso — a profundidade em você se traduz no mundo, e você começa a ter um impacto na sociedade à sua volta que realmente reflete esse "importante salto de significado" que já lhe aconteceu. O que quer que aconteça no espaço **eu**, o Quadrante Superior Esquerdo tende a se espalhar — por meio de seu efetivo comportamento no Quadrante Superior Direito — para criar os espaços culturais **nós** (Inferior Esquerdo), como também instituições sociais **istos** (Inferior Direito) que refletem o mesmo grau de altitude. Sua consciência não pode evitar e transborda para o mundo ao seu redor, deixando um impacto indelével.

À medida que você começar a aumentar o seu sucesso em um determinado campo, considere levar isso para os próximos estágios.

5. A pintura total de tudo o que é

Você certamente pode pensar em escrever um livro, detalhando suas ações e dando sugestões para aqueles que gostariam de seguir esse caminho. Pode criar um *site*, você sozinho ou juntando-se com colegas de trabalho e amigos interessados. Isso atrairá profissionais e indivíduos leigos igualmente interessados de todo o país e em todo o mundo, e talvez você possa então criar organizações, associações ou grupos de pessoas com interesses e campos profissionais semelhantes. A partir daí, é um pequeno passo para conferências anuais e para uma possível revista periódica. Também cursos *on-line*, tanto para seus clientes quanto para outros profissionais que desejam criar uma Abordagem Integral em seu próprio campo. A essa altura, você quase certamente descobrirá vários grupos que também estão praticando suas versões Integrais de suas profissões, e pode achar que vale a pena formar parcerias com qualquer um ou todos eles.

Em sua própria vida, você provavelmente (embora não necessariamente) iniciará o caminho do Despertar enquanto persegue os potenciais estados superiores de suas próprias possibilidades Integrais. Pode ter certeza de que praticamente nenhum caminho do Despertar que encontrar estará ciente dos estágios do Crescer; e, se você se sentir tocado por essa visão, poderá começar, devagar e com muito cuidado, a falar com as pessoas de sua comunidade espiritual sobre estas áreas (tais como estágios do Crescer Espiritual). Você deve perceber que alguns desses grupos serão encabeçados por pessoas altamente avançadas no desenvolvimento em termos de estado (Despertar) e que nem todas avançaram nos estágios do Crescer. Se acontecer de encontrar um professor que esteja na 2ª camada dos estágios do Crescer, ele certamente estará interessado nos aspectos da Abordagem Integral, incluindo as estruturas-estágios do Crescer. Se estiverem no verde (e com base em seus escritos e ensinamentos, a maioria parece estar), quase certamente não estarão interessados nisso. Os que estão no nível laranja podem seguir um ou outro caminho, pois não possuem nenhuma tendência oposicionista inerente, então podem revelar-se positivos, dependendo do professor. Mas você pode ter que se resignar em simplesmente ouvir o que os ensinamentos têm a dizer sobre estados e praticamente ignorar todo o restante.

Existem várias maneiras de introduzir os estágios do Crescer para um grupo de praticantes do caminho do Despertar. Uma delas é selecionar qualquer conjunto básico de valores e aspirações do sistema específico (ou do grupo) e explicar ao grupo como esses valores e aspirações realmente se desenvolvem não apenas em uma, mas em duas escalas. Uma escala de desenvolvimento é feita por meio dos vários estados-estágios do caminho do Despertar, conforme apresentado neste sistema espiritual particular; o grupo quase certamente estará consciente de uma versão disso, mesmo que seja uma forma muito reduzida. No entanto, os professores e praticantes que estão no nível verde nos Estados Unidos têm praticamente eliminado a maioria das estruturas-estágios deste cenário, porque, tendo equiparado hierarquias de crescimento com hierarquias de dominação, eles acreditam que todos os esquemas de "classificação" são opressivos e marginalizantes. Pelo contrário, as hierarquias de crescimento são exatamente o oposto, com cada nível superior mais inclusivo, menos opressivo e menos dominante; mas este é um ponto que a visão verde quase que inerentemente não reconhece, e, portanto, eles costumam afirmar que tudo o que você precisa é, simplesmente, meditar. Você já está Iluminado, então, simplesmente sente-se para expressar sua natureza já iluminada, e não se preocupe com os "assim chamados" estágios. Essa visão reconhece apenas a verdade absoluta e ignora a verdade relativa, enquanto que, na realização última não dual, **ambas** estão totalmente incluídas — e isso é algo que esse tipo abordagem falha ao não promover. Então, é preciso ter cuidado com isso em qualquer tentativa de introduzir a Visão Integral.

Mas, por mais que você a introduza, a ideia é que, além de qualquer desenvolvimento meditativo que possa ser experimentado, existe um segundo tipo de desenvolvimento, e esse é o tipo que a psicologia ocidental moderna descobriu: a saber, as estruturas-estágios do Crescer. Explique que esses estágios de desdobramento são como as regras gramaticais de uma linguagem e não podem ser vistos

5. A pintura total de tudo o que é

simplesmente por introspecção. É por isso que nenhum sistema de meditação em qualquer lugar do mundo os conhece. Talvez ajude dar um exemplo simples disso, como os 4 estágios de crescimento moral feminino de Carol Gilligan: *egoísta* ou egocêntrico; *cuidado* ou etnocêntrico; *cuidado universal*, ou mundicêntrico; e *integrado*, ou *Kosmocêntrico*. Para Gilligan, esse estágio significa integrar os modos masculino e feminino; em nossa versão, também quer dizer tratar não apenas todos os seres humanos, mas todos os seres sencientes de forma justa, incluindo Gaia, o ambiente global e todo o reino manifesto; isso está de acordo com a contínua expansão do desenvolvimento da identidade de **eu** para **nós**, para **todos nós** e para **toda a realidade**.

Então, usando o conjunto particular de valores ou aspirações que você escolheu como exemplos — neste caso, vamos supor que o grupo com quem você está é Budista, e assim usaremos o grupo tradicional de 6 *paramitas* do Budismo *Mahayana* (10 no *Vajrayana*). A palavra sânscrita *paramita* tem dois significados: num sentido, como uma qualidade virtuosa, é frequentemente traduzida como **perfeição** em inglês; no outro sentido, significa "aquilo que foi além da outra margem". Poderíamos, portanto, definir *paramita* como uma qualidade útil para passar para a **outra margem** da Iluminação — isto é, uma inteligência múltipla útil para obter a Iluminação. Essas *paramitas* são, de fato, muito parecidas com inteligências múltiplas e podem, na minha opinião, ser contadas diretamente como verdadeiras inteligências na maioria dos casos. Elas são disciplinas e qualidades habilidosas e inteligentemente dirigidas, que dizem ser o meio para alcançar a Iluminação ou as expressões reais de uma mente sempre iluminada. As 6 paramitas são (1) generosidade, ou dar cuidado; (2) disciplina moral; (3) paciência ou aceitação; (4) determinação, ou esforço contente; (5) concentração meditativa; e (6) consciência não dual. Para esses 6, o *Vajrayana* acrescenta (7) meios habilidosos, (8) aspiração, (9) força e (10) sabedoria primordial, ou consciência primordial.

Agora, o ponto sobre essas inteligências ou qualidades é que não só elas crescem e se desenvolvem por meio dos estados-estágios do Despertar — o que certamente é importante (ou seja, há uma versão grosseira, sutil, causal, *turiya* e *turiyatita* de todas elas), mas elas também crescem e se desenvolvem por intermédio das estruturas-estágios do Crescer. Assim, cada uma das *paramitas* tem um "centro de gravidade duplo", ou seja, uma versão — não apenas em um determinado estágio do Despertar (grosseira, sutil, causal etc.) — mas também uma versão em um determinado estágio do Crescer (com formas egocêntricas, etnocêntricas, mundicêntricas e Integrais — ou em qualquer altitude no "arco-íris" de níveis/estruturas-estágios). E esses são desenvolvimentos relativamente independentes, e você pode estar pouco, médio ou altamente desenvolvido em qualquer uma dessas sequências.

E os estágios do Crescer merecem atenção extra, porque, embora qualquer caminho específico do Despertar esteja certamente ciente dos estados-estágios pelos quais sua prática passa, quase certamente **não** estão cientes das estruturas-estágios nos quais sua prática também está implicada (e de uma maneira inconsciente, involuntária e acidental). Particularmente, se alguém usou o modelo de Gilligan como um exemplo introdutório dos estágios do Crescer, é fácil percorrer cada uma das *paramitas* e demonstrar o quão importante é estar bem desenvolvido nesta escala também (e essa escala pode ser mantida simples, usando-se, por exemplo, **baixo, médio, alto e completo** ou **egocêntrico, etnocêntrico, mundicêntrico e integrado**, de acordo com o esquema simplificado de Gilligan). Um praticante não quer, por exemplo, a generosidade estendida apenas para si mesmo, a um grupo especial de pessoas, ou mesmo a todas as pessoas, mas, sim, a todos os seres sencientes (*Kosmocêntrico* e integrado). E já temos visto que a consciência da "União não dual" é, de fato, uma unidade, mas apenas com o mais elevado mundo que realmente se desenvolveu e se manifestou. Assim, no etnocêntrico, é uma unidade somente com o mundo e as pessoas do caminho escolhido; e muitos professores budistas permanecem nesse nível de desenvolvimento estrutural. Há atualmente — para dar um exemplo muito negativo, mas que mostra ainda mais a necessidade de incluir

5. A pintura total de tudo o que é

a escala do Crescer — um movimento budista muito militante no Sudeste Asiático, cujo líder se refere a si mesmo como "o birmanês Bin Laden" e ensina que todos os muçulmanos deveriam ser literalmente assassinados. Ele mesmo supervisionou os ataques em que numerosos muçulmanos foram mortos (ele diz que isso não viola os preceitos budistas, porque não é um ataque ativo, mas apenas um ataque de legítima defesa, já que todos os muçulmanos querem que todos os budistas morram). E ele ensina que os muçulmanos nem são humanos, mas são do **reino animal** e, portanto, não podem alcançar a Iluminação. Ele alcançou fama por adotar um significativo desempenho meditativo — mas, mesmo que se aceite que ele esteja na verdadeira consciência *turiyatita* ou na União não dual, a sua altitude de desenvolvimento em termos de estrutura é claramente etnocêntrica (mítica e absolutista).

Da mesma forma, o livro *Zen at War* é uma compilação de alguns dos mais respeitados mestres Zen, no qual são expostas recomendações puramente etnocêntricas de militarismo, autoritarismo, assassinato ou guerra, entre outras noções preconceituosas[1]. A consciência iluminada desses mestres simplesmente serve de suporte aos seus preconceitos etnocêntricos, porque a experiência de Quididade não dual deles vê por meio dos mapas ocultos de suas estruturas de desenvolvimento e, se estão em um nível etnocêntrico âmbar, então é assim que o mundo realmente aparece para eles. Isto é, o mundo Iluminado percebido se parece exatamente com essa versão etnocêntrica âmbar, porque esse é o mapa pelo qual o mundo, inconscientemente, é visto. E, uma vez que nenhuma das tradições está consciente desses mapas ocultos de estrutura, nenhum deles sabe como detectar e corrigir essas inadequações. Portanto, é por isso que precisamos incluir esses estágios do Crescer às etapas do Despertar. Exemplos como esses, muitas vezes, podem atingir esse objetivo de maneira bem clara.

---

[1] Brian Daizen Victoria, *Zen at War*, 2ª ed. (Lanham, MD: Rowman & Littlefield, 2006).

Meditação Integral

Claro, também podemos dizer que as estruturas-estágios do Crescer nas *paramitas* são arcaico, mágico, mítico, racional, pluralista e Integral (ou qualquer eixo vertical tirado de um modelo de desenvolvimento bem estabelecido), e isso seria verdade. Mas os simples 4 estágios que temos usado, começando com Gilligan, serão suficientes (**baixo/egocêntrico**, **médio/etnocêntrico**, **alto/mundicêntrico** e **completo/integrado**) e pode ser exibido como na Figura 5.1.

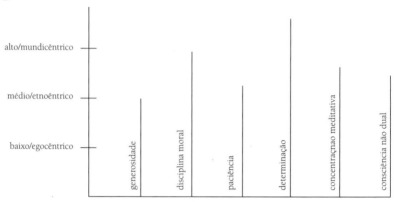

Figura 5.1. Níveis verticais de desenvolvimento (Crescer) nas *paramitas* — um psicográfico de um indivíduo em particular mostrando o seu crescimento nas *paramitas*.

Se você conseguir mostrar a um grupo a importância de incluir os estágios do Crescer com os do Despertar, então poderá explorar ainda mais as possibilidades de conseguir que este grupo esteja envolvido com uma verdadeira Espiritualidade Integral, neste caso, Budismo Integral (para o qual você pode consultar meu livro **The Fourth Turning**). Isso implicaria ajudar seu grupo a se mover pela emergência de um *Buddhadharma* ainda mais evoluído. Existem vários professores em cada uma das grandes tradições que já fizeram esse tipo de movimento e, até agora, todos parecem profundamente satisfeitos.

Se você fizer isso, talvez queira entrar em contato e trabalhar com outros professores e praticantes budistas que já começaram a

5. A pintura total de tudo o que é

atuar em uma Espiritualidade Integral e, juntos, colaboram para a criação de uma "esteira condutora budista" — isto é, os ensinamentos e práticas budistas básicos colocados nas palavras, na linguagem e na forma de cada um dos principais níveis de estrutura do Crescer (para que possamos ter uma versão mágica, uma versão mítica, uma versão racional, uma versão pluralista e uma versão Integral do *Buddhadharma*); indivíduos em cada um desses níveis serão, assim, mais fácil e prontamente capazes de entender e implementar esses ensinamentos. Os indivíduos *já estão* num ou noutro desses estágios gerais e *já estão* traduzindo os ensinamentos budistas, de acordo com as limitações e restrições de seu nível (eles não têm escolha)[2], então, ter isso feito com precisão e autenticidade, para eles seria uma tremenda ajuda. Isto, é claro, é algo que precisa ser feito com todas as principais grandes tradições, para ajudar a movê-las de um lugar quase sempre preso em estágios pré-modernos, etnocêntricos, míticos e literais, em que são uma fonte constante de conflito, agressão e até guerra, para estágios mundicêntricos mais modernos e pós-modernos, nos quais podem realizar seus próprios potenciais mais elevados de crescente amor, compaixão, paz e harmonia.

Essa Visão Integral do crescimento e desenvolvimento humano (em quadrantes, níveis, linhas, estados e tipos) é uma das primeiras filosofias mundiais consistentes e coerentes a emergir e, como tal, produziu um impacto em movimentos que vão desde **o Espiritualismo** *Indie* ao **Novo Monasticismo** até a **Interespiritualidade** — e, em geral, em toda a gama de profissões e vocações, da educação aos negócios à política, à medicina e à arte, e assim por diante. No mínimo, notamos que um nível de consciência e cultura radicalmente novo e sem precedentes está vindo em nossa direção com uma força evolutiva incontrolável. E esse nível também é conhecido como **integrado, sistêmico, sistemas de sistemas, estratégico, holístico, inclusivo, abrangente, transparadigmático, Integral, 2ª camada,**

---

[2] Veja *The Fourth Turning* para exemplos reais de escolas budistas em cada um desses principais níveis.

e cada um desses nomes expressa um importante salto de significado. Como um efetivo nível, estrutura ou onda de desenvolvimento, esse novo nível de consciência acabará subjacente a cada atividade humana existente — no trabalho, nos relacionamentos, na fé, nos negócios, na parentalidade, no lazer — simplesmente porque todas as atividades humanas, naquelas pessoas nas quais esse nível radical emerge, serão dirigidas e subescritas por este novo e integrado nível. Não é uma questão de escolha ser ou não movido por esse Nível Integral — aqueles humanos que continuam seu crescimento e desenvolvimento encontrarão isso como um estágio normal, natural e universal do crescimento humano. Elas não terão escolha; se elas crescerem, crescerão por meio e através deste nível. E esse Nível Integral produzirá abordagens integrais, modelos integrais, mapas integrais, práticas integrais, em todas e cada uma das atividades humanas, simplesmente porque será o novo **mapa oculto** que direcionará praticamente todo pensamento e ação humana nesse nível.

Mas, em adição de crescer para esse nível, temos uma chance — isto é, os alunos da Teoria Integral têm uma chance — de tornar uma quantidade razoável deste **mapa oculto** visível; podemos estar conscientes de seus padrões gerais, seus princípios fundamentais, seus contornos básicos, mesmo que, quando pela primeira vez nos movermos para este nível, os próprios padrões fundamentais serão parte do "inconsciente embutido", ou aquelas formas básicas com as quais estaremos identificados como sujeitos, que não poderemos vê-las como objetos. Esse é um aspecto normal, natural, desejável do desenvolvimento e algo que não queremos evitar, mesmo que fosse possível. Melhor ainda, o objetivo inicial, quando se está em qualquer nível pela primeira vez, é se identificar com esse nível e aprender a interpretar e traduzir o mundo de acordo com o novo mapa desse estágio, de acordo com as novas regras de gramática, que são mais inclusivas, mais completas, mais unificadas, mais diferenciadas e integradas, e que abraçam ou envolvem cada um dos nossos níveis anteriores. Assim, é um mundo novo, e é preciso uma boa quantidade de prática, de aprendizagem por tentativa e erro, de reinterpreta-

5. A pintura total de tudo o que é

ção de aspectos previamente entendidos da realidade, todos os quais devem ser reaprendidos, reconhecidos, reinterpretados.

E, de forma geral, os indivíduos não estão conscientes do novo — mas ainda oculto — mapa que dirige seus pensamentos e comportamentos. Eles simplesmente intuem isso, para, em seguida, tropeçar no mapa completamente escondido, que, entretanto, continua atuando para determinar a direção-geral e a forma de cada pensamento, sentimento e ação. Se estiverem conscientes das características do novo estágio em que estão, então esse **mapa consciente** simplesmente os ajudará a se ajustar e a se acomodar ao seu novo **mapa oculto** (que ainda permanece escondido em sua forma direta). Assim eles aprendem a trasladar esse novo nível com maior facilidade, clareza e eficiência, simplesmente porque seu **mapa consciente** lhes diz o que seu **mapa oculto** está tentando fazer.

Dado que os novos (r)evolucionários níveis de 2ª camada são, de fato, Integrais, então, nesta fase, nada ajudará mais essa acomodação consciente do que manter conscientemente um mapa ou supermapa Integral, e isso é algo no qual a estrutura AQAL (ou qualquer outro mapa integral que você possa descobrir ou criar) definitivamente contribuirá. E como o primeiro nível verdadeiramente inclusivo ou integral em toda a história da humanidade, e essa é a primeira vez em toda a história que uma consciência é real e verdadeiramente competente para abrigar uma genuína **consciência da unidade** a partir da dimensão do Despertar do desenvolvimento humano. Isso significa que todas as experiências anteriores de Iluminação, Despertar ou Emancipação ao longo da história foram, de fato, segundo os padrões de seus tempos, de fato Iluminação (ser "um com a mais alta estrutura e o mais alto estado que emergiu em qualquer momento da história e da evolução"), mas o Espírito-em-ação, Eros, a própria evolução, continuou a avançar, criando uma maior e maior Plenitude da Forma, até esta, que é a mais recente e emergente — o primeiro nível verdadeiramente inclusivo e abrangente de Plenitude-da-Forma, de qualquer época da história — e que é finalmente competente para abrigar uma verdadeira **consciência da unidade**.

Na verdade, estamos na véspera da principal grande transformação da consciência humana, a emergir em qualquer lugar, a qualquer momento. Esse tsunami agora está inequivocamente vindo em nossa direção e deve começar a nos tocar nas próximas décadas, tão logo os níveis Integrais cheguem a 10% ou mais. Aqueles que adotam a Estrutura Integral hoje serão simplesmente aqueles que, quando o tsunami chegar, terão o privilégio de ter a prancha de surfe, que lhes permitirá ajudar os outros a enfrentar essa nova e impressionante onda.

E, uma vez que esteja nessa nova onda, você desejará intrinsecamente que ela se mova para o mundo "exterior", auxiliando cada vez mais pessoas a abraçar seus mais verdadeiros, profundos e elevados potenciais. Aplicar a Visão Integral no mundo torna-se uma motivação constante para você, passa a conduzir sua fala, como você vive seu propósito, como forma uma vida orientada e baseada nos valores mais profundos e mais amplos disponíveis para você, de fato, uma vida completamente satisfatória e realizada, como chocolate para a alma. E, então, você toma seu interior integral e começa a movê-lo para seu exterior, um passo de cada vez, mas **constantemente**. Sua própria integridade depende da correspondência entre o seu **discurso** e as suas **ações** — e seu **discurso** é como você fala consigo mesmo quando está sozinho, e não o modo diplomático ou não transparente que você geralmente usa com as pessoas, mas seus mais profundos, verdadeiros e fundamentais pensamentos, sobre o que, de fato, lhe é realmente importante. Uma vez que o Espaço Mundial Integral lhe seja revelado, não é algo para o qual você possa virar as costas; pois essa pasta de dentes definitivamente não vai voltar para o tubo — isso é maior, mais elevado, amplo e profundo, e assim também é você, seu mundo, sua consciência, sua identidade. Você chegou à sua *casa*.

E isso está no ponto agora onde praticamente todas as áreas, disciplinas e profissões nos Estados Unidos (e no mundo) possuem ao menos algumas pessoas que praticam a Abordagem Integral e a promovem de forma completa e explícita numa dessas áreas (dos

5. A pintura total de tudo o que é

negócios à medicina, educação, política, arte, música, enfermagem, terapia, liderança, consultoria, parentalidade, *coaching*, psicologia, filosofia e espiritualidade). Procure por eles. Muitos deles estão na *Web*. Entre em contato com eles se você se sentir movido a isso. Faça amizade com esses indivíduos e procure maneiras de trabalhar com eles na divulgação dessa Visão. Ofereça-se para ajudá-los da forma que puder e aceite qualquer ajuda que tenham a lhe oferecer. Lenta, mas firmemente desenvolva seu **Arquivo Integral**, um *Rolodex* (N.E.: Rolodex é um dispositivo de arquivo rotativo usado para armazenar informações de contato. Seu nome é um misto entre as palavras *rolling* e *index*) e esteja atento às várias maneiras e em que você pode oferecer uma Abordagem Integral de alguma forma. Não se preocupe se encontrar muitas abordagens diferentes da Integral, algumas delas ocasionalmente agressivas e belicosas — os humanos sempre serão humanos, e toda essa humanidade ainda é o assunto da Abordagem Integral. Não deixe que isso derrube você; ouça as diferentes abordagens e fique com a que faz mais sentido para você. Mas, em geral, se a Visão Integral não avançar, é porque *você* não está seguindo em frente. E isso é válido para todos nós.

Se tudo se tornar muito frustrante ou muito decepcionante, volte sempre ao início, simplesmente volte para um estudo simples, mas sincero, da Abordagem Integral. Leve 15 ou 20 minutos, no seu dia a dia, para ler e refletir sobre essa abordagem, a partir de qualquer número de fontes. Deixe isso continuar a saturar o seu ser. Lembre-se de que, no seu núcleo mais profundo, a Abordagem Integral não é uma teoria ou filosofia, mas um estágio real do desenvolvimento humano universal; não é como aprender, digamos, desconstrução, que é uma teoria particular na qual você pode ou não acreditar. Em vez disso, é uma estrutura universal — um estágio real do desenvolvimento humano —, é um território que, em última instância, está conduzindo os vários mapas de si mesmo, e esse território é muito real, e ele sempre atuará para corrigir e ajustar suas ideias sobre si mesmo. É uma altitude real do desenvolvimento humano, como âmbar ou laranja ou verde; indivíduos nesses níveis não podem deixar de pensar e agir de acordo com os amplos parâmetros e restrições desses níveis; e que a altitude Integral sempre atuará como seu principal professor e guia, e em si mesma, essa altitude não pode estar errada — só pode ser exatamente o que é, e ela é o que finalmente irá guiá-lo: uma estrutura que é o resultado de 14 bilhões de anos de evolução de tentativa e erro, capaz de produzir o hólon mais inteiro, mais unificado, mais diferenciado, mais universal e mais único que já existiu: **você**.

Então, continue a abrir-se para a ou à influência Integral. Continue a pensar de forma diferente e você continuará a se comportar de forma diferente. Seu comportamento começará a transformar o mundo, tanto por suas autênticas ações quanto por meio da Forma que você está definindo naquele grande local de armazenamento de Formas no *Kosmos*. A própria Forma de sua Consciência estará pronta para pôr fim ao mundo antigo e fragmentado e, alternativamente, inaugurará um mundo que realmente se importa, um mundo que abrange totalmente, um mundo que completamente abraça e inclui, e que não mais olha para trás, para a triste história que é muito menos do que isso.

À medida que você continuar a procurar maneiras de permitir que essa compreensão interna se espalhe para o mundo, o que todo esse tipo de atividade está fazendo é permitir que você manifeste autenticamente o seu coração, mente e alma, expressando em suas ações externas as verdades mais profundas de seu ser interior, permitindo que essas realizações internas reverberem no mundo exterior, ressoando com todos os 4 quadrantes do seu próprio ser-no-mundo, cobrindo-os com Alegria, Graça e Gratidão. O impulso inerente da sua consciência interior é reverberar por intermédio de cada **eu** e **nós** e **isto** e **istos** da existência. Essa abordagem muda drasticamente o seu **eu**, altera profundamente o seu comportamento (**isto**), transforma radicalmente sua cultura (**nós**) e rejuvenesce suas instituições sociais (**istos**): vibrando com um Espírito que é Autorrealizado em cada **eu**, comunicado e compartilhado em todos os **nós**, e manifesto e visto em todos **istos** — com cada **eu** sendo o mais autêntico eu de

5. A pintura total de tudo o que é

Deus; cada **nós** sendo o mais sincero culto a Deus; e cada **isto,** a mais graciosa manifestação e o ornamento mais radiante de Deus. A emoção interior de sua própria percepção e conscientização colide com o mundo ao redor, transmitindo uma Presença igualmente extática e uma Genuína Autorrealização — Deus para Deus para Deus, Espírito ao Espírito ao Espírito — de modo que, em todos os mundos, em todos os tempos, em todas as dimensões que há, existe apenas Espírito, para onde quer que você olhe.

Há *apenas* o Espírito

No final de uma cristalina noite de outono, a neve precoce cintilando sob uma lua nova — redonda, branca e cheia, no céu — milhões de humanos adormecidos em suas casas, desejos em seus corações, anseios em suas almas, passando por um estado desconhecido após um estado desconhecido, imaginando do que se trata tudo isso, sonhando majoritariamente, principalmente sonhando. E você é puxado para trás em tudo isso, puxado por uma promessa atemporal em algum lugar em seu coração, para despertar todas as almas para o Um e Único; tocando de forma assombrada, anunciando-se, em meio a milhões de flocos de neve, microminiaturas de arco-íris de luar, todos cintilando numa neblina roxa de luar na neve eterna, a lâmina de neblina penetrando a sua pele com intensidade, penetrando até os ossos, toda a cena um entrelaçamento intermediário, dançando ao brilho do luar, infinitamente vivo e radiante, luminosamente abrangente. De repente, eu pisco os meus olhos, uma única vez, mas forte, e tudo desaparece por completo.

* * *

Eu agradeço enormemente você ter me acompanhado nesta aventura extraordinária e lhe envio todos os meus melhores desejos... Tchau, ou até breve...

www.editoravidaintegral.com.br
contato@editoravidaintegral.com.br
62 9 8119 0075